国家自然科学基金项目(71261004)

嵌入性视角
香蕉产业组织计量理论
模型及应用研究

刘殿国／著

科学出版社
北京

内 容 简 介

本书基于二层累加统计模型的建模方法，建立了三层累加、二层累加交互分类统计模型；基于数据合并方法，建立了连续、离散型结局变量的系列多层统计模型；概括了香蕉产业组织计量的社会嵌入性；整合了香蕉产业组织计量（效率、产值、产量等）影响因素理论、社会嵌入性理论及多层统计模型理论，建立了社会嵌入性视角香蕉产业组织结局计量影响因素理论模型；解决了香蕉产业组织结局计量的影响因素的作用路径及社会嵌入性因素对香蕉产业组织结局计量影响的精确性问题；利用香蕉产业组织数据，实证分析得到了嵌入性视角下香蕉产业组织结局计量影响因素的直接、间接作用效果，并提出了相应政策建议。

本书可作为统计学、农业经济专业的研究生、本科生的教学参考书，也可作为经济学、管理学、社会学等领域的研究人员和相关科技工作者的参考书。

图书在版编目（CIP）数据

嵌入性视角香蕉产业组织计量理论模型及应用研究/刘殿国著．—北京：科学出版社，2016.11
ISBN 978-7-03-050368-8

Ⅰ.①嵌⋯　Ⅱ.①刘⋯　Ⅲ.①香蕉－产业组织－计量－研究
Ⅳ.①F316.13

中国版本图书馆 CIP 数据核字(2016)第 261169 号

责任编辑：郭勇斌　周　爽／责任校对：王　瑞
责任印制：张　伟／封面设计：黄华斌

科学出版社 出版
北京东黄城根北街 16 号
邮政编码：100717
http://www.sciencep.com

北京中石油彩色印刷有限责任公司 印刷
科学出版社发行　各地新华书店经销
*

2016 年 11 月第　一　版　　开本：720×1000　1/16
2016 年 11 月第一次印刷　　印张：16 1/2
字数：333 000

定价：88.00 元
（如有印装质量问题，我社负责调换）

前　言

　　20 世纪中叶以来，随着系统科学思想与理论的逐步兴起和传播，人类的思维方式也逐渐发生了改变：由分析方式（把自然界的各种过程和事物分成一定的门类，对事物的内部按其多种多样的形态进行解剖；通过不断地还原及相应的数学研究，人类的认识走上了一条从简单到复杂、从笼统到具体、从模糊到精确、从粗糙到精致的发展道路）转化成系统方式（以注重联系和发展、整体和层次、结构和功能等为特征，将不同的有联系的部分合在一起进行研究）（董春雨，2015）。20 世纪 80 年代中期，新经济社会学（将经济学与社会学合在一起进行研究）的产生是系统科学思想在经济学、社会学研究中的体现。

　　21世纪以来，随着我国农村经济改革的推动，尤其是2007年《中华人民共和国农民专业合作社法》的实施和2014年中央一号文件的出台，农民专业合作社步入了规范、快速发展的轨道。据国家工商总局统计，截至2015年2月底，我国农民专业合作社133.74万户，同比增长28.74%，出资总额为2.892万亿，同比增长41.6%。农业产业组织的发展在经济日益全球化的今天，面临着较大的国际国内同业竞争压力。为保持竞争力，就要提高农业产业组织的精细化管理水平，即对农业产业组织效率的影响因素、技术需求及选择的影响因素、产值（产量）的影响因素及预测等进行实证研究。但是已有的农业产业组织计量影响因素研究中缺少对影响因素的作用路径分析，而影响路径分析能为提高农业产业组织计量的精细化管理及政策的制定提供可靠的理论依据。另外，在已有的农业产业组织研究中，农业产业组织计量的嵌入性却缺少研究。对于农业产业组织正式制度还存在一定缺陷的现状，关注非正式的制度因素对于农业产业组织结局计量的影响有着更为特殊的蕴意。一方面，由于正式规则还未能对提高农业产业组织结局计量提供充分的制度保障和有效的产权保护，充当合约机制和保护机制角色的非正式制度的替代作用将不可缺失；另一方面，提高农业产业组织结局计量对非正式制度的倚重，反过来又会推动农业产业组织的负责人更加重视社会关系网络的建立和积累，使得他们的经济行为更为深刻地嵌入所处的社会关系和社会结构。

　　需要指出，适合于嵌入性问题分析的多层统计模型对一层与高层数据样本规模都有一定的要求，但对一层有一定样本规模，高层数据样本规模较小的情况，利用自助多层统计模型可以得到解决；而对所有一层数据都较少的情况，多层模型难以解决。二层累加统计模型能够处理连续型的所有一层数据都是小样本的情况，但不能处理交叉分类数据。因此，多层统计模型和已建立的累加方法的多层统计模型不能处理所有一层数据都是小样本的交叉分类数据、离散型因变量数据及具有三层结构数据。实际上，中国香蕉产业组织的诞生只是近几年的事，而且同类型组织同期也不多，因此每种组织无论是截面数据还是时间数据都较少，即香蕉产业组织的发展是小样本数据。香蕉产业组织的发展中也存在着香蕉产业组织的规模与香蕉种植地区的交叉分类，每个组织都有是否已经贷款、参加技术培训的次数、贷款比例等离散变量数据，香蕉产业组织每年的投入产出、香蕉产业组织自身的组织规模与形式、香蕉产业组织所属的市县构成三层结构。交叉分类的组织中产量和产值的预测、一般组织中的影响技术培训的次数、贷款比例的因素、各省的经济环境如何影响香蕉产业组织的发展等问题都需要解决。因此，研究交叉分类数据、离散型因变量数据及具有三层结构数据的小样本多层统计模型不仅具有理论意义，而且具有较强的实际意义。

基于以上存在的问题，首先，本书利用数据累加与合并方法转化多层数据的表示形式，建立交叉分类累加方法的多层统计模型及合并方法的多层统计模型理论，解决交叉分类、离散型因变量及具有三层结构的小样本数据的统计分析问题；其次，概括香蕉产业组织计量的社会嵌入性；再次，整合香蕉产业组织计量的影响因素理论、社会嵌入性理论及多层统计模型理论，建立社会嵌入性视角香蕉产业组织计量的影响因素理论模型，解决香蕉产业组织结局计量的影响因素的作用路径及社会嵌入性因素对结局计量的影响问题；最后，基于香蕉产业组织数据，应用嵌入视角的香蕉产业组织计量的影响因素理论模型研究中国香蕉产业组织计量规律，并提出相应政策建议。

本书创新之处：

1）建立了系列小样本多层统计模型。具体包括三层累加统计模型、交叉分类累加统计模型、合并方法的连续型因变量多层统计模型、合并方法的离散型因变量多层统计模型。

2）概括了香蕉产业组织结局计量的社会嵌入性。具体分为认知性嵌入、关系性嵌入、结构性嵌入、文化嵌入、政治嵌入及经济嵌入。

3）建立了社会嵌入视角的香蕉产业组织结局计量理论模型：以香蕉产业组织结局计量因素为层一被解释变量、以香蕉产业组织内部因素中对结局计量能产生影响的因素为层一解释变量；以香蕉产业组织结局计量的社会嵌入因素为层二变量；或以香蕉产业组织结局计量组织层面的嵌入因素为层二变量、地区层面的嵌入因素为层三变量；运用多层统计模型建立社会嵌入视角香蕉产业组织结局计量理论模型。具体包括社会嵌入视角连续型因变量计量理论模型、社会嵌入视角离散型因变量计量理论模型、社会嵌入视角香蕉产业组织预测计量理论模型。

4）基于香蕉产业组织数据，实证分析得到了嵌入性因素对香蕉产业组织结局计量的作用路径与影响精确性；并依据实证结果提出了提高香蕉产业组织效率、产量、产值等政策建议。

本书的突出特色：

1）研究角度新颖。基于香蕉产业组织与社会和谐发展的角度，研究社会嵌入因素对香蕉产业组织效率、产量、产值等的影响。

2）研究方法独特。有效整合了香蕉产业组织、社会嵌入性及多层统计模型理论，建立了社会嵌入性视角香蕉产业组织结局计量影响因素理论模型，并基于模型进行了实证分析。

3）定性分析与定量分析相结合。一方面，采用定性分析方法，依据一般的嵌入性维度，概括了香蕉产业组织计量的社会嵌入性；另一方面，采用系列定量分析方法，例如，实证分析了社会嵌入因素对香蕉产业组织的效率、产量、产值等影响路径及精确性。

4）计量分析的统计学基础不同。本书以具有层结构数据和多层统计模型作为分析的基础，这与传统的计量以截面、时间、面板忽略层结构的数据和一般回归、时间序列回归、面板数据回归存在明显不同。

本书的研究工作得到国家自然科学基金资助。本书主要内容来源于笔者主持的国家自然科学基金项目"交叉分类累加方法与合并方法的多层统计模型理论及其应用研究"（批准号：71261004）的研究成果。

海南大学经济与管理学院的傅国华教授、吴学品副教授、张尔升教授、何国平副教授、王勇副教授等为本书提出了许多宝贵的建议。研究生姜徐欣、刘淼、常晶晶、付邵武、刘妍玲、王海珍、潘通、郭静如等做了大量的调研、文献搜集及资料整理工作，在此一并表示感谢。

刘殿国

2016 年 6 月

目　录

第一章　绪论 ·· 1
　　第一节　系统化背景下经济学与社会学的整合 ······························· 1
　　第二节　嵌入性视角农业产业组织计量研究的不足 ·························· 4
　　第三节　多层统计模型理论研究的不足 ··· 6
　　第四节　研究思路、方法与意义 ·· 8

第二章　相关理论研究述评 ·· 10
　　第一节　农业产业组织计量理论研究 ·· 10
　　第二节　社会嵌入性理论研究 ··· 16
　　第三节　多层统计模型理论研究 ·· 19

第三章　三层累加统计模型建立 ··· 22
　　第一节　二层累加统计模型简介 ·· 22
　　第二节　三层累加统计模型形式 ·· 26

第四章　二层累加交互分类统计模型的建立 ·· 30
　　第一节　单变量二层累加交互分类统计模型的建立 ························ 30
　　第二节　多变量二层累加交叉分类统计模型的建立 ························ 31

第五章　合并方法的多层统计模型建立 ·· 34
　　第一节　连续型因变量合并方法模型建立 ····································· 34
　　第二节　离散型因变量合并方法模型建立 ····································· 41

第六章　香蕉产业组织计量的社会嵌入性 ··· 45
　　第一节　香蕉产业组织宏观嵌入 ·· 45
　　第二节　香蕉产业组织中观嵌入 ·· 48
　　第三节　香蕉产业组织微观（认知）嵌入 ····································· 50

第七章　社会嵌入性视角香蕉产业组织计量理论模型 ······························ 52
　　第一节　社会嵌入性视角连续型因变量计量理论模型 ····················· 52
　　第二节　社会嵌入性视角离散型因变量计量理论模型 ····················· 54

第三节　社会嵌入性视角香蕉产业组织预测计量理论模型 …………… 56

第八章　香蕉产业组织产值（产量）影响因素实证研究 …………………… 58

第一节　香蕉产业总组织产值（产量）影响因素分析 ………………… 58
第二节　香蕉产业分组织产值（产量）影响因素的实证分析 ………… 74
第三节　结论与建议 …………………………………………………… 118

第九章　香蕉产业组织效率的实证分析 …………………………………… 123

第一节　香蕉产业组织效率的测算 …………………………………… 123
第二节　香蕉产业组织效率影响因素的实证分析 …………………… 127
第三节　香蕉产业分组织效率影响因素的实证分析 ………………… 149
第四节　结论与建议 …………………………………………………… 181

第十章　离散型因变量香蕉产业组织影响因素研究 ……………………… 186

第一节　香蕉产业组织蔬果技术选择的影响因素分析 ……………… 186
第二节　香蕉产业组织技术需求影响因素研究 ……………………… 194
第三节　香蕉产业组织灌溉技术选择影响因素分析 ………………… 202
第四节　结论与启示 …………………………………………………… 209

第十一章　香蕉产业组织产量（产值）预测分析 ………………………… 212

第一节　基于二层累计交互分类模型的产量（产值）预测 ………… 212
第二节　基于三层累加统计模型的产量（产值）预测 ……………… 229
第三节　结论与建议 …………………………………………………… 243

参考文献 ……………………………………………………………………… 245

第一章 绪　　论

第一节　系统化背景下经济学与社会学的整合

一、古典主义和新古典主义经济学的社会化不足

古典主义和新古典主义经济学的研究思路是与原子化的、低度社会化的人类行为概念联系在一起的，这种经济学仍然处在功利主义的传统之中。这些理论的探讨不接受任何关于社会结构和关系会影响生产、分配和消费的假设。在竞争性市场上，没有生产者和消费者能够明显地影响总供应、总需求或价格和交易的其他方面（Granovetter，1985）。如同 Hirschman（1982）指出的那样，这种理想化的市场在运作过程中，牵涉大量的、拥有完备信息的、在定价方面完全匿名的买家和卖家……无须当事人之间存在任何的、可持续的私人和社会联系。在完全竞争的情况下，没有为讨价还价、谈判、抗议和共同协调留下余地，而且通过契约联系在一起的各种各样的交易者也不需要进入一种会导致他们彼此结识的持续的或重复的关系之中。

正如加里·贝克尔（Garys Becker）认为的，"最大化行为、市场均衡和偏好稳定的综合假定及其不折不扣地运用"构成了关于人类行为经济分析的核心。"理性人"假设的内涵可被归纳为三个基本命题——个人目标：效用的自我满足；个人能力：最大化选择；个人之间的协调：市场均衡（刘文超，2015）。

（一）个人目标：效用的自我满足

"经济人"思想的萌芽可追溯到亚当·斯密在《国富论》一书中将经济活动中的人视为一个追求自身利益最大化者；之后随着边际革命把经济的分析领域从生产转向消费，效用最大化成为主流经济学分析消费者行为的基本范式。为了避免招致更多的批评，主流经济学用"理性人"一词来替代"经济人"。由于效用是内心的主观感受，而偏好是外在的行为体现，为了更好地表达这种价值中立性，主流经济学又用偏好来取代效用一词。其实，进行个人行为模型的构建需要效用

函数作为逻辑起点，但效用函数的特征和性质要以个人偏好的假定为前提。依此逻辑，新古典经济学把对人的动机、目标的界定转化为对人的界定又转化为对人的偏好的界定，"新古典理论主要是由有关个人偏好的假定编织而成的"（霍奇逊，2007）。在新古典世界里，人的偏好具有利己性、主观性、稳定性等特征。

（二）个人能力：最大化选择

"理性人"的原意包含完全理性和完全信息。其中，完全信息是人类行为的外在条件，完全理性则是人类行为的内在逻辑（朱富强，2009）。但理性的确切含义在经济学的不同发展阶段是不同的。在古典时期的市场交易中，理性者会进行盈亏得失的精密计算，进行成本收益的精确权衡。在新古典时期，理性者在市场中总能在一定的约束条件下，做出使得所追求的目标最大化的选择。划分理性人的思想最早还是来源于有限理性，奥利弗·E. 威廉姆森（Olive E. Williamson）将理性大致划分为三层：由低到高，理性程度也逐步增加，而有限理性介于二者之间（韩鹏等，2015）。范里安（Varian）在他的经济学教科书中讲到："关于消费者行为的经济模型是非常简单的：它告诉我们人们总是选择他们能够负担的最佳物品。"萨缪尔森（Samuelson）说："效用分析依据的基本假定是：当个人面临给定的价格并且受到既定总支出的约束时，他将选择处在他的最高偏好等级上的那个商品组合。"明确的最大化假设已成为新古典经济学的标志。

（三）个人之间的协调：市场均衡

西方市场经济及中国市场化改革所取得的巨大成就有力地证实了市场在资源配置上的重要作用。如果没有个人谋求个人利益的改善，就没有交换，没有交换就没有市场。可以说，没有人们的理性行为就没有市场及市场制度（王印红等，2015）。按照前述的两个假设，每个人都从私利和效用的最大化出发选择行动，那么整个市场会不会达到市场均衡？对此，亚当·斯密用"看不见的手"的隐喻表达了个人利益和社会整体利益的天然和谐统一的观点，而新古典经济学家用更为精巧的均衡理论论证了分散经济主体之间的协调一致性。另外，根据最大化原则进行推论得到的仅仅是经济主体行为的规则，要确定具体的行为本身，还需要以实现经济主体之间的协调一致为条件。新古典经济学以市场均衡假设满足了这一要求。

二、社会学中的过度社会化

Dennis（1961）界定的"过度社会化"是指人对于其他人的舆论具有压倒一切的敏感性，因而服从共识中发展起来并通过社会化内化的规范和价值体系的支配,所以服从并不被视为一种负担。

依据霍桑实验,梅奥(Mayo)于 1933 年出版了《工业文明中人的问题》等著作,书中对人的看法及对人际关系提出了与古典管理理论不同的观点(傅国华,2013)。

1. 工人是"社会人"而不是单纯的"经济人"

古典管理理论认为金钱是刺激人们工作积极性的唯一动力,将人看作"经济人"。梅奥认为工人是复杂的"社会人",除了物质方面的条件外,他们有社会、心理方面的需求,社会、心理方面因素对他们的积极性影响更大。

2. 企业中存在着非正式组织

霍桑实验表明,企业职工通过正式组织在企业内共同工作,相互之间必然产生一定的人际关系。其中,具有共同兴趣爱好的职工之间,会形成一些工作以外的联系。这种联系会加深他们的相互了解,从而能形成某种共识,逐渐的发展成为一种相对稳定的非正式组织。

这种非正式组织的作用在于维护其成员的共同利益使之免受其内部个别成员的疏忽或外部人员的干涉所造成的损失。为此,非正式组织中有自己的核心人物和领袖,有大家共同遵循的观念、价值标准、行为准则和道德规范等。

梅奥指出,非正式组织与正式组织有巨大差别。在正式组织中以效率逻辑为其行为规范,而在非正式组织中则以感情逻辑为其行为规范。如果管理人员只是根据效率逻辑来管理而忽略工人的感情逻辑,必然会引起冲突,影响企业生产率的提高和目标的实现。因此,管理当局必须重视非正式组织的作用,注意在正式组织的效率逻辑与非正式组织的感情逻辑之间保持平衡以便管理人员与工人之间能够充分协作。

3. 满足工人的社会欲望,提高工人的士气是提高生产效率的关键

梅奥等认为,生产效率的高低主要取决于工人的士气,而工人的士气则取决于他们感受到的各种需要得到的满足程度。在这些需要中,金钱和物质的需要只占很少比重,更多的是获取友谊、得到尊重或保证安全等方面的社会需要。

Granovetter(1985)认为社会学家通常的任务是促使人们注意到,人们强烈希望,并且力争在各种各样的形势下获得他们亲密合作伙伴的确切的赞许,尤其是在那些被认为标准的理论或意识形态过度强调其他动机的情况下;经济学家最近提出的关于"社会影响"的更多言论将这些都解释为这样一个过程,在此过程中行动者需要具备相关的习俗、习惯或规范背景,并机械地、主动地遵循它们,

而不考虑它们与理性选择之间的关系（Granovetter，1985）。

不足与过度的共同之处。除去过度社会化和社会化不足这两种观点的对立部分，我们可以发现一个具有重大理论意义的讽刺性的现象：两者都具有通过原子化的个人实现决策和行动的观点。在低度社会化的描述中，原子化来源于对自我利益的狭隘功利追求；在过度社会化的观点中，原子化则产生于个人业已内化的行为模式,因而持续运作的社会关系对行为仅具有边缘性的影响（Granovetter, 1985）。

三、新经济社会学的适度社会化

经济学以"经济人""理性人"假设作为经济分析的起点，其关注个体行为；经济社会学以"社会人"假设为分析的起点，其分析方法是结构主义的。"社会人"假设强调结构理性，追求结构利益。其实，"社会人"假设并不否定"经济人"假设中个人追求最大化目标的动机，但最大化的计算是在考虑人与人之间关系的情形下做出的。"社会人"假设主张，对企业来说，就是假设企业利用物质资本、人力资本和社会资本来实现利润的最大化；对消费者来说，就是假设个人消费商品和社会资源实现效用最大化（张其仔，1997）。运用"社会人"假设，就可以理解行为主体出于责任和道义所从事的利他行为，是在进行一种社会资本的投资或回报；就可以理解源于社会公平考虑的各种税收和再分配政策的存在；就可以理解在新旧制度交替的制度"真空"情况下，非正式制度社会资本所发生的作用（杜欣等，2003）。

新经济社会学的代表人物Granovetter提出的弱嵌入性（weak embeddedness）概念清楚地表述了社会人的经济行为。Granovetter一方面承认经济嵌入于社会关系之中，另一方面还承认经济过程的自主性。"弱嵌入性概念一方面指出了社会结构对行动者的制约，另一方面不把行动者当成结构的奴隶，给结构与行动者都留下了作用的空间。"（张其仔，2001）这也就是说，行动主体在追求自身利益的过程中会受到社会结构因素的制约,他会利用所掌握的社会资本来完成其目标。主体的最大化目标因社会结构因素的影响而以社会关系为单位受到修正，即主体的最大化目标不是完全利己的，也不是完全利他的，而是利己与利他相互中和的（杜欣等，2003）。

第二节 嵌入性视角农业产业组织计量研究的不足

一、政治嵌入促进农业产业组织发展

随着十一届四中全会通过《关于加快农业发展若干问题的决定》，农民可

以因时因地制宜，经营自主；尤其是 1980 年 9 月，中共中央印发了《关于进一步加强和完善农业生产责任制的几个问题》，认为包产到户"没有什么资本主义复辟的危险"。中国农村两项重要改革：一是实施家庭联产承包责任制；二是推进农副产品市场化，就正式启动了。前者结束了"三级所有，队为基础"的人民公社制度，确立了农户作为农业生产经营单元的主体地位，从而有效解决了激励问题，极大地调动了农户的生产积极性，提高了农业生产的效率（蔡昉，2008）；后者使得农产品价格逐步放开，20 世纪 90 年代初即有 90%以上的农副产品实现了市场交换（周立群等，2001）。但是，随着农产品市场化及国际贸易进程的不断加快，农产品逐渐由买方市场转变为卖方市场。小农户由于资金限制、规模限制、信息不对称等不利因素，难以适应农产品市场供求的大幅波动，"小农户、大市场"的矛盾日趋尖锐。为解决此矛盾，20 世纪 90 年代，农业合作社率先在浙江等市场经济较为发达的省区悄然兴起，并逐渐发展壮大。

21 世纪以来，随着我国农村经济改革的推动，尤其是 2007 年《中华人民共和国农民专业合作社法》的实施和 2014 年中央一号文件的出台，农民专业合作社步入了规范、快速发展的轨道。据国家工商总局统计，截至 2015 年 2 月底，我国农民专业合作社 133.74 万户，同比增长 28.74%，出资总额为 2.892 万亿，同比增长 41.6%。

二、农业产业组织的计量研究

农业产业组织的发展在经济日益全球化的今天，面临着较大的国际国内同业竞争压力。为保持竞争力，就要提高农业产业组织的精细化管理水平，即对农业产业组织进行效率的影响因素、技术需求及选择的影响因素、产值（产量）影响因素及预测等进行实证研究。

围绕农业产业组织效率的影响因素问题，学者们主要从合作社规模（Krasachat et al.，2009；黄祖辉等，2011）、理事会或管理者人数（Krasachat et al.，2009；黄祖辉等，2011；黄胜忠等，2008；徐旭初等，2010；陈江华等，2015）、财务杠杆（Krasachat et al.，2009；黄祖辉等，2011）、技术培训（黄胜忠等，2008；胡平波，2013；彭莹莹等，2014）、外部环境（Krasachat et al.，2009；黄祖辉等，2011；Galdeano et al.，2006）与社会资本（黄祖辉等，2011；徐旭初等，2010；梁巧等，2014；崔宝玉，2015）进行了分析。

围绕技术需求及选择的影响因素问题，已有众多学者从干旱程度、水价（Caswell et al.，1985；Carey et al.，2002）、政府扶持、农户的文化程度、水资源短缺程度、耕地细碎化程度、水权能否交易、是否加入用水者协会、农户在节水灌溉财政投入决策过程中的参与程度等，对农户节水灌溉技术的采用（刘红梅等，2008；刘宇等，2009；许朗等，2013）进行了研究。

围绕产值（产量）的影响因素问题，已有众多学者对农作物的种植面积、劳动力、农业机械总动、化肥用量（周阳敏等，2012；张淑辉等，2012）及制度、财政支持（黄少安等，2005；乔榛等，2006）等变量进行了研究。

围绕产值（产量）预测问题，针对产业组织小样本数据的特点，已有学者基于累加多层统计模型进行了合理的预测（刘殿国，2008，2009）。

三、农业产业组织计量研究存在的问题

但是，已有的农业产业组织计量影响因素研究中缺少对影响因素的作用路径分析，而影响路径分析能为提高农业产业组织计量的精细化管理及政策的制定提供可靠的理论依据。另外，已有的农业产业组织研究中，只有李婵娟和左停（2013）从嵌入性视角研究了合作社的生存空间塑造问题；徐旭初（2014）从嵌入性角度论述了中国农民专业合作社发展的特殊性。而农业产业组织计量的嵌入性却缺少研究。对于农业产业组织正式制度还存在一定缺陷的现状，关注非正式的制度因素对农业产业组织效率的影响有着更为特殊的蕴意。一方面，由于正式规则还未能对提高农业产业组织计量提供充分的制度保障和有效的产权保护，充当合约机制和保护机制角色的非正式制度的替代作用将不可缺失；另一方面，提高农业产业组织计量对非正式制度的倚重，反过来又会推动农业产业组织的负责人更加重视社会关系网络的建立和积累，使得他们的经济行为更为深刻地嵌入于所处的社会关系和社会结构。基于以上存在的问题，本书在社会嵌入性理论的基础上，以农业产业组织计量的影响因素为研究对象，运用多层统计模型，回答以下两个关键性问题：农业产业组织计量影响因素的作用路径如何？农业产业组织计量影响因素的嵌入性如何，以及嵌入性对农业产业组织计量会有什么样的影响？

第三节 多层统计模型理论研究的不足

一、多层统计模型的发展

多层（水平）统计模型（multilevel statistical models）是 20 世纪 80 年代中后期发展起来的一门多元统计分析新技术，其是针对经典统计技术（方差分析或普通线性回归等）在处理具有多层结构的数据时所存在的局限、可能产生的对分析结果的曲解而提出的。多层统计模型通过对不同层次的变量分层计算（误差按层次分解为由第一层个体间差异带来的和由第二层组织间差异带来的，并假设第一

层个体间的测量误差相互独立，第二层组织带来的误差在不同组织之间相互独立）解决了具有层结构数据中个体水平和社会组织水平的变量对个体行为的不同影响。

其实，Lindley 和 Smith（1972）及 Smith（1973）在研究线性模式的贝氏估计（Bayesian estimation of linear models）时，为具有复杂误差结构的嵌套数据制定了一个通用框架，但受限于当时估计的瓶颈而无法突破。其后，Dempster 等（1977）在 EM 算法上的进展，为 HLM 之估计技术提供了决定性的突破，形成了概念上切实可行又可以广泛应用的协方差成分估计方法。开创和发展多层统计模型理论的主要贡献者有：伦敦大学 Harvey Goldstein 教授，提出多层分析（multilevel analysis）；密西根大学的 Raudenbush，提出分层线性模型（hierarchical linear modeling）。随着理论的突破，多层统计模型已成为当前国际上统计学研究中一个新兴而重要的领域，现已广泛地应用于社会学、教育学、人口学、心理学、经济学、管理学等社会科学（Goldstein，2011）。

二、多层统计模型的研究

针对多层统计模型的发展，学者们对模型的估计方法与检验（Laird，1982；Strenio et al.，1983；李晓松等，1999；Sinha et al.，2009；Kauermann et al.，2009；Nie et al.，2009）、模型的形式（Raudenbush et al.，1991；Goldstein，1991；Consul et al.，1992；Muthen，1994；Agresti et al.，2000；Carpenter et al.，2003；刘殿国，2009；Goldstein，2011；Ibrahim et al.，2011）、模型的应用（杨菊华，2006；郭志刚，2007；刘泽云，2007；伊志宏等，2008；刘殿国等，2009；杨鑫等，2010；王天夫等，2010；王克林等，2011；顾乃华，2011；游达明等，2011；石磊等，2011）进行了广泛而深入的研究。

三、多层统计模型研究中存在的问题

需要指出的是，多层统计模型对一层与高层数据样本规模都有一定的要求，但对一层有一定样本规模和高层数据样本规模较小的情况，利用自助多层统计模型可以得到解决；而对所有一层数据都较少的情况，多层模型难以解决。二层累加统计模型能够处理连续型的所有一层数据都是小样本的情况，但不能处理交叉分类数据。因此，多层统计模型和已建立的累加方法的多层统计模型不能处理所有一层数据都是小样本的交叉分类数据、离散型因变量数据及具有三层结构数据。而实际上，中国香蕉产业组织的诞生只是近几年的事，而且同类型组织同期也不多，因此每种组织无论是截面数据还是时间数据都较少，即香蕉产业组织的发展是小样本数据。香蕉产业组织的发展中也存在着香蕉产业组织的规模与香蕉种植地区的交叉分类，每个组织都有是否已经贷款及参加技术培训的次数、贷款比例等离散变量数据，香蕉产业组织每年的投入产出、香蕉产业组织自身的组织形式、香蕉产业组织所属的省域构成三层结构。交叉分类的组织中产量、产值的预测，以及一般组织中的影响技术培训的次数、贷款比例的因素、各省的经济环境如何影响香蕉产业组织的发展等问题都需要解决。因此，研究交叉分类数据、离散型因变量数据及具有三层结构数据的小样本多层统计模型不仅具有理论意义，而且具有较强的实际意义。

第四节 研究思路、方法与意义

一、研究的思路

在综述国内外相关文献基础上，提炼出建立交叉分类累加方法与合并方法的多层统计模型理论、香蕉产业组织计量的社会嵌入性，以及解决香蕉产业组织结局计量影响因素的作用路径是一个值得研究的问题。首先，利用数据累加与合并方法转化多层数据的表示形式，建立交叉分类累加方法的多层统计模型及合并方法的多层统计模型理论，解决交叉分类、离散型因变量及具有三层结构的小样本数据的统计分析问题；其次，概括香蕉产业组织计量的社会嵌入性；再次，整合香蕉产业组织计量的影响因素理论、嵌入性理论、多层统计模型理论，建立社会嵌入性视角香蕉产业组织计量的影响因素理论模型，解决香蕉产业组织结局计量影响因素的作用路径及社会嵌入性因素对结局计量的影响问题；最后，基于香蕉产业组织数据，应用嵌入性视角的香蕉产业组织计量的影响因素理论模型研究中国香蕉产业组织计量规律，并提出相应的政策建议。

二、研究的方法

本书综合使用如下方法：①运用累加方法和合并方法转化数据的表示形式；②运用累加方法的二层统计模型的建模方法建立二层交叉分类累加统计模型和三层累加统计模型；③运用多层统计模型方法建立合并离散型因变量与合并连续型因变量多层统计模型；④运用模拟研究方法确定合适的参数估计与检验方法；⑤运用规范分析法概括香蕉产业组织结局计量的社会嵌入性；⑥整合了香蕉产业组织结局计量的影响因素理论、社会嵌入性理论及多层统计模型理论，建立社会嵌入视角的香蕉产业组织结局计量理论模型；⑦运用随机抽样调查法收集中国香蕉产业组织发展的有关数据；⑧运用实证分析方法研究了社会嵌入视角的香蕉产业组织结局计量的影响因素的作用路径及影响精确性；⑨运用规范分析法对中国香蕉产业组织发展提出合理化建议。

三、研究意义

（一）理论意义

1）建立的二层累加交互分类与合并方法的多层统计模型理论解决了多层统计模型和已建立的累加多层统计模型不能处理所有一层数据都是小样本的交互分类数据、离散型变量数据、具有三层结构数据及灰色系统模型理论只能处理单层数据的问题。因此，二层累加交叉分类与合并方法的多层统计模型理论是多层统计模型理论、累加方法的多层统计模型及灰色系统模型理论的新发展。

2）给出了分析香蕉产业组织计量结局变量的直接影响与间接影响的方法，从而发展了香蕉产业计量经济理论。

3）探索性建立的社会嵌入性视角香蕉产业组织计量理论模型，并基于香蕉产业组织数据的实证分析，将有助于改善新经济社会学缺少实证分析局面，并将有助于经济社会计量学的建立。

4）探索性建立的香蕉产业组织计量理论模型，将有助于系统化的香蕉产业组织的计量理论的建立。而香蕉产业组织是农业组织的一部分，对于香蕉产业组织系统化的数量评价方法将较容易地推广到农业组织上去。从而将有利于建立一个新的学科——农业组织计量学。

（二）实践意义

1）应用二层累加交互分类与合并方法的多层统计模型理论对中国香蕉产业组织的研究，得到了系统化的香蕉产业组织体系及各要素间的数量评价。根据实证结果的中国香蕉产业组织发展的合理化建议，将成为中国香蕉产业组织发展的有利依据。

2）香蕉产业组织研究的数量化评价结果，对农业组织研究将有一定的启示作用。而农业组织化问题是解决"三农"问题必须面对的核心问题之一，因此，该项目的研究将有利于"三农"问题向着更精细化的解决方向发展。

3）应用社会嵌入性视角香蕉产业组织计量理论模型研究中国香蕉产业组织，得到了社会嵌入因素对香蕉产业组织计量结局变量的影响路径及其影响的精确性，这将有助于香蕉产业组织与社会和谐发展的精细化管理决策的制定。

第二章 相关理论研究述评

嵌入性视角香蕉产业组织计量理论研究涉及农业产业组织计量理论、社会嵌入性理论、多层统计模型理论,本章将分别对上述理论进行述评。

第一节 农业产业组织计量理论研究

农业产业组织计量理论研究主要涉及农业产业组织效率的测算及影响因素理论、农业产业组织产值(产量)的影响因素理论、农业产业组织技术需求与选择的影响因素理论、农业产业组织产量(产值)预测。

一、农业产业组织效率理论研究

(一)农业产业组织效率的测算

长期以来,农业合作社的效率测度一直是农业经济学者关注的焦点之一。Lerman 和 Parliament(1989)基于美国乳制品、谷物、棉花农业合作社 1970~1987 年的数据,运用非参数法测量了农业合作社的经济效率;Kebede 和 Schreiner(1996)基于美国乳制品营销合作社 1989~1990 年的数据,运用参数法测量了营销合作社的技术效率;Ariyaratne 等(1997)基于美国谷物营销与农场供给合作社 1988~1992 年的数据,运用非参数法测量了营销与农场供给合作社的技术、配置、规模和综合效率;Singh 等(2000)基于印度乳制品农业合作社 1992~1997 年的数据,运用非参数法测量了农业合作社的技术、配置、成本效率;Boyle(2004)基于爱尔兰乳制品营销合作社 1961~1987 年的数据,运用参数法测量了营销合作社的经济效率;Hailu 等(2005)基于加拿大果蔬营销合作社 1984~2001 年的数据,运用参数法测量了营销合作社的技术效率;Galdeano-Gòmez 等(2006)基于西班牙园艺营销合作社 1995~2004 年的数据,运用非参数法测量了营销合作社的技术效率;Hailu 等(2007)基于加拿大粮油、乳制品、果蔬营销合作社 1984~2001 年的数据,运用参数法测量了营销合作社的成本效率;Guzman 和 Arcas(2008)基于西班牙各类农产品农业合作社 2001~2003 年的数据,运用非参数法测量了农业合作社的技术效率;Galdeano-Gòmez(2008)基于西班牙园艺营销合作社 1994~2001 年的数据,运用 Bootstrap-DEA 方法测量了营销合作社的技术效率;Krasachat 和

Chimkul（2009）基于泰国各类农产品农业合作社 2005 年的数据，运用非参数法测量了农业合作社的技术、规模和纯技术效率；黄祖辉等（2011）基于中国各类农产品营销合作社 2010 年的数据，运用 Bootstrap-DEA 方法，测量了营销合作社的技术、纯技术和规模效率；Singhavara 等（2012）基于泰国各类农产品农业合作社 2010 年的数据，运用非参数法测量了农业合作社的技术效率。

已有文献对农业合作社的效率问题进行了广泛而深入的研究。学者们选取发达或发展中国家农业合作社的横截面或面板数据，主要运用参数法或者非参数法，对合作社的技术效率、纯技术效率、规模效率、配置效率、成本效率等进行了测量。

（二）农业产业组织效率的影响因素

合作社效率与许多因素相关，已有的实证文献对合作社效率的影响因素研究分为内部影响因素与外部影响因素，内部影响因素包括规模、财务杠杆、内部治理等；外部影响因素指外部环境，主要包括地区经济、政府因素、组织负责人担任社会职务等（扶玉枝，2012）。

规模对农业产业组织效率的影响。Ariyaratne 等（1997）、Areas 和 Ruiz（2003）经研究得到规模较大的合作社比小规模合作社拥有较高的综合效率。Hailu 等（2005）发现了规模较大和较小的合作社具有较高的成本效率。Hailu 等（2007）发现了规模对不同产品类型合作社效率的影响不同。Krasachat 和 Chimkul（2009）发现规模与合作社纯技术效率正相关，但与规模效率负相关。黄祖辉等（2011）发现规模显著负向影响合作社纯技术效率，正向影响其规模效率，但对技术效率的影响不显著。Krasachat 和 Chimkul（2009）及黄祖辉等（2011）的研究结论不一致，但均说明了规模对合作社不同效率的影响具有异质性。陈江华等（2015）发现资产总规模负向显著影响纯技术效率，正向显著影响规模效率。刘洁等（2016）发现组织规模对合作社的绩效有显著影响。

财务杠杆对农业产业组织效率的影响。Ariyaratne 等（1997）的研究发现财务杠杆负向影响合作社各效率，但在统计上均不显著。Hailu 等（2005，2007）的研究认为，较高的财务杠杆将导致合作社较低的成本效率。Krasachat 和 Chimkul（2009）发现合作社的财务杠杆负向影响合作社效率。黄祖辉等（2011）的研究发现，财务杠杆负向显著影响营销合作社的纯技术效率，但对合作社技术效率和规模效率的影响却没达到统计上显著。陈江华等（2015）发现财务杠杆负向显著影响合作社纯技术效率，对规模效率的影响没有达到统计显著。姜明伦和李红（2015）运用多元线性回归模型对宁波市农民专业合作社的绩效及其影响因素进行了分析，发现最重要的影响因素是经营规模、服务层次和规范化进程。

理事会规模对农业产业组织效率的影响。Henehan 和 Anderson（1999）注意到理事会影响合作社的效率。黄胜忠等（2008）、徐旭初和吴彬（2010）发现，理事会成员人数正向影响合作社绩效。黄祖辉等（2011）的实证研究发现，理事会规模越大，纯技术效率越低。陈江华等（2015）发现理事会成员数量负向显著影响合作社纯技术效率，对规模效率的影响没有达到统计显著。

人力资本对农业产业组织效率的影响。Krasachat 和 Chimkul（2009）、黄祖辉等（2011）认为，对合作社成员进行培训可以提高成员的人力资本，进而提高合作社效率。胡平波（2013）发现在合作社社会绩效、组织绩效、治理绩效的提升上，企业家经营管理能力的影响显著，但企业家经营管理能力这一影响因素对社员收入绩效的提升效果不明显。许驰和张春霞（2014）发现理事长组织协调、经营管理与学习能力因子对理事长人力资本水平影响较大。彭莹莹和苑鹏（2014）发现合作社负责人的创业管理能力、关系能力与合作社绩效具有显著的正向关系。陈江华等（2015）发现社员年培训次数正向显著影响合作社技术效率与纯技术效率。

外部环境对合作社效率的影响。①地区经济。黄祖辉等（2011）发现合作社所在地区的经济发展水平显著正向影响其技术效率、纯技术效率和规模效率。陈江华等（2015）发现当地农民人均收入正向显著影响合作社的规模效率。②政府因素。Ariyaratne等（1997）发现政府支持力度大的合作社的规模和综合效率均较高。Galdeano-Gòmez 等（2006）通过分析西班牙园艺合作社全要素生产率的影响因素分析，发现政府激励显著正向影响合作社的全要素生产率。Krasachat 和 Chimkul（2009）的实证研究发现，政府的借贷政策影响到合作社效率。韩国明和安杨芳（2010）认为在贫困地区实行"政府+农民专业合作社"的农技推广模式，可以有效整合政府在贫困地区的资源投入，提高农业技术推广的效率，同时能够有效推进合作社的形成与发展，提高农民的能力，最终达到推动贫困地区社会经济发展，使农民脱贫致富的目的。陈江华等（2015）发现科技扶持政策正向显著影响合作社的效率。娄锋等（2016）通过实证分析得到理事长拥有社会资源的多与少、是否得到国家或金融部门的支持等对绩效均有显著影响。③组织负责人担任社会职务。徐旭初和吴彬（2010）发现，合作社负责人担任的社会职务显著影响合作社绩效。黄祖辉等（2011）发现负责人担任社会职务的合作社，其技术效率和纯技术效率水平显著高于负责人为普通农民的合作社。梁巧等（2014）发现结构性社会资本正向显著影响合作社绩效。崔宝玉（2015）发现合作社组建期，社会资本对合作社的社员间的协调影响较大。

二、农业产业组织产值（产量）的影响因素理论研究

2013年3月，农业部首次公布对全国家庭农场的发展状况调查结果：截至2012年年底，全国30个省、自治区、直辖市（未计入西藏）的家庭农场总共有87.7万个，

经营耕地面积达到 1.76 亿亩①，占全国承包耕地面积的 13.4%。我国如此大规模的家庭农场，其产值（产量）的影响因素也是一个值得研究的现实问题。

由于对种植类农业产业组织产值（产量）影响因素鲜有研究，本书模仿农业总产值影响因素的选择方法并考虑农业与微观组织的区别，来设定家庭农场产量影响因素。

对于农业经济增长或农业总产值的影响因素，已有众多学者对农作物的种植面积、劳动力、农业机械总动力、化肥用量，以及制度、财政支持等变量进行了研究。

黄少安等（2005）发现不同阶段的不同产权制度，土地、劳动、化肥等生产要素的投入对产值影响程度不同；"所有权农民私有、合作或适度统一经营"是相对较好的制度。因为在这种制度下，能较大程度地激励各生产要素的投入，单位土地和劳动等要素对产出的贡献率也较高，从而使农业总产值高速而稳定地增长。

乔榛等（2006）认为，1978～1984 年，土地、劳动、化肥与机械投入对农业经济增长的贡献率较低，除化肥投入贡献较大外，其他要素的贡献率均低于 10%；1985～1987 年，化肥投入成为推动农业增长的主要动力，土地、劳动与机械投入在农业增长过程中扮演了重要的角色；1989～1995 年，要素投入对农业增长的贡献并不十分突出；1996～2002 年，农业基本要素投入的贡献增加。

周阳敏和宋利真（2012）发现化肥的施用量是影响我国农业产值的最重要因素，增加化肥的投入量必然会引起农业产值的增加；农作物播种面积作为农业的投入要素具有周期性的矫正效应，即如果上一期的播种面积减小，当期农业会做出适应性调整增加供应，从而增加农业产量。

张淑辉等（2012）发现山西省农业物质投入增长和农业科技进步率对农业经济增长影响较大；财政支农支出用于农村生产支出和农林水利气象等部门的事业费用、基本建设支出和科技费用支出等方面，解决了山西农业购销体制不畅的难题，实现了山西农业机械化，形成了一定的规模效应，使得山西农业投入和产出的效率方面成效显著。

三、农业产业组织技术需求与选择的影响因素理论研究

20 世纪 80 年代中期以来，国内外学者对农户节水灌溉技术采纳行为的影响因素做了大量研究。Saha 等（1994）发现教育能够增加农户对新技术的理解和接受能力。Margriet 和 David（1985）通过对美国加利福尼亚州果农灌溉方式选择的影响因素的定量研究，认为与传统技术相比，现代灌溉方式的节水程度越高、市

---

① 1 亩≈0.067 公顷。

场网络越广泛、水价越高、果农收入平越高,他们采用节水技术的可能性越大;对果农征收水资源使用税能够促使其采用节水技术,而且使用地下水的农户比使用地表水的农户更容易使用现代灌溉方式。Feder 和 Slade（1985）发现经济条件好的农户支付采用技术成本的能力高,承担采用技术风险的能力强,因此更愿意接受风险和更复杂的技术。Jams 和 David（2002）运用灌溉技术采用的随机动态模型,把未来干旱程度的随机性和经济激励政策的不确定性（如水价格和水市场）考虑进去,得出潜在的水市场使水资源充足地的农户比水资源短缺地区的农户更易采用节水技术的结论。水资源供给短缺的水市场的存在使农户延期采纳节水技术,原因是他们认为能够通过水市场获得更多的水资源供给。农户只关注在预期的水市场交易收益大于交易成本的条件下,才会采用水灌溉技术。Schuck 等（2005）利用美国科罗拉多州历史上严重干旱的数据,研究了干旱程度如何影响农户对节水灌溉技术的选择,发现干旱程度提高促使农户采用更有效的喷灌技术,影响农户作水灌溉技术选择行为的主要因素为租地制、田地规模和灌溉水的可获得性。Zhou 等（2008）发现农民受教育水平的提高可以增加其节水技术采用的程度,年龄较大的农户对新技术的积极性较低。

国内学者对农户节水灌溉技术选择行为的研究主要是在实地调查的基础上,运用计量经济学模型对农户选择行为的影响因素进行实证分析。韩青和谭向勇（2004）发现水资源短缺程度会影响农户灌溉技术的选择;水价和是否有政府扶持对经济作物灌溉技术选择有显著的影响。刘红梅等（2008）运用全国各省的农户调查数据进行了实证分析,结果表明:政府扶持、农户的文化程度、水资源短缺程度、耕地细碎化程度、水权能否交易、是否加入用水者协会、农户在节水灌溉财政投入决策过程中的参与程度等,对农户采用节水灌溉技术有显著的影响。刘宇等（2009）、刘亚克等（2011）的研究表明,水资源短缺程度、政策支持程度对农户节水技术的采用有显著的正向影响;作物结构、人均耕地面积、非农就业比例和受教育程度等因素也不同程度地影响农户节水技术的采用。刘晓敏和王慧军（2010）发现家庭年均总收入、地块面积、村里喇叭广播对农户采用咸水利用农艺节水技术的意愿有显著正向影响,经营规模及政府扶持对农户采用咸水利用农艺节水技术的意愿有显著负向影响。唐博文等（2010）发现"受教育程度""耕地面积""借款难易""参加合作组织""户主年龄"对部分技术采用有显著影响。陆文聪和余安（2011）对浙江省各县（市）的农户进行了问卷调查,将认知变量引入所构建的影响因素模型,并通过因子分析法和回归模型分析各变量对农户节水灌溉技术选择意愿的影响,结果表明:年龄、收入因子、制度因子、增收因子和风险因子都是显著的影响因素。李俊利和张俊飚（2011）根据河南省 18 个县市农户采用节水灌溉技术情况的调查数据,运用 Logit 模型分析了农户采用节水灌溉技术的影响因素。结果表明,水资源稀缺程度、政府的资金补贴、水费计量标准、户主性别、年龄、打工经历等对农户采用节水灌溉技术有显著影响。许朗和刘金金（2013）对农户节水灌溉技术选择行为的影响因素进行了分析。周玉玺等（2014）发现农户采用节水技术所形成的差异主要是由水资源短缺程度、户主文化水平、农用水价、灌溉费用及地势特征决定的。郇青鹤等（2015）对广西香蕉产业肥水一体化技术采用的影响因素进行了分析。韩一军等（2015）发现户主的受教育程度、对节水技术的认知程度、政府补贴及农技培训是影响麦农采用节水技术的关键因素。苟露峰和高强（2016）基于农户的实地调研数据，利用 Logistic 回归分析模型，对农业技术有效供给条件下农户采用农业技术的决定因素进行了实证分析。实证结果表明，农户耕地面积、农户的文化程度、农业技术的培训及农业技术的盈利性对农户采用农业技术行为具有积极影响；然而，订单农业的签订、加入农业专业合作社对农户采用农业技术行为具有消极影响。

四、香蕉产业组织产量（产值）预测研究

香蕉是世界上常见的热带水果之一，我国是香蕉生产大国，根据农业部发展南亚热带作物办公室统计，2013 年我国香蕉产量 1211.46 万吨，世界排名第一。

近几年，香蕉出现不同程度的滞销现象。要解决滞销问题，既需要影响大、见效快的短期措施，更需要有长远的政策思量，才能走出香蕉价格波动周期。而价格波动是由产量大小决定，因此要从根本上解决问题，就需要对产量进行全面分析与预测，尤其是微观组织产值（产量）的预测。而微观产业组织数据具有层结构特征，产业组织每年的数据是层一数据，产业组织的特征是层二数据。适合分析具有层结构特征数据的方法是多层统计模型。

一般的多层统计模型要求层一数据的样本点得达到一定规模；然而，对一些具有层结构数据的新生事物（如香蕉产业组织）的研究，实际上中国香蕉产业组织的诞生只是近几年的事，而且同类型组织同期也不多，因此每种组织无论是截面数据还是时间数据都较少，即香蕉产业组织数据是小样本数据。刘殿国等（2008，2009）针对具有二层结构的小样本数据，建立了系列适合处理二层连续型小样本数据的累加方法的多层统计模型。

刘殿国（2008）运用多变量随机系数累加多层统计模型分析香蕉产业组织数据，得到组织形式每增加一级，收入增加 184.24 元，在条件不变的情况下价格是越来越低的，但价格会随着有机肥施用比例增加而增加。夏勇开等（2008）运用单变量随机系数累加多层统计模型分析香蕉产业组织数据，发现组织形式每增加一级，产量增加 47.22kg，收入增加 192.18 元。刘殿国和许芳（2008）运用幂随机系数累加多层统计模型对"香蕉专业大户+蕉农+专业协会"模式的亩产值进行预测，预测值与实际值基本相符；并且与单变量随机系数累加多层统

计模型进行比较,从预测的结果来看,幂单变量随机系数累加统计模型要优于单变量随机系数累加多层统计模型;并认为该模型对于每个二层变量中一层样本都较少,特别是某个二层变量中只有两个一层样本的情况的预测无疑是一个较好的方法。刘殿国和李长春(2009)运用多变量随机系数累加多层统计模型对"香蕉专业大户+蕉农+专业协会"模式的单位面积(667m^2)收入进行了预测,预测值与实际值基本相符;并认为该模型对于每个二层变量中一层样本都较少,特别是某个二层变量中只有两个一层样本的情况的预测是一个较好的方法。刘殿国和陈守东(2009)运用幂单变量整体模式累加多层统计模型对"香蕉专业大户+蕉农+专业协会"模式的亩产值进行了预测,预测值与实际值基本相符;并且与单变量随机系数累加多层统计模型进行比较,从预测的结果来看,幂单变量整体模式累加统计模型要优于单变量整体模式累加多层统计模型;单变量整体模式累加多层统计模型要优于单变量随机系数累加多层统计模型。刘殿国和李长春(2009a)运用单变量累加整体模式多层统计模型分析香蕉产业组织数据,发现组织模式每增加一级,产量增加 47.22 kg,并且随着组织模式越向高级发展,产量的增长速度就越快。张洪波和刘殿国(2009)运用多变量整体模式的累加多层统计模型分析香蕉产业组织数据,得到组织形式每增加一级,亩产值增加 184.24 元的结果;并且随着时间的推移和组织规模的扩大,亩产值将越来越少;随着组织形式变量增加,有机肥施用比例增加,这将导致在其他条件不变的情况下亩收入随着有机肥施用比例增加而增加。刘殿国和李长春(2009b)运用多变量整体模式的累加多层统计模型对"香蕉专业大户+蕉农+专业协会"模式的亩产值进行预测,预测值与实际值基本相符;该模型对于每个二层变量中一层样本都较少,特别是某个二层变量中只有两个一层样本的情况的预测无疑是一个较好的方法。

第二节 社会嵌入性理论研究

嵌入性理论是新经济社会学研究的一个核心理论。自 Polanyi 于 1944 年首次提出后,嵌入性理论经历了几代研究学者的不断努力,逐渐形成了较完整的理论体系,同时在社会网络、组织发展等多个领域得到了普遍的应用,并进一步向社会资本、组织发展战略、战略联盟网络等新经济社会学理论方向发展(应洪斌,2010)。

一、嵌入性的含义

Polanyi(1944)提出的嵌入性概念,认为"人类经济嵌入并缠结于经济与非经济的制度之中,将非经济的制度包括在内是极其重要的"。但是其嵌入性思想在当时并没有引起学者们的注意，真正引起社会学界广泛关注的是 Granovetter 于 1985 年在《美国社会科学》上发表的《经济行动与社会结构：嵌入性问题》一文。Granovetter 在该文中，批判了古典经济学的"社会化不足"及社会学的"过度社会化"，将嵌入性理论作为两种理论倾向的折中。

"嵌入性"指企业的经济行为嵌入在其所处的社会关系和社会结构中，会受到所嵌入的社会关系结构的影响（Granovetter，1985）。由于嵌入性概念的弹性和抽象性较强，逐渐在研究中被学者们细分为若干不同维度的分析框架，最为典型和常用到的分析框架有以下 5 种。①Granovetter（1985）的关系嵌入性（relational embeddedness）和结构嵌入性（structural embeddedness）分析框架；②Zukin 和 Dimaggio（1990）的结构嵌入性、认知嵌入性（cognitive embeddedness）、文化嵌入性（cultural embeddedness）和政治嵌入性（political embeddedness）分析框架；③Andersson 等（2002）的业务嵌入性（business embeddedness）和技术嵌入性（technology embeddedness）分析框架；④Hagedoorn（2006）的环境嵌入性（environmental embeddedness）、组织间嵌入性（interorganizational embeddedness）和双边嵌入性（dyadic embeddedness）分析框架等；⑤康健（2015）的宏观嵌入、中观嵌入、微观嵌入分析。

二、嵌入性理论的层次分析

本书依据康健（2015）的宏观嵌入、中观嵌入、微观嵌入分析视角对各种嵌入性理论进行概括。

（一）宏观嵌入分析

Zukin 和 Dimaggio（1990）的文化嵌入性和政治嵌入性。文化嵌入性强调文化因素对企业组织行为、组织结构及管理过程的影响，认为经济行为主体会受到外界外部价值观、信念、信仰、区域传统及宗教等因素的制约。该理论认为结构洞代表企业在网络中的信息桥梁作用，企业在网络中拥有的结构洞数量越多，越具有信息优势和控制优势，从而在整个网络中的位置越有利。政治嵌入性关注制度环境的影响作用，认为经济行为会受到行为主体所处的政治环境、政治体制、权力结构，以及税收、法律等制度因素的影响，企业在进行经济活动时总会受到这些制度安排的约束，因此就自然地嵌入到制度环境中。经济合作与发展组织（OECD，2001）的研究也表明政府在公共政策制定、公共信息平台建设上的进展对区域内经济主体经营活动和行为的引导或限制作用是非常明显的。Hagedoorn（2006）认为文化不同，组织进行合作选择的倾向也不同。从目前有关集群研究所得的结论来看，区域商业文化传统对内部企业进行商业活动、区域内经济活动主体间的合作具有非常显著的影响。

（二）中观嵌入分析

Granovetter（1985）的关系嵌入性和结构嵌入性。关系嵌入性研究视角集中于基于互惠预期而发生的双向关系，可以反映网络关系的特征，主要以关系的方向、内容、强度和连续性等指标来衡量组织间关系的强弱。在关系嵌入性的研究中，根据关系强度的大小，可以将关系分为强联结与弱联结两类。Granovetter（1973）认为可以用 4 个指标来衡量联结关系的强弱，分别是互动频率、亲密程度、关系持续时间及相互服务的内容。强、弱联结对企业产生作用的机制存在着很大的不同，强联结可以增加企业间信任，降低交易成本，从而提升企业绩效；而弱联结主要是通过企业对结构洞位置的占据，获得大量信息进而提升绩效的。关于具体的关系嵌入性维度划分，大多数学者都是参照 Granovetter 和 Uzzi 的划分方法，从不同的角度进行研究。Uzzi（1996，1997）认为关系嵌入性的特征包括信任、精细信息共享和共同解决问题安排。Rowley 等（2000）以互动频率和资源交换水平来衡量战略联盟的联结强度。Hite（2003）对 1985~2001 年关于关系嵌入的维度进行了总结，归纳出了情感、互动频率、互惠性、信任、互补性、适应性、合作等 26 类指标。Gulati 和 Sytch（2007）解析了关系嵌入性作为中介变量所包含的三个维度：共同行为、信任、信息交换的质量与范围。Gilsing 和 Duysters（2008）将关系强度分为个人网络层面和组织网络层面。

相比关系嵌入性，结构嵌入性的视角更加宏观，反映的是关系结构的特征，关注嵌入网络中所有关系集合的整体性结构，Burt（1992）提出的结构洞理论是结构嵌入性研究的典型。结构嵌入性的研究往往会应用到社会网络分析方法，重点研究网络的密度、企业在网络中的位置对企业的行为和绩效带来的影响（Granovetter，1992；Uzzi，1996；Gulati，1998）。Zukin 和 Dimaggio（1990）的结构嵌入性认为结构嵌入性是指社会结构会对经济交换产生影响和制约。Hagedoorn（2006）的组织间嵌入性和双边嵌入性及中观环境嵌入性指的是企业所处的产业特征会影响企业的合作倾向。组织间嵌入性与结构嵌入性有部分相似的涵义，指的是企业在所处网络环境中积累的经验，以及建立的合作关系会对企业产生影响。双边嵌入性则与关系嵌入性有相似之处，指的是两个企业之间合作的熟悉程度和信任程度会影响到企业现有合作关系的稳定与持续。

（三）微观嵌入分析

Zukin 和 Dimaggio（1990）的认知嵌入性对传统经济学中的"理性行为"会因环境差异进而导致个体的认知偏差而受到限制，行为主体在进行行为选择时会受到周边环境及固有思维意识的指引、影响与限制，企业组织长期以来形成的默会的群体认知对组织的战略选择、执行和日常运营有着重要的影响作用。Andersson 等将研究的视角转移到企业内部的运营活动，提出了业务嵌入性与技术嵌入性，并实证检验了两种嵌入性与企业绩效的正相关关系。业务嵌入性反映的是企业理解变化的业务环境及主动适应这种业务变化的能力，从这一个角度也可以体现企业与供应商及顾客之间的紧密联系程度；而技术嵌入性指的是网络中企业之间产品开发过程中的相互依赖程度，体现了企业从网络中吸收新技术的能力。

需要指出的是，目前嵌入性理论研究还存在 3 个方面的问题需要进一步突破：第一，在已有的研究中，嵌入性概念的理论化和抽象化的程度很高，具有"概念伞"的性质，其涉及范围开阔且具有弹性，未来的理论研究必须进一步深入才能推动其发展；第二，当前嵌入性研究仍处于企业个体行为的外围，没有与行为主体的个体行为建立有效的链接，实际上嵌入性对企业绩效的影响在很大程度上与企业的战略选择、执行和运营等密切相关，这是一个非常值得深入研究的主题；第三，嵌入性理论认为，嵌入性对企业的合作行为、经济绩效、市场竞争优势的发挥具有关键作用，但这一分析结论缺乏足够的实证（尤其是大样本的定量分析）支持，目前现有的嵌入性研究基本集中于定性研究（兰建平等，2009）。

第三节　多层统计模型理论研究

具有层结构的数据在组织研究、经济研究及管理研究等领域广泛存在。如，探讨企业绩效的影响因素，常常考虑企业的经营规模、产权结构、公司治理机制、企业所属行业的产值、信息化程度、市场化程度等，这些变量分别来自两个不同的层，即企业（个体）第一层和产业（社会组织）第二层。多层统计模型已成为当前国际上统计学研究中一个新兴而重要的领域，已广泛应用于教育、心理、文化、经济、管理等领域（Goldstein，2011）。

具有层次结构数据（hierarchically structured data）的统计理论的发展能渐趋成熟，应归功于多位统计学家的贡献。其中，Lindley 和 Smith（1972）、Smith（1973）在研究线性模式的贝氏估计时即对于具有复杂误差结构的巢状数据的分析有着浓厚的兴趣，但受限于当时估计的瓶颈而无法突破。其后 Dempster 等（1977）所推导的 EM 估计法，则对于 HLM 之估计技术提供了决定性的突破。之后，Aitkin 等（1981）对教学风格的资料引入了层结构重新分析应该是实质性地解决层次结构数据理论的开始。随着研究的深入，多层模型在估计方法与检验、模型的形式及应用方面形成了各自的体系。

一、模型的估计方法与检验

Laird 和 Ware（1982）给出了多层模型中随机效应的判定方法；Strenio 等（1983）给出了多层统计模型的经典贝叶斯估计或叫收缩估计法（shrinkage estimator）；Goldstein（1986）给出了运用迭代广义最小二乘法算法的极大似然估计量（maximum likelihood estimate，MLE）多层模型的参数；李晓松和倪宗瓒（1999）探讨了两个水平层次结构的数据拟合方差成分模型与线性回归模型的关系；石磊（2008）研究了多水平模型下基于均值漂移模型的异常点探测问题；Sinha 和 Rao（2009）用自助法进行参数估计，通过模拟研究得到了小区域估计的稳定性；Kauermann 等（2009）利用惩罚似然估计法（penalized quasi-likelihood，PQL）讨论了样条基随着样本规模改变时惩罚样条光滑的渐近特性；Nie 等（2009）比较了极大似然估计、限制极大似然估计（restricted maximum likelihood，REML）及贝叶斯方法在多变量正态下的方差参数的估计。Guillermo（2013）等对行为与社会学研究中目前各个信息准则对多水平模型的选择问题进行了评估，并通过模型研究对比了 AIC、BIC 等各个模型选择准则；Pan 和 Huang（2014）通过添加罚函数的方法对广义线性混合模型（GLMM）的随机效应部分进行了变量选择，该方法基于运用改进的贝叶斯分解方法对 GLMM 随机效应部分的协方差结构进行了再参数化。

二、模型的形式

Raudenbush 等（1991）建立了多因变量的多层模型；Goldstein（1991）建立了离散变量的多层模型；Consul 和 Famoye（1992）建立了多层 Poisson 回归模型（multilevel Poission regression model）；Raudenbush（1993）建立了交叉分类的多层模型；Muthen（1994）建立了多层结构方程模型；Agresti 等（2000）建立了多层 Logistic 回归模型（multilevel Logistic regression model）、多层多项 Logit 模型（multilevel multinomial Logit model）；Carpenter 等（2003）针对二层样本较少的情况，建立了自助法的多层模型（bootstrap multilevel model）；刘殿国（2009）建立了适合处理二层连续型小样本数据的累加方法的多层统计模型；Goldstein（2011）对多因变量与交叉分类数据多层模型进行了详细的讨论；Ibrahim 等（2011）用极大惩罚似然估计方法讨论了一般混合效果模型中的固定与随机效果的选择；Dil 等（2011）建立了具有狄利克雷混合分布的多层潜变量模型。

三、模型的应用

国外已将多层统计模型广泛应用到社会学、教育学、人口学、心理学、经济学及管理学等社会科学中。国内的应用有：杨菊华（2006）把多层统计模型应用到社会学研究；郭志刚（2007）把多层统计模型应用到人口科学研究；刘泽云（2007）把多层统计模型应用到教育研究中等领域；一些学者逐渐扩展到经济管理中，例如，伊志宏等（2008）运用多层统计模型研究了地方经济发展与企业资本结构选择；刘殿国等（2009）运用累加方法的多层统计模型研究了香蕉产业组织的绩效；杨鑫和金占明（2010）基于中国上市公司，运用三层线性模型研究了战略群组对企业绩效的影响；王天夫和崔晓雄（2010）利用多层线性模型研究了行业对个人收入的影响；王克林和刘建平（2011）应用多层统计模型以宏观层面的地区人均可支配收入和是否为发达地区虚拟变量作为二层变量解释家庭消费跨地区的差异；顾乃华（2011）运用多层线性模型探讨中国以省级政府为"第一行动集团"的中间扩散型制度变迁，对中国城市化和服务业互动发展产生的影响；游达明等（2011）基于多层线性模型的就业影响因素进行了研究；石磊等（2011）应用两水平发展模型研究了西部民族地区农户家庭的物质资本、人力资本及就业结构调整对其家庭人均收入及其增长的影响。向其凤和石磊（2012）基于西部民族地区农户转移的微观调查数据，以及该地区劳动力转移的实际情况，结合相关劳动力转移的研究理论，建立了两水平 Logistic 回归模型，定量分析了劳动力转移的影响因素及程度；石磊等（2013）系统地介绍了多水平模型的理论及方法，包括模型定义、参数估计、模型检验等，以及其在经济分析中的应用；杨建云等（2013）利用 16 个不同城市消费者卷烟感官评价的调查数据，设计两水平模型对消费者的卷烟感官质量评价进行了研究，得出不同城市的消费者感官评价存在差异的结论，而环境与消费者口味偏好是这一差异的主要原因；Stephane 等（2014）通过建立多水平模型模拟了真实三维建筑物理环境中的人群，并将该模型成功运用到机场航站楼，为模拟多层次的环境提供了模型基础；孙彦玲等（2015）应用多层统计模型分析了农村居民利用卫生服务的影响因素；刘远和周祖城（2015）运用多层线性模型对企业组织行为与人力资源管理中的跨层数据进行统计分析，考察了员工感知的企业社会责任对组织公民行为的影响机制，情感承诺的中介作用，以及承诺型人力资源管理实践的跨层调节作用。

另外，对于具有嵌入特征问题的研究，近年来在国际杂志上开始不断涌现出一大批使用"多层分析"技术的文献（Huber et al.，2005），在目前引用率排名最高的杂志《政治分析》上专门有一期介绍了多层分析方法的应用（Orit et al.，2005）。王济川等（2008）认为分析具有个体嵌套在更高水平单位里的层次结构数据（hierarchically structured data）或多层数据（multilevel data）的适当方法是多层统计模型，它不仅能在多层数据分析中正确处理模型参数计算问题，而且还能同时分析微观和宏观变量的效应，以及跨层交互作用（cross-level interactions）。

第三章 三层累加统计模型建立

由于实际中大量存在具有三层数据结构的小样本数据（如香蕉产业组织等每年的投入产出、香蕉产业组织自身的组织形式、香蕉产业组织所属的省域构成三层结构），本章将建立分析三层小样本数据的三层累加统计模型。

第一节 二层累加统计模型简介

一、二层累加统计模型的形式

对符合建模条件（刘殿国，2009）的多层数据，设有原始数据：

$$x_{lj}^{(0)} = [x_{lj}^{(0)}(1), x_{lj}^{(0)}(2), \cdots, x_{lj}^{(0)}(n)],$$

其中，l 表示第 l 个变量，j 表示第 j 个组织，经相应的累加变换得

$$x_{lj}^{(1)} = [x_{lj}^{(1)}(1), x_{lj}^{(1)}(2), \cdots, x_{lj}^{(1)}(n)]。$$

如果对原始数据中的每个组织的第一个分量所构成的数据都满足建模的条件，则由累加多层统计模型的建模知（刘殿国，2009）：以 $x_{1j}^{(0)}(i)$ 为分量的向量与分别以

$$\frac{1}{2}[x_{1j}^{(1)}(i-1) + x_{1j}^{(1)}(i)], x_{2j}^{(1)}(i), \cdots, x_{pj}^{(1)}(i)$$

为分量的向量之间呈线性关系。即按统计学的观点为

当 $j=1$ 时，

$$x_{11}^{(0)}(i) = \beta_{11}\left\{\frac{1}{2}[x_{11}^{(1)}(i-1) + x_{11}^{(1)}(i)]\right\} + \beta_{21}x_{21}^{(1)}(i) + \cdots + \beta_{p1}x_{p1}^{(1)}(i) + e_{i1};$$

当 $j=2$ 时，

$$x_{12}^{(0)}(i) = \beta_{12}\left\{\frac{1}{2}[x_{12}^{(1)}(i-1) + x_{12}^{(1)}(i)]\right\} + \beta_{22}x_{22}^{(1)}(i) + \cdots + \beta_{p2}x_{p2}^{(1)}(i) + e_{i2};$$

$$\cdots$$

当 $j=N$ 时，

$$x_{1N}^{(0)}(i) = \beta_{1N}\left\{\frac{1}{2}[x_{1N}^{(1)}(i-1) + x_{1N}^{(1)}(i)]\right\} + \beta_{2N}x_{2N}^{(1)}(i) + \cdots + \beta_{pN}x_{pN}^{(1)}(i) + e_{iN}。$$

其中，$i = 2, 3, \cdots, n$。

令
$$Y_{ij} = x_{1j}^{(0)}(i),\quad X_{1ij} = \frac{1}{2}[x_{1j}^{(1)}(i-1) + x_{1j}^{(1)}(i)],$$
$$X_{2ij} = x_{2j}^{(1)}(i),\quad \cdots,\quad X_{pij} = x_{pj}^{(1)}(i)。 \tag{3-1}$$

则式（3-1）可以综合地写成：

阶层一：
$$Y_{ij} = \beta_{0j} + \beta_{1j}X_{1ij} + \beta_{2j}X_{2ij} + \cdots + \beta_{pj}X_{pij} + e_{ij},\ i=1,2,\cdots,m,\ j=1,2,\cdots,N。 \tag{3-2}$$

由于在实际中层一的回归系数有时还受层二变量的影响，这时就需考虑包括层二预测变量的情形（本书只考虑线性情形），设

阶层二：
$$\begin{aligned}&\beta_{0j} = r_{00} + r_{01}W_j + u_{0j},\ \beta_{1j} = r_{10} + r_{11}W_j + u_{1j},\\&\beta_{2j} = r_{20} + r_{21}W_j + u_{2j},\cdots,\\&\beta_{pj} = r_{p0} + r_{p1}W_j + u_{pj},\end{aligned} \tag{3-3}$$

这里 W_j 为层二变量，$u_{1j}, u_{2j}, \cdots, u_{pj}$ 为随机变量，且具有如下参数：

$E(u_{0j}) = 0,\ E(u_{1j}) = 0, \cdots, E(u_{pj}) = 0$，
$\text{var}(u_{0j}) = \sigma_{u1}^2,\ \text{var}(u_{1j}) = \sigma_{u2}^2, \cdots, \text{var}(u_{pj}) = \sigma_{up}^2$，
$\text{cov}(u_{0j}, u_{1j}) = \sigma_{u01},\ \text{cov}(u_{1j}, u_{2j}) = \sigma_{u12}, \cdots, \text{cov}(u_{kj}, u_{rj}) = \sigma_{ukr}, \cdots$，
$\text{cov}(u_{(p-1)j}, u_{pj}) = \sigma_{up-1p}$。

利用式（3-2）和式（3-3）得到 $\beta_{0j}, \beta_{1j}, \beta_{2j}, \cdots, \beta_{pj}$ 的估计 $\hat{\beta}_{0j}, \hat{\beta}_{1j}, \hat{\beta}_{2j}, \cdots, \hat{\beta}_{pj}$ 后，利用微分方程

$$\frac{\mathrm{d}x_{j1}^{(1)}(t)}{\mathrm{d}t} = \hat{\beta}_{0j} + \hat{\beta}_{1j}x_{j1}^{(1)}(t) + \hat{\beta}_{2j}x_{j2}^{(1)}(t) + \cdots + \hat{\beta}_{pj}x_{jp}^{(1)}(t)$$

的解

$$\hat{x}_{j1}^{(1)}(k+1) = \left[x_{j1}^{(0)}(1) + \frac{\hat{\beta}_{0j}}{\hat{\beta}_{1j}} + \frac{\hat{\beta}_{2j}}{\hat{\beta}_{1j}}x_{j2}^{(1)}(k+1) + \frac{\hat{\beta}_{3j}}{\hat{\beta}_{1j}}x_{j3}^{(1)}(k+1) + \cdots + \frac{\hat{\beta}_{pj}}{\hat{\beta}_{1j}}x_{jp}^{(1)}(k+1)\right]e^{k\hat{\beta}_{1j}}$$
$$- \frac{\hat{\beta}_{0j}}{\hat{\beta}_{1j}} - \frac{\hat{\beta}_{2j}}{\hat{\beta}_{1j}}x_{j2}^{(1)}(k+1) - \frac{\hat{\beta}_{3j}}{\hat{\beta}_{1j}}x_{j3}^{(1)}(k+1) - \cdots - \frac{\hat{\beta}_{pj}}{\hat{\beta}_{1j}}x_{jp}^{(1)}(k+1)。$$

求出累加生成的各数据的预测值，之后利用

$$\hat{x}_{j1}^{(0)}(k+1) = \hat{x}_{j1}^{(1)}(k+1) - \hat{x}_{j1}^{(1)}(k)$$

求出原始数据的预测值。

二、二层累加统计模型的参数估计

多层线性模型的参数估计方法：与普通的最小二乘估计不同，多层线性模型的参数估计是收缩估计法。收缩估计法是利用进行加权的两部分估计组成，第一部分是利用第一层变量及其理论进行的参数估计，第二部分是利用第二层变量及其理论进行的参数估计，为了说明二层的变量是怎样综合的，现以单变量多层线性模型的参数估计为例说明之（张雷等，2005）。

（1）利用第一层变量的参数估计。

第一层：
$$Y_{ij} = \beta_{0j} + \beta_{1j}(X_{ij} - \overline{X}_{..}) + r_{ij},$$

对 β_{0j} 和 β_{1j} 的最小二乘估计如下：
$$\hat{\beta}_{0j} = \overline{Y} - \hat{\beta}_{1j}\overline{X}_{.j},$$
$$\hat{\beta}_{1j} = \frac{\sum(X_{ij} - \overline{X}_{.j})(Y_{ij} - \overline{Y}_{.j})}{\sum(X_{ij} - \overline{X}_{.j})^2}.$$

第二层：
$$\beta_{0j} = \gamma_{00} + \gamma_{01}W_j + u_{0j},$$
$$\beta_{1j} = \gamma_{10} + \gamma_{11}W_j + u_{1j},$$

用第一层上的估计值 $\hat{\beta}_{0j}$ 和 $\hat{\beta}_{1j}$ 来代替 β_{0j} 和 β_{1j}，上述方程就变成了如下方程：
$$\hat{\beta}_{0j} = \gamma_{00} + \gamma_{01}W_j + e_{1j}, \tag{3-4}$$
$$\hat{\beta}_{1j} = \gamma_{10} + \gamma_{11}W_j + e_{1j}, \tag{3-5}$$

其中，
$$e_{0j} = u_{0j} + (\hat{\beta}_{0j} - \beta_{0j}), \quad e_{1j} = u_{1j} + (\hat{\beta}_{1j} - \beta_{1j}),$$
$$\text{var}(e_{0j}) = \Delta_{0j} = [u_{0j} + (\hat{\beta}_{0j} - \beta_{0j})] = \tau_{00} + v_{0j},$$
$$\text{var}(e_{1j}) = \Delta_{1j} = [u_{1j} + (\hat{\beta}_{1j} - \beta_{1j})] = \tau_{11} + v_{1j},$$

其中，
$$v_{0j} = \sigma^2/n_j, \quad v_{1j} = \sigma^2/\sum X_{ij}^2.$$

对第二层的单位来说，信度 λ 为
$$\lambda_{0j} = \tau_{00}/(\tau_{00} + v_{0j}), \quad \lambda_{1j} = \tau_{11}/(\tau_{11} + v_{1j}).$$

平均信度：
$$\lambda_0 = \sum \lambda_{0j}/J, \quad \lambda_1 = \sum \lambda_{1j}/J,$$

其中，J 为第二层的单位数；λ_0 是 β_{0j} 在第二层各个单位间的变异中，真参数所占

的方差比例；λ_1 是 β_{1j} 在第二层各个单位间的变异中，真参数所占的方差比例。

多层线性模型使用信度 λ 进行加权，以综合分别来自第一层和第二层的两个估计结果。

（2）利用第二层变量的参数估计。

式（3-4）与式（3-5）中的 γ_{10} 和 γ_{11} 用加权最小二乘法（WLS）进行估计。

$$\hat{\gamma}_{10} = \frac{\sum \Delta_{1j}^{-1} \overline{Y}_{.j}}{\sum \Delta_{1j}^{-1}}, \quad \hat{\gamma}_{11} = \frac{\sum \Delta_{1j}^{-1} W_j \hat{\beta}_{1j}}{\sum \Delta_{1j}^{-1} W_j^2},$$

则

$$\hat{\hat{\beta}}_{1j} = \hat{\gamma}_{10} + \hat{\gamma}_{11} W_j + e_{1j}。$$

同理，

$$\hat{\hat{\beta}}_{0j} = \hat{\gamma}_{00} + \hat{\gamma}_{01} W_j + e_{0j}。$$

多层线性模型对 β_{0j} 和 β_{1j} 的最后估计是两个参数的综合，即

$$\hat{\hat{\beta}}_{0j} = \lambda_{0j} \hat{\beta}_{0j} + (1 - \lambda_{0j}) \hat{\hat{\beta}}_{0j}, \tag{3-6}$$

$$\hat{\hat{\beta}}_{1j} = \lambda_{1j} \hat{\beta}_{1j} + (1 - \lambda_{1j}) \hat{\hat{\beta}}_{1j}。\tag{3-7}$$

从式（3-6）和式（3-7）中的权重 λ 可以看到，当第一层的估计信度较高（如样本容量较大）时，最后的多层线性模型估计就会赋予第一层参数估计值更多的权重。当第一层的估计信度较低时，就会有更多的权重赋予第二层参数估计值。

上述所有推导都假设方差和协方差成分（如 σ^2 和 τ）是已知的。事实上，这些方差是未知的。对方差是未知的、多变量及非平衡设计的参数估计可参见 Raudenbush 和 Brayk（2002）的研究。

三、预测值求解

求出 $\hat{\beta}$ 后，利用微分方程：

$$\frac{\mathrm{d} x_j^{(1)}(t)}{\mathrm{d} t} = \hat{\beta}_{0j} + \hat{\beta}_{1j} x_j^{(1)}(t)$$

此微分方程称为 AMM$(1,1)$ 模型的微分方程形式。微分方程的解为

$$\hat{x}_j^{(1)}(k+1) = \left[x_j^{(0)}(1) + \frac{\beta_{0j}}{\beta_{1j}} \right] e^{\beta_{1j} k} - \frac{\beta_{0j}}{\beta_{1j}}。$$

求出累加生成的各数据的预测值，之后利用公式 $\hat{x}_j^{(0)}(k) = \hat{x}_j^{(1)}(k) - \hat{x}_j^{(1)}(k-1)$ 求出原

始数据的预测值。即

$$\hat{x}_j^{(0)}(k) = \hat{x}_j^{(1)}(k) - \hat{x}_j^{(1)}(k-1) = \left[x_j^{(0)}(1) + \frac{\beta_{0j}}{\beta_{1j}}\right] e^{\beta_{1j}(k-2)} (e^{\beta_{1j}} - 1)$$

第二节 三层累加统计模型形式

一、单变量三层累加统计模型形式

依据刘殿国（2009）对具有二层结构数据的原始数据的处理方法整理具有三层结构数据的原始数据。

设具有三层结构的原始数据为

$$X_{jk}^{(0)} = [x_{jk}^{(0)}(1), x_{jk}^{(0)}(2), \cdots, x_{jk}^{(0)}(n)],$$

其中，$x_{jk}^{(0)}(i)$ 是第 k 个地区第 j 个组织的第 i 年的产量数值，经相应的累加变换：

$$x_{jk}^{(1)}(i) = x_{jk}^{(0)}(1) + x_{jk}^{(0)}(2) + \cdots + x_{jk}^{(0)}(i),$$

得 $X_{jk}^{(1)} = [x_{jk}^{(1)}(1), x_{jk}^{(1)}(2), \cdots, x_{jk}^{(1)}(n)]$。

令

$$y_{ijk} = x_{jk}^{(0)}(i), \quad x_{ijk} = \frac{1}{2}[x_{jk}^{(1)}(i-1) + x_{jk}^{(1)}(i)], \quad (3\text{-}8)$$

则将原始数据变为累加后数据的因变量为 y_{ijk}，自变量（背景值）为 x_{ijk} 的三层数据。对累加后的具有三层结构数据，因变量为 y_{ijk}，自变量为 x_{ijk}，建立三层模型为

层一模型： $y_{ijk} = \pi_{0jk} + \pi_{1jk} x_{ijk} + e_{ijk}$；

层二模型： $\pi_{0jk} = \beta_{00k} + \sum_{p=1}^{P} \beta_{0pk} s_{pjk} + r_{0jk}, \quad \pi_{1ik} = \beta_{10k} + \sum_{p=1}^{P} \beta_{1pk} s_{pjk} + r_{1jk}$；

层三模型： $\beta_{0pk} = \gamma_{000} + \sum_{m=1}^{M} \gamma_{0pm} w_{mk} + u_{0pk}, \quad \beta_{1pk} = \gamma_{1p0} + \sum_{m=1}^{M} \gamma_{1pm} w_{mk} + u_{1pk}$。

且满足：

$E(r_{00k}) = E(r_{01k}) = \cdots = E(r_{0jk}) = 0, E(r_{10k}) = E(r_{11k}) = \cdots = E(r_{1jk}) = 0$；

$\text{var}(r_{00k}) = \sigma_{r00}^2, \text{var}(r_{01k}) = \sigma_{r01}^2, \cdots, \text{var}(r_{0jk}) = \sigma_{r0j}^2, \text{var}(r_{10k}) = \sigma_{r10}^2$，

$\text{var}(r_{11k}) = \sigma_{r11}^2, \cdots, \text{var}(r_{1jk}) = \sigma_{r1j}^2$，

$\text{cov}(r_{00k}, r_{10k}) = \sigma_{r0010}, \cdots, \text{cov}(u_{0jk}, u_{1jk}) = \sigma_{r0j1j}$。

$E(u_{00k}) = E(u_{01k}) = \cdots = E(u_{0pk}) = 0, E(u_{10k}) = E(u_{11k}) = \cdots E(u_{1pk}) = 0$。

$$\text{var}(u_{00k}) = \sigma_{u00}^2, \text{var}(u_{01k}) = \sigma_{u01}^2, \cdots, \text{var}(u_{0pk}) = \sigma_{u0p}^2, \text{var}(u_{10k}) = \sigma_{u10}^2,$$
$$\text{var}(u_{11k}) = \sigma_{u11}^2, \cdots, \text{var}(u_{1pk}) = \sigma_{u1p}^2;$$
$$\text{cov}(u_{00k}, u_{10k}) = \sigma_{u0010}, \cdots, \text{cov}(u_{0pk}, u_{1pk}) = \sigma_{u0p1p} \circ$$

其中，层一模型符号含义如下。y_{ijk} 表示第 k 个地区第 j 个组织的第 i 年的原始数据；x_{ijk} 表示第 k 个地区第 j 个组织第 $i-1$ 年和第 i 年一次累加生成数的平均数；π_{0jk} 是地区 k 中组织 j 的平均产值（产量）；π_{1jk} 是发展系数，表示 x_{ijk} 与 y_{ijk} 的联系方向与强度；e_{ijk} 是层一模型的随机误差。下标 i、j、k 代表不同的年、组织、地区，其中，$i=1,2,\cdots,n_{jk}$，即地区 k 的组织 j 中的各年样本点；$j=1,2,\cdots,n_k$，n_k 表示地区 k 的各个组织；$k=1,2,\cdots,10$ 即各地区。

层二模型符号含义如下。β_{00k} 是地区 k 的平均产值（产量）；s_{pjk} 是层二模型的解释变量，它表示第 k 个地区第 j 个组织第 p 个变量的指标值；β_{0pk} 是相应系数，代表组织特征与 π_{0jk} 之间的联系方向与强度；β_{10k} 是组织效应 π_{1jk} 的模型中关于地区 k 的截距；β_{1pk} 是相应系数，代表组织特征与 π_{1jk} 之间的联系方向与强度；r_{0jk} 和 r_{1jk} 为层二模型的随机误差。其中，$p=1,2,\cdots,P$，P 表示组织特征的变量数。

层三模型符号含义如下。w_{mk} 是层三模型的解释变量，表示的是第 k 个地区第 m 个变量的指标值；γ_{000} 是总产值（产量）的平均值；γ_{0pm} 是相应系数，代表地区特征 w_{mk} 与 β_{0pk} 之间的联系方向与强度；γ_{1p0} 是地区模型 β_{1pk} 的截距项；γ_{1pm} 是相应系数，代表地区特征 w_{mk} 与 β_{1pk} 之间的联系方向与强度；u_{0pk}，u_{1pk} 是层三模型的随机误差。

二、多变量三层累加统计模型形式

在实际应用中，往往要考虑多个影响因素变量，此处给出多变量三层累加统计模型的形式。

设具有三层结构的原始数据为

$$X_{ljk}^{(0)} = [x_{ljk}^{(0)}(1), x_{ljk}^{(0)}(2), \cdots, x_{ljk}^{(0)}(n)],$$

其中，$x_{ljk}^{(0)}(i)$ 是第 l 个变量的第 k 个地区第 j 个组织的第 i 年的产量数值。经相应的累加变换：

$$x_{ljk}^{(1)}(i) = x_{ljk}^{(0)}(1) + x_{ljk}^{(0)}(2) + \cdots + x_{ljk}^{(0)}(i),$$

得 $X_{ljk}^{(1)} = [x_{ljk}^{(1)}(1), x_{ljk}^{(1)}(2), \cdots, x_{ljk}^{(1)}(n)]$。

令

$$y_{ijk} = x_{jk}^{(0)}(i), \ x_{1ijk} = \frac{1}{2}[x_{1jk}^{(1)}(i-1) + x_{1jk}^{(1)}(i)], \ x_{2ijk} = x_{2jk}^{(1)}(i), \cdots, x_{lijk} = x_{ljk}^{(1)}(i) \circ \quad (3-9)$$

对累加后的具有三层结构数据，因变量为 y_{ijk}，自变量为 $x_{1ijk},\cdots,x_{lijk}$，建立三层模型为

层一模型： $y_{ijk} = \pi_{0jk} + \sum_{l=1}^{L}\pi_{ljk}x_{lijk} + e_{ijk}$；

层二模型： $\pi_{ljk} = \beta_{l0k} + \sum_{p=1}^{P}\beta_{lpk}s_{pjk} + r_{ljk}$；

层三模型： $\beta_{lpk} = \gamma_{lp0} + \sum_{m=1}^{M}\gamma_{lpm}w_{mk} + u_{lpk}$。

层一模型符号含义如下。y_{ijk} 表示第 k 个地区第 j 个组织的第 i 年的原始数据；x_{ijk} 表示第 k 个地区第 j 个组织第 $i-1$ 年和第 i 年一次累加生成数的平均数；π_{0jk} 是地区 k 中组织 j 的平均产值（产量）；π_{ljk} 表示 x_{lijk} 与 y_{ijk} 的联系方向与强度；e_{ijk} 是层一模型的随机误差；下标 i、j、k 代表不同的年、组织、地区，其中：$i = 1,2,\cdots,n_{jk}$ 即地区 k 的组织 j 中的各年样本点；$j = 1,2,\cdots,n_k$，n_k 表示地区 k 的各个组织；$k = 1,2,\cdots,K$，K 是地区数。

层二模型符号含义如下。β_{l0k} 是组织效应 π_{ljk} 的模型中关于地区 k 的截距；s_{pjk} 是层二模型的解释变量，它表示第 k 个地区第 j 个组织第 p 个变量的指标值；β_{0pk} 是相应系数，代表组织特征与 π_{0jk} 之间的联系方向与强度；β_{lpk} 是相应系数，代表组织特征与 π_{ljk} 之间的联系方向与强度；r_{ljk} 为层二模型的随机误差。其中，$p = 1,2,\cdots,P$，P 表示组织特征的变量数。

层三模型符号含义如下。γ_{lp0} 是求 β_{lpk} 的区域层次模型中的截距项；w_{mk} 是层三模型的解释变量，表示的是第 k 个地区第 m 个变量的指标值；γ_{lpm} 是相应系数，代表地区特征 w_{mk} 与 β_{lpk} 之间的联系方向与强度；u_{lpk} 是层三模型的随机误差。

三、参数估计

多层线性模型的参数估计方法与普通的最小二乘估计不同，可以运用的估计方法有限制极大似然估计、经验贝叶斯估计法（即收缩估计法）、自助法等多层模型估计法。运用模拟研究方法对各种估计方法进行比较，本节采用收缩估计法对合并多层统计模型进行估计。

四、预测值求解

（一）单变量三层累加统计模型预测值求解

对估计后的参数值，利用具体的地区、组织的数据求出的 $\hat{\pi}$ 值，利用微分方程

$$\frac{\mathrm{d}x_{ijk}^{(1)}}{\mathrm{d}t} = \hat{\pi}_{0jk} + \hat{\pi}_{1jk}x_{ijk}^{(1)}$$

的解

$$\hat{x}_{jk}^{(1)}(i+1) = \left[x_{jk}^{(0)}(1) + \frac{\pi_{0jk}}{\pi_{1jk}}\right]e^{(\pi_{0jk})i} - \frac{\pi_{0jk}}{\pi_{1jk}}$$

求出累加生成的各数据的预测值，之后利用下式可求出原始数据的预测值：

$$\hat{x}_{jk}^{(0)}(i) = \hat{x}_{jk}^{(1)}(i) - \hat{x}_{jk}^{(1)}(i-1)。$$

（二）多变量三层累加统计模型预测值求解

对估计后的参数值，利用具体的地区、组织的数据求出的 $\hat{\pi}$ 值，利用微分方程

$$\frac{\mathrm{d}x_{ijk}^{(1)}}{\mathrm{d}t} = \hat{\pi}_{0jk} + \sum_{l=1}^{L}\hat{\pi}_{ljk}x_{lijk}^{(1)}$$

的解

$$\hat{x}_{1jk}^{(1)}(i+1) = \left[x_{1jk}^{(0)}(1) + \frac{\hat{\pi}_{0jk}}{\hat{\pi}_{1jk}} + \sum_{l=2}^{L}\frac{\hat{\pi}_{ljk}}{\hat{\pi}_{1jk}}\hat{x}_{ljk}^{(1)}(i+1)\right]e^{i*\hat{\pi}_{1jk}} - \frac{\hat{\pi}_{0jk}}{\hat{\pi}_{1jk}} - \sum_{l=2}^{L}\frac{\hat{\pi}_{ljk}}{\hat{\pi}_{1jk}}\hat{x}_{ljk}^{(1)}(i+1)$$

求出累加生成的各数据的预测值，之后利用下式可求出原始数据的预测值：

$$\hat{x}_{1jk}^{(0)}(i) = \hat{x}_{1jk}^{(1)}(i) - \hat{x}_{1jk}^{(1)}(i-1)。$$

第四章 二层累加交互分类统计模型的建立

由于在香蕉产业组织中存在交互分类的情况。以往对香蕉产业组织结局计量的考核分析只有各因素的直接影响，而忽视了组织形式和地域差异的交互作用可能对分析结果引起不同程度的影响。植物的生长需要适应一定的环境，因此地域差异会对香蕉产业组织结局计量产生一定的影响。又因不同的组织形式，其生产方式及专业知识掌握程度不同，也会对结局计量产生一定的影响。因此，地域因素及组织形式的交互影响因素需引入分析模型中，二层累加交互分类统计模型的建立可以很好地解决这一问题。

第一节 单变量二层累加交互分类统计模型的建立

一、单变量二层累加交互分类统计模型形式

依据刘殿国等（2009）对具有二层结构数据的原始数据的处理方法，整理具有交互分类数据结构的原始数据。

设具有交互分类数据结构的原始数据为
$$X_{jk}^{(0)} = [x_{ij}^{(0)}(1), x_{ij}^{(0)}(2), \cdots, x_{ij}^{(0)}(n)],$$
其中，$x_{jk}^{(0)}(i)$ 是第 j 个地区第 k 个组织的第 i 年的产量数值。经相应的累加变换：
$$x_{jk}^{(1)}(i) = x_{jk}^{(0)}(1) + x_{jk}^{(0)}(2) + \cdots + x_{jk}^{(0)}(k),$$
得 $X_{ikj}^{(1)} = [x_{jk}^{(1)}(1), x_{jk}^{(1)}(2), \cdots, x_{jk}^{(1)}(n)]$。
令
$$y_{ijk} = x_{jk}^{(0)}(i), x_{ijk} = \frac{1}{2}[x_{jk}^{(1)}(i-1) + x_{jk}^{(1)}(i)]。 \quad (4-1)$$

对累加后的具有交互分类数据结构的数据，因变量为 y_{ijk}，自变量为 x_{ijk}，建立交互分类模型为

层一模型：$y_{ijk} = \pi_{0ij} + \pi_{1ij}(x_{ijk} - \bar{x}_{kj}) + e_{ijk}$；

层二模型：$\pi_{mjk} = \theta_m + \sum_{p=1}^{P}(\beta_{mp} + b_{mpj})s_{mPk} + \sum_{r=1}^{R}(\gamma_{mr} + c_{mrk})w_{mrj}$

$+b_{m0j}+c_{m0k}+d_{mjk}$, $m=0,1$。

层一模型中符号含义如下。y_{ijk} 是合并后地区 j 和组织 k 的第 i 年的产值；π_{0jk} 是截距，体现的是交互组 jk 中样本点的平均产值；π_{1jk} 是发展系数，表示 x_{ijk} 与 y_{ijk} 的联系方向与强度；e_{ijk} 是层一的随机误差；$i=1,\cdots,n_{jk}$，n_{jk} 表示在组 jk 中的观测值；$j=1,\cdots,J$，J 表示地区的个数；$k=1,\cdots,K$，K 表示组织分类数。

层二模型中符号含义如下。θ_m 是模型的截距，即所有解释变量设为 0 是 π_{mjk} 的期望值；β_{mp} 是 s_{mpk} 的固定效应（对总体中所有地区平均化）；b_{mpj} 是地区 j 对 s_{mpk} 和 π_{mjk} 之间联系的随机效应；γ_{mr} 是 w_{mrj} 的固定效应（对总体中所有组织平均化）；c_{mrk} 是组织 k 对 w_{mrj} 和 π_{mjk} 之间联系的随机效应。

二、参数估计

运用模拟研究方法对限制极大似然估计、收缩估计法进行比较。本节采用限制极大似然估计对合并多层统计模型估计。

三、预测值求解

对估计后的参数值，利用具体的地区、组织的数据求出的 $\hat{\pi}$ 值，利用微分方程

$$\frac{dx_{ijk}^{(1)}}{dt}=\hat{\pi}_{0jk}+\hat{\pi}_{1jk}x_{ijk}^{(1)}$$

的解

$$\hat{x}_{jk}^{(1)}(i+1)=\left[\hat{x}_{jk}^{(0)}(1)+\frac{\pi_{0jk}}{\pi_{1jk}}\right]e^{(\pi_{0jk})i}-\frac{\pi_{0jk}}{\pi_{1jk}},$$

求出累加生成的各数据的预测值，之后利用下式可求出原始数据的预测值：

$$\hat{x}_{jk}^{(0)}(i)=\hat{x}_{jk}^{(1)}(i)-\hat{x}_{jk}^{(1)}(i-1)。$$

第二节 多变量二层累加交叉分类统计模型的建立

一、多变量二层累加交互分类统计模型形式

在实际应用中，往往要考虑多个影响因素，此处给出多变量交叉分类二层累加统计模型的形式。

设具有交互分类数据结构的原始数据为

$$X_{ljk}^{(0)} = [x_{ljk}^{(0)}(1), x_{ljk}^{(0)}(2), \cdots, x_{ljk}^{(0)}(n)],$$

其中，$x_{ljk}^{(0)}(i)$ 是第 l 个变量的第 k 个地区第 j 个组织的第 i 年的产量数值。经相应的累加变换：

$$x_{ljk}^{(1)}(i) = x_{ljk}^{(0)}(1) + x_{ljk}^{(0)}(2) + \cdots + x_{ljk}^{(0)}(i),$$

得 $X_{ljk}^{(1)} = [x_{ljk}^{(1)}(1), x_{ljk}^{(1)}(2), \cdots, x_{ljk}^{(1)}(n)]$。

令

$$y_{ijk} = x_{jk}^{(0)}(i), \; x_{1ijk} = \frac{1}{2}[x_{1jk}^{(1)}(i-1) + x_{1jk}^{(1)}(i)],$$

$$x_{2ijk} = x_{2jk}^{(1)}(i), \cdots, x_{lijk} = x_{ljk}^{(1)}(i)。 \quad (4\text{-}2)$$

对累加后的具有交互分类数据结构的数据，因变量为 y_{ijk}，自变量为 $x_{1ijk}, \cdots, x_{lijk}$，建立交互分类统计模型为

层一模型： $y_{ijk} = \pi_{0jk} + \sum_{l=1}^{L} \pi_{ljk} x_{lijk} + e_{ijk}$；

层二模型： $\pi_{ljk} = \theta_l + \sum_{p=1}^{P}(\beta_{lp} + b_{lpj})s_{lPk} + \sum_{r=1}^{R}(\gamma_{lr} + c_{lrk})w_{lrj} + b_{l0j} + c_{l0k}$
$+ d_{ljk}, \; l = 0,1,\cdots,L。$

层一模型中符号含义如下。y_{ijk} 是合并后地区 j 和组织 k 的第 i 年的产值；π_{0jk} 是截距，体现的是交互组 jk 中样本点的平均产值；π_{1jk} 是发展系数，表示 x_{1ijk} 与 y_{ijk} 的联系方向与强度；π_{ljk} 表示 x_{lijk} 与 y_{ijk} 的联系方向与强度；e_{ijk} 是层一的随机误差；$i=1,\cdots,n_{jk}$，n_{jk} 表示在组 jk 中的观测值；$j=1,\cdots,J$，J 表示地区的个数；$k=1,\cdots,K$，K 表示组织分类数；$l=1,\cdots,L$，L 表示层一解释变量的个数。

层二模型中符号含义如下。θ_l 是模型的截距，即所有解释变量设为 0 是 π_{ljk} 的期望值；β_{lp} 是 s_{lpk} 的固定效应（对总体中所有地区平均化）；b_{lpj} 是地区 j 对 s_{lpk} 和 π_{ljk} 之间联系的随机效应；γ_{lr} 是 w_{lrj} 的固定效应（对总体中所有组织平均化）；c_{lrk} 是组织 k 对 w_{lrj} 和 π_{ljk} 之间联系的随机效应。

二、参数估计

运用模拟研究方法对限制极大似然估计、收缩估计法进行比较。本节采用限制极大似然估计对合并多层统计模型估计。

三、预测值求解

对估计后的参数值，利用具体的地区、组织的数据求出的 $\hat{\pi}$ 值，利用微分方程

第四章 二层累加交互分类统计模型的建立

$$\frac{\mathrm{d}x_{ijk}^{(1)}}{\mathrm{d}t} = \hat{\pi}_{0jk} + \sum_{l=1}^{L} \hat{\pi}_{ljk} x_{lijk}^{(1)}$$

的解

$$\hat{x}_{1jk}^{(1)}(i+1) = \left[x_{1jk}^{(0)}(1) + \frac{\hat{\pi}_{0jk}}{\hat{\pi}_{1jk}} + \sum_{l=2}^{L} \frac{\hat{\pi}_{ljk}}{\hat{\pi}_{1jk}} x_{ljk}^{(1)}(i+1) \right] e^{i*\hat{\pi}_{1jk}} - \frac{\hat{\pi}_{0jk}}{\hat{\pi}_{1jk}} - \sum_{l=2}^{L} \frac{\hat{\pi}_{ljk}}{\hat{\pi}_{1jk}} x_{ljk}^{(1)}(i+1)$$

求出累加生成的各数据的预测值，之后利用下式可求出原始数据的预测值：

$$\hat{x}_{1jk}^{(0)}(i) = \hat{x}_{1jk}^{(1)}(i) - \hat{x}_{1jk}^{(1)}(i-1)。$$

二层累加交互分类统计模型可以仿照三层累加统计模型的建模方法推广到三层累加交互分类统计模型。

第五章　合并方法的多层统计模型建立

一般的多层统计模型要求层一数据具有较多的样本点。累加多层统计模型是通过对数据累加的方法，找出数据的规律性，达到能处理层一数据是小样本的情况。那么是否可以利用原始数据自身的属性，通过合并的方法将样本量扩大来解决这一问题？基于此，本章基于组织形式、规模及地区等属性将样本合并，解决层一数据样本点过少问题，建立合并后数据的连续型与离散型因变量多层统计模型。

第一节　连续型因变量合并方法模型建立

本节针对截面和面板类型的小样本数据，基于组织形式、规模及地区等属性将样本合并；并对合并后的数据建立多层统计模型。

一、截面数据合并方法模型建立

（一）截面数据的合并

设原始数据为

$x_{ij}(gn)$　$(i=1,2,3,\cdots,q; \ j=1,2,3,\cdots,r; \ g=1,2,3,\cdots,v; \ n=1,2,3,\cdots,m)$，其中，$j\,(j=1,2,3,\cdots,r)$ 表示第 j 个组织，$i\,(i=1,2,3,\cdots,q)$ 表示第 j 组织的第 i 个个体，$g\,(g=1,2,3,\cdots,v)$ 表示规模类型，$n\,(n=1,2,3,\cdots,m)$ 表示地区类别。

1）按同类组织合并。将不同地区同一组织类型的数据归类在一起形成新的样本点，合并后的数学表达式为

$x_{i_p,j}(gn),$

$i=1,2,3,\cdots,q; \ j=1,2,3,\cdots,r; \ g=1,2,3,\cdots,v; \ n=1,2,3,\cdots,m; \ p=1,2,3,\cdots,w$。

对任意 i,g,n，在组织类型 $j=r$ 下，排列如下：

$$x_{i,r}(gn)x_{i,r}(gn)x_{i,r}(gn)\cdots x_{i,r}(gn),$$

其中，$j(j=1,2,3,\cdots,r)$ 代表第 j 个组织，$i(i=1,2,3,\cdots,q)$ 代表第 j 个组织中的第 i 个个体，$p(p=1,2,3,\cdots,w)$ 代表合并后的第 j 个组织中第 i 个个体排在第 w 位。

2）按同规模合并。将不同地区数据按相同规模或类似规模合并组成新的规模分类，同一规模中的数据按原规模的设定先后合并在一起即可，合并后的数学表达式如下：

$$x_{i_p g}(jn),$$

$i=1,2,3,\cdots,q;\ j=1,2,3,\cdots,r;\ g=1,2,3,\cdots,v;\ n=1,2,3,\cdots,m;\ p=1,2,3,\cdots,w。$

对任意 i, j, n，在规模类型 $g=v$ 下，排列如下：

$$x_{i_1 v}(jn) x_{i_2 v}(jn) x_{i_3 v}(jn) \cdots x_{i_p v}(jn),$$

其中，$k(k=1,2,3,\cdots,v)$ 代表第 g 个规模，$i(i=1,2,3,\cdots,q)$ 代表第 g 个规模中的第 i 个个体，$p(p=1,2,3,\cdots,w)$ 代表合并后的第 g 个规模中第 i 个个体排在第 w 位。

3）按同地区的合并。将数据按相同地区或相邻地区类型的原则合并组成新的地区分类，同一地区中的数据按原地区设定的先后顺序合并在一起即可，合并后的数学表达式为

$$x_{i_p g}(jg),$$

$i=1,2,3,\cdots,q;\ j=1,2,3,\cdots,r;\ g=1,2,3,\cdots,v;\ n=1,2,3,\cdots,m;\ p=1,2,3,\cdots,w。$

对任意 i, j, n，在地区类型 $n=m$ 下，排列如下：

$$x_{i_1 m}(jg) x_{i_2 m}(jg) x_{i_3 m}(jg) \cdots x_{i_p m}(jg),$$

其中，$n(n=1,2,3,\cdots,m)$ 代表第 n 个地区，$i(i=1,2,3,\cdots,q)$ 代表第 n 个地区中的第 i 个个体，$p(p=1,2,3,\cdots,w)$ 代表合并后的第 n 个地区中第 i 个个体排在第 w 位。

（二）截面数据合并方法多层模型的建立

新一层变量按照上述的合并方法合并之后，新二层变量数据分别调整为：将合并在一起的同组织、同规模、同地区的二层平均值作为新分类中的二层数据。

对于截面数据中连续因变量，如香蕉亩产量、种植面积等，经同地区合并后数据建立的多层统计模型为：

层一模型： $y_{ij} = \beta_{0j} + \sum_{p=1}^{P} \beta_{pj}(x_{pij} - \bar{x}_{p.j}) + e_{ij}$；

层二模型： $\beta_{0j} = \gamma_{00} + \sum_{q=1}^{Q} \gamma_{0q} w_{qj} + u_{0j}$，$\beta_{1j} = \gamma_{10} + \sum_{q=1}^{Q} \gamma_{1q} w_{qj} + u_{1j}$，$\cdots$，

$\beta_{pj} = \gamma_{p0} + \sum_{q=1}^{Q} \gamma_{pq} w_{qj} + u_{pj}$。

其中，y_{ij} 为合并后的被解释变量，表示第 j 个地区中的第 i 个数据的数值；

$x_{1ij}, x_{2ij}, \cdots, x_{pij}$ 为层一的 p 个解释变量；$w_{1j}, w_{2j}, \cdots, w_{pj}$ 为层二解释变量。且 $e_{tij}, \mu_{0j}, \mu_{1j}$ 和 μ_{pj} 满足如下假设：

$$E(e_{tij}) = 0, \text{var}(e_{ij}) = \sigma_{e0}^2, \quad E(\mu_{0j}) = E(\mu_{1j}) = \cdots = E(\mu_{pj}) = 0,$$

$$\text{var}(\mu_{0j}) = \sigma_{\mu 0}^2, \text{var}(\mu_{1j}) = \sigma_{\mu 1}^2, \cdots, \text{var}(\mu_{pj}) = \sigma_{\mu p}^2,$$

$$\text{cov}(\mu_{0j}, \mu_{1j}) = \sigma_{\mu 01}, \cdots, \text{cov}(\mu_{0j}, \mu_{pj}) = \sigma_{\mu 0j}, \cdots, \text{cov}(\mu_{(p-1)j}, \mu_{pj}) = \sigma_{\mu(p-1)p} \circ$$

（三）参数估计

多层线性模型的参数估计方法与普通的线性回归的最小二乘估计不同，可以运用的估计方法有限制极大似然估计、极大似然估计、经验贝叶斯估计法（即收缩估计法）、自助法等多层模型估计法。运用模拟研究方法对各种估计方法进行比较，本节采用限制极大似然估计对合并后多层截面数据统计模型进行估计。

（四）预测与评价

经合并连续型因变量截面数据多层模型分析预测后得到预测数据，以地区合并方式为例，在得到预测数据 $\hat{y}_{ij}$ 之后，此时易知在顺序标签 i、地区分类标签 j 的帮助下将预测数据与合并后数据的顺序对应之后，再按照个体顺序与原始数据相对应。如此，实现对原始数据的预测。并通过对预测值与实际值的比较，测算绝对误差百分比，评价说明模型的预测精度。

二、面板数据的合并方法模型建立

（一）数据的合并方法

设原始数据为

$$x_{ij}(T_n), i = 1,2,3,\cdots,q; \quad j = 1,2,3,\cdots,r; \quad n = 1,2,3,\cdots,m \circ$$

其中，$j(j = 1,2,3,\cdots,r)$ 表示第 j 个组织，$T_n(n = 1,2,3,\cdots,m)$ 表示第 j 个组织的第 i 个个体的第 n 年。

1. 一个自变量的合并方式

在只有一个自变量的情况下，数据的合并方法为：时间优先，同一时间的按自变量数值由大到小进行排序。

首先对原始数据按照时间的先后顺序进行一次合并，对任意 i，在同一组 j 下，排列表达式如下：

$$x_j(T_1) x_j(T_2) x_j(T_3) \cdots x_j(T_m), \quad j = 1,2,3,\cdots,r,$$

其中，$j(j = 1,2,3,\cdots,r)$ 表示第 j 个组织，第 j 个组织中的数据按时间

T_n ($n=1,2,3,\cdots,m$) 的顺序进行汇集排序。根据对层一数据的假定，个体所收集的连续年份的数量均可能是不同的，将每个个体连续年份的数据按相同年份顺序设置为 $T_1,T_2,T_3,\cdots,T_m$，将相同年份的数据汇集在一起。以 T_1 为例，按年份 T_1 汇集后再按自变量由大到小进行排序，排序之后的数据的顺序用 k 表示，其他年份依次类推，最后按组织的设定先后合并在一起。合并之后的数据表达式如下：

$$x_{i_kj}(T_n),\ i=1,2,3,\cdots,q;\ j=1,2,3,\cdots,r;\ n=1,2,3,\cdots,m;\ k=1,2,3,\cdots,w\text{。}$$

按照时间的先后与数值大小，当组织类型 $j=r$ 时，将数据排列如下：

$$x_{i_1r}(T_1)x_{i_2r}(T_1)x_{i_3r}(T_1)\cdots x_{i_wr}(T_1),$$
$$x_{i_1r}(T_2)x_{i_2r}(T_2)x_{i_3r}(T_2)\cdots x_{i_wr}(T_2),\cdots,$$
$$x_{i_1r}(T_m)x_{i_2r}(T_m)x_{i_3r}(T_m)\cdots x_{i_wr}(T_m),$$

其中，j ($j=1,2,3,\cdots,r$) 代表第 j 个组织，i ($i=1,2,3,\cdots,q$) 代表第 j 个组织中的第 i 个个体，T_n ($n=1,2,3,\cdots,m$) 代表第 j 个组织中第 i 个个体的第 n 年，k ($k=1,2,3,\cdots,w$) 代表第 j 个组织中第 i 个个体第 n 年数据排在第 k 位。

2. 两个自变量的合并方式

在有两个自变量的情况下，数据的合并方法为：时间优先，同一时间下按自变量与因变量的相关程度来进行合并，即与因变量相关程度高的一个自变量优先进行合并，排列方式按数值大小，由大到小。若优先合并自变量中出现相同数值的情况，那么再根据第二个自变量的数值大小进行排序，排列方式同样是由大到小。

首先对原始数据按照时间的先后顺序进行一次合并，对任意 i，在同一组 j 下，排列表达式如下：

$$x_j(T_1)x_j(T_2)x_j(T_3)\cdots x_j(T_m),\ j=1,2,3,\cdots,r,$$

其中，j ($j=1,2,3,\cdots,r$) 表示第 j 个组织，第 j 个组织中的数据按时间 T_n ($n=1,2,3,\cdots,m$) 的顺序进行汇集排序。根据对层一数据的假定，个体所收集的连续年份的数量均可能是不同的，将每个个体连续年份的数据按相同年份顺序设置为 $T_1,T_2,T_3,\cdots,T_m$，将相同年份的数据汇集在一起，然后分析确定与因变量相关程度大的自变量，按照优先排序自变量数值大小，由大到小将所有变量进行排序。以 T_1 为例，按年份 T_1 汇集后再按优先自变量由大到小进行排序，排序之后的数据顺序用 k 表示，其他年份依次类推，最后按组织的设定先后合并在一起。合并之后的数据表达式如下：

$$x_{i_kj}(T_n),\ i=1,2,3,\cdots,q;\ j=1,2,3,\cdots,r;\ n=1,2,3,\cdots,m;\ k=1,2,3,\cdots,w\text{。}$$

按照时间的先后与数值大小，当组织类型 $j=r$ 时，将数据排列如下：

$$x_{i_1r}(T_1)x_{i_2r}(T_1)x_{i_3r}(T_1)\cdots x_{i_wr}(T_1),$$
$$x_{i_1r}(T_2)x_{i_2r}(T_2)x_{i_3r}(T_2)\cdots x_{i_wr}(T_2),\cdots,$$
$$x_{i_1r}(T_m)x_{i_2r}(T_m)x_{i_3r}(T_m)\cdots x_{i_wr}(T_m),$$

其中，$j\,(j=1,2,3,\cdots,r)$ 代表第 j 个组织，$i\,(i=1,2,3,\cdots,q)$ 代表第 j 个组织中的第 i 个个体，$T_n\,(n=1,2,3,\cdots,m)$ 代表第 j 个组织中第 i 个个体的第 n 年，$k\,(k=1,2,3,\cdots,w)$ 代表第 j 个组织中第 i 个个体第 n 年数据排在第 k 位。

3. 3 个及以上自变量的合并方式

在有 3 个及以上自变量的情况下，数据的合并方法为：时间优先，同一时间的按主成分分析方法进行排序。

首先对原始数据按照时间的先后顺序进行一次合并，对任意 i，在同一组 j 下，排列表达式如下：

$$x_j(T_1)x_j(T_2)x_j(T_3)\cdots x_j(T_m),\ j=1,2,3,\cdots,r,$$

其中，$j\,(j=1,2,3,\cdots,r)$ 表示第 j 个组织，第 j 个组织中的数据按时间 $T_n\,(n=1,2,3,\cdots,m)$ 的顺序进行汇集排序。然后利用主成分分析法对因变量与自变量一起进行主成分分析，导出少数几个主分量，使它们尽可能多地保留原始变量的信息，计算主成分综合指标（即主成分得分，解释原来变量所蕴藏信息的百分比，主成分得分越大所包含的信息越大），按主成分得分由小到大的顺序进行二次合并。

1) 在同一组 j，同一时间 T_n 下，假设变量为 $x_1,x_2,\cdots,x_p$，样本观察矩阵为 $\boldsymbol{X}$，即

$$\boldsymbol{X}=\begin{bmatrix} x_{11} & x_{12} & \cdots & x_{1m} \\ x_{21} & x_{22} & \cdots & x_{2m} \\ \vdots & \vdots & & \vdots \\ x_{p1} & x_{p2} & \cdots & x_{pm} \end{bmatrix}_{p\times m},$$

这里 p 表示变量数量，m 表示样本数量，将原始数据进行标准化变换，即

$$x_{ij}^*=\frac{x_{ij}-\bar{x}_i}{s_i},\ i=1,\cdots,p;\ j=1,\cdots,m,$$

$$s_i^2=\frac{1}{m-1}\sum_{j=1}^{m}(x_{ij}-\bar{x}_i)^2,\ i=1,\cdots,p,$$

其中，$\bar{x}_i=\dfrac{1}{m}\sum_{j=1}^{m}x_{ij},\ i=1,\cdots,p$。

假定经过标准化变换后矩阵仍为 X，则 X 的相关矩阵 $R = X^T X$。

2）求 R 的特征值 $\lambda_1 \geqslant \cdots \geqslant \lambda_P \geqslant 0$，以及相应的特征向量 $U_1, \cdots, U_P$，设特征向量矩阵为 $U = (U_1, \cdots, U_p)$，令 $F = U^T X = (F_1, \cdots, F_\alpha, \cdots, F_m)$，称 F 为主因子阵，$F_\alpha = U^T X_\alpha (\alpha = 1, \cdots, m)$ 称为每 α 个样品主因子观测值。

3）确定主因子个数为 m，建立模型。一般选取 n，使得 $\sum_{i=1}^{n} \lambda_i / \sum_{i=1}^{p} \lambda_i \geqslant 85\%$（或 80%），这 n 个主因子将矩阵 U 剖分：$U_{P \times P} = (U_{P \times n}^{(1)} U_{P \times (P-n)}^{(2)})$。

设 $F_{p \times m} = \begin{bmatrix} F_{n \times m}^{(1)} \\ F_{(p-n) \times m} \end{bmatrix}$，则由 $F = U^T X$ 可得 $X = UF = U^{(1)} F^{(1)} + U^{(2)} F^{(2)}$，其中，$U^{(1)} F^{(1)}$ 为 n 个主因子所能解释的绝大部分信息，$U^{(2)} F^{(2)}$ 为包含信息量很少的剩余部分，可设为 ε，这时有 $X = U^{(1)} F^{(1)} + \varepsilon$，该式称为因子模型，$U^{(1)}$ 称为因子载荷矩阵，$F^{(1)}$ 称为主因子，ε 称为特殊因子，略去特殊因子的因子模型可表示为

$$\begin{cases} x_1 = U_{11} F_1 + U_{12} F_2 + \cdots + U_{1n} F_n, \\ x_2 = U_{21} F_1 + U_{22} F_2 + \cdots + U_{2n} F_n, \\ \cdots \\ x_p = U_{p1} F_1 + U_{p2} F_2 + \cdots + U_{pn} F_n, \end{cases}$$

4）为了使主因子的实际意义有明确的分析和解释，可将因子作正交旋转，使载荷矩阵中每一行的数值尽可能两级化（接近于 0 或接近于 ±1）。

主成分分析是统计学中一种对数据降维的方法，其核心思想是设法将众多原始数据中有一定相关性的指标（如 p 个指标），重新组合成一组新的互不相关的综合指标来表示。用数据矩阵 X 的 p 个列向量（即 p 个指标向量）$X_1, X_2, \cdots, X_p$ 作线性组合，得到综合指标向量：

$$\begin{cases} F_1 = a_{11} X_1 + a_{12} X_2 + \cdots + a_{p1} X_p, \\ F_2 = a_{12} X_1 + a_{22} X_2 + \cdots + a_{p2} X_p, \\ \cdots \\ F_p = a_{1p} X_1 + a_{2p} X_2 + \cdots + a_{pp} X_p, \end{cases}$$

简写成：$F_i = a_{1i} X_1 + a_{2i} X_2 + \cdots + a_{pi} X_p (i = 1, 2, \cdots, p)$。

按主成分的累积方差贡献率选择合适的主成分，依据各个主成分及综合得分将数据分为几个层次。

5）计算每个样本的总得分：$F_\alpha = \sum_{i=1}^{n} d_i f_\alpha(i)$，$\alpha = 1, \cdots, m$，其中，$d_i = \lambda_i / \sum_{i=1}^{n} \lambda_i$ 为第 i 个主因子贡献率，$f_\alpha(i)$ 为第 α 个样本在第 i 个主因子的得分。

在实例运用中，经常选取几个主成分，使其能够解释的总体变异（即累积方差贡献率）达到 80%～85%的精确程度即可，其中如果涉及同一年份中所汇集的个体年份数据少于 2 个，导不出主成分，那么合并方式采取同一组织中的其他年份的主成分系数的算术平均值来计算该年份的主成分，经过上述二次合并后整理得到多层模型的分析数据。

假设组织类型用 j ($j=1,2,3,\cdots,r$) 表示，每个组织中的个体用 i ($i=1,2,3,\cdots,q$) 表示，根据对层一数据的假定，个体所收集的连续年份的数量均可能是不同的，将每个个体连续年份的数据按相同年份顺序设置为 $T_1,T_2,T_3,\cdots,T_m$，将相同年份的数据汇集在一起。以 T_1 为例，按年份 T_1 汇集后再按主成分得分由小到大进行排序，排序之后的数据的顺序用 k 表示，其他年份依次类推，最后按组织的设定先后合并在一起。合并之后的数据表达式如下：

$$x_{i_k j}(T_n), \quad i=1,2,3,\cdots,q; \quad j=1,2,3,\cdots,r; \quad n=1,2,3,\cdots,m; \quad k=1,2,3,\cdots,w。$$

按照时间的先后与主成分的得分，当组织类型 $j = r$ 时，将数据排列如下：

$$x_{i_1 r}(T_1) x_{i_2 r}(T_1) x_{i_3 r}(T_1) \cdots x_{i_w r}(T_1),$$
$$x_{i_1 r}(T_2) x_{i_2 r}(T_2) x_{i_3 r}(T_2) \cdots x_{i_w r}(T_2), \cdots,$$
$$x_{i_1 r}(T_m) x_{i_2 r}(T_m) x_{i_3 r}(T_m) \cdots x_{i_w r}(T_m),$$

其中，j ($j=1,2,3,\cdots,r$) 代表第 j 个组织，i ($i=1,2,3,\cdots,q$) 代表第 j 个组织中的第 i 个个体，T_n ($n=1,2,3,\cdots,m$) 代表第 j 个组织中第 i 个个体的第 n 年，k ($k=1,2,3,\cdots,w$) 代表第 j 个组织中第 i 个个体第 n 年数据排在第 k 位。

（二）面板数据合并多层模型的建立

对于连续型面板数据因变量，如香蕉亩产量、人力资本等，以地区合并为例。经合并后数据建立的多层统计模型为

层一模型：$y_{i_k j} = \beta_{0j} + \sum_{p=1}^{P} \beta_{pj}(X_{p i_k j} - \bar{X}_{pj}) + e_{i_k j}$。

层二模型：$\beta_{0j} = \gamma_{00} + \sum_{q=1}^{Q} \gamma_{0q} w_{qj} + u_{0j}$，$\beta_{1j} = \gamma_{10} + \sum_{q=1}^{Q} \gamma_{1q} w_{qj} + u_{1j}$，$\cdots$，

$\beta_{pj} = \gamma_{p0} + \sum_{q=1}^{Q} \gamma_{pq} w_{qj} + u_{pj}$。

式中，$y_{i_k j}$ 为合并后的被解释变量，j 表示合并后的地区分类中的第 j 个地区，i 表示年份，k 表示的第 i 年中的第 k 个数据的数值；$x_{1 i_k j}, x_{2 i_k j}, \cdots, x_{p i_k j}$ 为层一的 p 个解释变量；$w_{1j}, w_{2j}, \cdots, w_{pj}$ 为层二解释变量。且 e_{ij}，μ_{0j}，μ_{1j} 和 μ_{pj} 满足如下假设：

$$E(e_{ij}) = 0, \quad \mathrm{var}(e_{ij}) = \sigma_{e0}^2, \quad E(\mu_{0j}) = E(\mu_{1j}) = \cdots = E(\mu_{pj}) = 0,$$

$$\mathrm{var}(\mu_{0j}) = \sigma_{\mu 0}^2, \ \mathrm{var}(\mu_{1j}) = \sigma_{\mu 1}^2, \ \cdots, \ \mathrm{var}(\mu_{pj}) = \sigma_{\mu p}^2,$$
$$\mathrm{cov}(\mu_{0j}, \mu_{1j}) = \sigma_{\mu 01}, \ \cdots, \ \mathrm{cov}(\mu_{0j}, \mu_{pj}) = \sigma_{\mu 0j}, \ \cdots, \ \mathrm{cov}(\mu_{(p-1)j}, \mu_{pj}) = \sigma_{\mu(p-1)p} \ 。$$

（三）参数估计

连续型因变量面板数据多层统计模型可以运用的估计方法有限制极大似然估计、极大似然估计、收缩估计法、自助法等多层模型估计法。本节采用限制极大似然法对合并后多层面板数据统计模型进行估计。

（四）预测与评价

连续型因变量经上述方式合并在一起之后，运用多层模型进行预测，得到预测值，以同地区合并为例，其中预测数据 $\hat{y}_{i_k j}$ 是 $y_{i_k j}$ 相对应的预测的数据。此时，易知在地区标签 j、时间标签 i、个体顺序标签 k 的帮助下实现预测值与合并后数据相对应，然后以合并理论为基础将合并后的数据回归到原始数据，实现对原始数据的预测，并测算模型误差百分比，评价说明模型的预测精度。

二层连续型因变量合并方法统计模型可以仿照三层累加统计模型的建模方法推广到三层连续型因变量合并方法统计模型。

第二节　离散型因变量合并方法模型建立

本节针对离散型因变量的小样本数据，基于组织形式、规模及地域等属性将样本合并；并对合并后的数据依据离散类型的不同建立相应的多层统计模型。

一、数据的合并方式

由于离散型数据的数值只代表分类或顺序，对其分析时一般要求有更多的样本量，在现阶段一层样本量偏少的情况下，对数据进行合并势在必行。针对研究目标提出最为有效的合并方法至关重要，基于此，本书提出以下的数据合并方式。

（一）按同类组织的合并

针对性地分析离散型数据组织间差异的影响因素时，选择将相同或类似组织数据合并在一起的方法，即相当于将组织的样本量扩大来达到应用多层统计模型的目的。

数据合并方法为：组织类型优先，即原始数据按相同或类似的组织类别合并组成新的组织分类，同一组织中的数据按原组织中设定的先后顺序，并以个体时间序列为单位合并在一起即可。

在同一组织 $j=r$ 下，排列如下：

$$x_{1r}x_{2r}x_{3r}\cdots x_{pr}, \quad j=1,2,3,\cdots,r,$$

其中，p 表示新组织分类中的第 p 个数据。

（二）按同规模的合并

针对性地分析离散型数据中规模差异的影响因素时，数据的合并方式以规模优先，将规模相同或类似的数据合并在一起，将样本量规模扩大。

数据合并方法为：规模类型优先，将数据按类似或相同规模类别合并组成新规模分类，同一规模中的数据按原规模所设定的先后顺序，并以个体的时间序列为单位合并在一起即可。

在同一规模 $k=v$ 下，排列如下：

$$x_{1v}x_{2v}x_{3v}\cdots x_{pv}, \quad k=1,2,3,\cdots,v,$$

其中，p 表示新规模分类中的第 p 个数据。

（三）按地域邻近的合并

针对性地分析离散型数据中地区差异的影响因素时，数据的合并方式以地域优先，将相同或相邻地区的数据合并在一起，将地区样本量扩大。

数据合并方法为：地域类型优先，将数据按类似或相邻地域类别合并组成新的地区分类，同一地区中的数据按原地区设定的先后顺序，并以个体的时间序列为单位合并在一起即可。

在同一组织 $n=m$ 下，排列如下：

$$x_{1m}x_{2m}x_{3m}\cdots x_{pm}, \quad n=1,2,3,\cdots,m,$$

其中 p 表示新地区分类中的第 p 个数据。

对于离散型数据中的二分类数据与多分类无序数据，上述的合并方法均可以适用，且合并的方法一致。

二、合并二分类 Logistic 模型

结局变量具有二分类特征时，如是否加入香蕉产业组织、是否是村干部等，经数据合并之后的多层模型如下：

在二项分布中，定义 Y_{ij} 为 n_{ij} 次试验中成功的数量，并定义 p_{ij} 为每一次试验中的成功概率，则二项分布表示为

$$Y_{ij} \mid p_{ij} \sim B(n_{ij}, p_{ij})$$

层一连接函数：

$$\eta_{ij} = \log\left(\frac{p_{ij}}{1-p_{ij}}\right)。$$

层一模型：$\eta_{ij} = \beta_{0j} + \beta_{1j}X_{1ij} + \beta_{2j}X_{2ij} + \cdots + \beta_{pj}X_{pij}$。

层二模型：$\beta_{qj} = \gamma_{q0} + \sum_{s=1}^{s_q}\gamma_{qs}W_{sj} + u_{qj}$。

其中，$X_{1ij}, X_{2ij}, \cdots, X_{pij}$ 是对数发生比 η_{ij} 的影响因素。预测的对数发生比可以通过方程 $p_{ij} = \dfrac{1}{1+\exp(-\eta_{ij})}$ 转化为预测概率，W_{sj} 是层二变量。

三、合并多层多项式 Logit 模型

对具有 $m = 1, 2, \cdots, M$ 个类别的因变量，多项式 Logit 模型表示为

$$\log\left(\frac{p(y=j)}{p(y=M)}\right) = \beta_{0j} + \beta_{1j}X_{1ij} + \beta_{2j}X_{2ij} + \cdots + \beta_{pj}X_{pij}。$$

当 $m=1$ 时，$\log\left(\dfrac{p(y=1)}{p(y=M)}\right) = \beta_{01} + \beta_{11}X_{1i1} + \beta_{21}X_{2i1} + \cdots + \beta_{p1}X_{pi1}$；$\cdots$；

当 $m=i$ 时，$\log\left(\dfrac{p(y=i)}{p(y=M)}\right) = \beta_{0i} + \beta_{1i}X_{1ii} + \beta_{2j}X_{2ii} + \cdots + \beta_{pi}X_{pii}$；$\cdots$；

当 $m=M-1$ 时，

$$\log\left(\frac{p(y=M-1)}{p(y=M)}\right) = \beta_{0(M-1)} + \beta_{1(M-1)}X_{1i(M-1)} + \beta_{2(M-1)}X_{2i(M-1)} + \cdots + \beta_{p(M-1)}X_{pi(M-1)}。$$

对合并后的数据，建立多层多项式 Logit 模型：

层一模型：$\log\left(\dfrac{p(y=j)}{p(y=M)}\right) = \beta_{0j} + \beta_{1j}X_{1ij} + \beta_{2j}X_{2ij} + \cdots + \beta_{pj}X_{pij}$；

层二模型：$\beta_{qj} = \gamma_{q0} + \sum_{s=1}^{s_q}\gamma_{qs}W_{sj} + u_{qj}$。

其中，$X_{1ij}, X_{2ij}, \cdots, X_{pij}$ 是对数发生比的影响因素，W_{sj} 是层二变量。

四、合并多层累积 Logistic 模型

对有序多分类数据，利用合并后的数据，建立多层累积 Logistic 模型：

假设实际因变量的测量结果有 M 个类（$m=1,2,\cdots,M$），其测量值为 $y=1,2,\cdots,M$，则有 $M-1$ 个分界点，即

$$y = 1 \quad \text{if } y^* \leqslant C_1$$

$$y = 2 \quad \text{if} \quad C_1 < y^* \leq C_2$$

$$\cdots$$

$$y = M-1 \quad \text{if} \quad C_{M-2} < y^* \leq C_{M-1}$$

$$y = M \quad \text{if} \quad C_{M-1} < y^*$$

其中，$C_1 < C_2 < \cdots < C_{M-1}$。

层一模型：$\log\left(\dfrac{p(y \leq m)}{1 - p(y \leq m)}\right) = \beta_{0j} + \beta_{1j}X_{1ij} + \beta_{2j}X_{2ij} + \cdots + \beta_{pj}X_{pij}$；

层二模型：$\beta_{qj} = \gamma_{q0} + \sum_{s=1}^{s_q}\gamma_{qs}W_{sj} + u_{qj}$。

其中，$X_{1ij}, X_{2ij}, \cdots, X_{pij}$ 是对数发生比的影响因素，W_{sj} 是层二变量。

五、参数估计

离散型因变量的估计方法有惩罚似然估计、限制性/残差虚拟似然法（restricted pseudo-likelihood or residual，REPL）、限制极大似然估计、极大似然估计等。运用模拟研究方法对各种估计方法进行比较，本节采用限制性惩罚似然估计（restricted PQL）对合并后多层模型进行估计。

二层离散型因变量合并方法统计模型可以仿照三层累加统计模型的建模方法推广到三层离散型因变量合并方法统计模型。

第六章　香蕉产业组织计量的社会嵌入性

Granovetter（1985）指出，"我们研究的组织及其行为受到社会关系的制约，把它们作为独立的个体进行分析是一个严重的误解"。因此，影响香蕉产业组织计量行为的因素研究也不应该缺少社会嵌入维度。用新经济社会学嵌入性理论分析香蕉产业组织计量影响因素；基于社会嵌入性视角可以将香蕉产业组织计量影响因素重新划分为香蕉产业组织内部因素与社会场景因素。由于香蕉产业组织的种植面积、劳动力、化肥施用量、规模、财务杠杆、管理者人数及技术培训都是属于香蕉产业组织内部考虑的因素，本书将上述因素称为香蕉产业组织内部因素；而外部环境是香蕉产业组织外部因素，本书将香蕉产业组织外部因素称为香蕉产业组织的社会场景因素。已有的香蕉产业组织的社会场景因素，依据新经济社会学的嵌入性维度（Granovetter，1985；Zukin et al.，1990），仅可划归为政治嵌入性（政府因素）、结构嵌入性（组织负责人担任社会职务）。因此，研究香蕉产业组织计量影响的社会场景因素维度还需进一步拓展。

按社会嵌入性的维度将香蕉产业组织计量的嵌入性分为政治嵌入、文化嵌入、认知嵌入、结构嵌入及关系嵌入；另外，由于农民种植合作社的成功创建和发展，是一个立足于区域经济并与之相磨合、进而融入其中的过程（黄祖辉等，2002），因此，香蕉产业组织计量的嵌入性应增加经济嵌入因素。

依据 Zukin 和 Dimaggio（1990）对认知嵌入性、文化嵌入性、政治嵌入性的阐述，和 Granovetter（1985，1973）对关系嵌入性、结构嵌入性的界定，本章给出香蕉产业组织计量的嵌入性概括。

第一节　香蕉产业组织宏观嵌入

一、文化嵌入

文化嵌入的内涵是文化形塑组织活动、结构和过程，包括组织战略和目标的集体理解、规定个人行动的意识形态、组织的规控系统（Dacin et al.，1999）。这里的主要争议在于如何理解文化，是构成性的因素还是规制性的因素，前者体现为类别和理解，后者表现为限制行动的价值和规范（Dimaggio，1997）。

（一）传统文化嵌入

传统文化嵌入是指香蕉产业组织所处地域的社会传统文化环境对其效率、产值、技术选择等计量因素会产生一定的影响。

传统的乡村文化是农民在长期的日常生活中，由于特殊的自然地理环境、经济形势、政治结构及意识形态的作用而形成的文化积累，这种积累世代延续，深深地融入到他们的思想意识和行为规范之中，内化为一种文化心理和性格，并渗透到了农村生活的各个方面；当社会化把传统文化内化为人的精神素质时，便赋予了主体一定的思想、观念、性格、感情和倾向性。广大农民带着一定的倾向从事农业活动，有意识无意识地遵循着一定的方法、习惯及行为模式，其自身的文化素质也就不自觉地表现出来，并熔铸于活动的结果之中（姜英杰等，2007）。因此，乡村文化作为一种环境和传统，必然有形无形地影响着香蕉产业组织效率、产量、产值等的大小，提高效率、产量、产值等经济活动不能置身于乡村文化背景之外，只能在乡村文化的积累上进行。

（二）城市文化嵌入

城市文化嵌入是指香蕉产业组织所处地域的城市文化环境对其效率、产值、技术选择等计量因素会产生一定的影响。

目前，中国各级城市和发达地区成为吸纳农村劳动力的主要地域。农村劳动力转移给农民直接接触城市文化提供了更多机会。目前，在外和曾经在外的农民在城市务工期间对城市文化的感受更直接、更具体，并且大体上都会经历一个观望抵触—逐步适应—趋同认可的过程。这些经历城市文化熏陶的农民在返乡期间或回乡后会自觉和不自觉地把部分城市文化，特别是城市中较为先进的思想观念、人文理念、法制意识、待人接物的行为标准、生活习俗等带回乡村，为乡村文化注入新的生机活力。随着这一群体数量的积累扩大，城市文化对乡村文化的传导和冲击愈发显著，农民进行自我文化革新的意识将进一步得到增强，乡村文化对城市文化的容纳度将达到一个新的历史高度（孙天雨等，2014）。

（三）市场文化嵌入

市场文化嵌入可表述为：香蕉产业组织所处地域的市场文化环境对其效率、产值、技术选择等计量因素会产生一定的影响。

改革开放以来，中国的总体市场化程度越来越高，樊纲和王小鲁（2011）的研究指出，市场化进程主要体现在政府与市场的关系、非国有经济的发展、产品市场与要素市场的发育程度和制度环境改善等方面。

首先，政府与市场关系的改善会减少寻租行为，进一步优化社会研发投资的资源配置，提高创新的效率。其次，随着非国有经济的发展，在市场竞争机制的作用下，非国有企业必须尽力去学习、模仿、吸收消化先进技术，不断地提高技术水平，才能在与国有企业的市场竞争中生存；而具有优势地位的国有企业面对非国有企业的竞争，不得不通过引入新技术或创新技术来保持领先地位。因此，市场机制会通过企业之间的竞争和优胜劣汰推动技术的不断进步和发展。最后，产品市场和要素市场的市场化，会使得价格信号和市场信息更准确地传递给企业，引导企业对创新资源进行更有效的配置，这有利于创新效率的提高和促进技术的进步（周兴等，2014）。

二、政治嵌入

从经济社会学看，政治嵌入是指经济制度和经济决策是在包括经济行为体和非市场机构，尤其是政府和其他社会阶层在权力追逐过程中形成的，政府制度上的规定为经济发展提供了权力基础和动力机制（Petrescu et al.，2004）。就社会组织的培育而言，这种政治嵌入主要体现为政治系统的支持和规制，社会组织的培育会越来越多地体现国家制度化和合法化的规则（Dimaggio et al.，1983）。

（一）政策法规嵌入

政策法规嵌入是指政府对能给香蕉产业组织带来能提高其效率、产值等计量因素的政策法规信息和政策的一种作用机制。

参见第一章第二节第一部分中的论述。

（二）政府财政、农业项目嵌入

政府财政、农业项目嵌入是指政府对能给香蕉产业组织带来能提高其效率、产值等计量因素的财政、项目支持的一种作用机制。

农民专业合作社发展的制度环境需要外部资源的支持，政府项目支持是最重要的，如农牧局的滩羊繁育试点项目、设施农业项目和节水灌溉项目，科技局的科技特派员项目，水利局的扬黄灌渠建设项目。项目的实施创造了农民专业合作组织的家庭专业化和规模化经营基础，如设施农业项目的实施塑造了一批蔬菜种植专业户，为规模化经营创造了条件；科技局的甘草选育项目的实施塑造了一批甘草专业种植户；水利局扬黄灌渠建设项目的实施则直接推动了种植业的发展；农牧局节水灌溉项目的实施推动了土地流转和粮食种植大户的出现。这些政府项目实际上为农户扩大生产规模进行专业生产提供了条件，也塑造了农民专业合作组织制度的社会基础。除了项目支持外，政府部门还提供部分资金支持。政府贴息贷款渠道主要以劳动就业局提供的贴息贷款为主；物质奖励主要包括盐池县"乐农杯"农民奋斗创新奖、县先进、区先进合作社等，这些奖励制度除了资金支持外，对合作社的名誉提升和品牌战略也有助力（李婵娟等，2013）。

三、经济嵌入

（一）区域生产集群嵌入

区域生产集群嵌入是指区域生产集群能给香蕉产业组织带来能提高其效率、产值等计量的资金信息和资源的一种作用机制。

生产集群因素是指某产品的生产、交易或服务在空间或地域上具有一定的产业集中度。黄祖辉等（2002）认为作为一种制度创新，农民专业合作组织的创建和发展实质上是对单个农户独自面对市场时的交易行为的替代过程，是对农业产业中市场关系的质的改进。而这种市场关系的质的改进必定是以量的扩张为基本前提。对于近乎完全竞争产业的农业来说，任何基于市场目标的联合或合作行为，都必须以在一定区域内具有一定的生产群体或集群为条件，同时又必将以该区域产业集中度的提高为结果。

（二）区域经济嵌入

区域经济嵌入可表述为：由于农业产业组织的成功创建和发展，是一个立足于区域经济并与之相磨合、进而融入其中的过程；区域经济对农业产业组织效率会产生一定的影响。区域经济嵌入主要关注区域经济对产业联盟效率的影响。例如，地区的农民人均纯收入对农业产业联盟效率产生的影响。

其实，农民专业合作组织的成功创建和发展，必然是一个立足于区域经济、并与之相磨合、进而融入其中的过程。这不仅因为农业生产本身就具有地域性特点，还由于地域资源优势将在相当程度上保证现实经济利益的获得和制度创新成本的节约。此外，充分利用地域共同体（多为村、乡、县共同体）的传统组织制度资源也能在一定程度上节约制度成本（黄祖辉等，2002）。

农业产业组织的发展与地区的经济发展有一定的关系。欠发达地区大都处于我国的内陆地区，工业落后，农产品的附加值低，农业的比较效益低、积累不足，农民增收缓慢，农户承担农民专业合作社运行成本的能力差（林则田，2009）。

第二节　香蕉产业组织中观嵌入

一、关系嵌入

（一）技术关系嵌入

技术关系嵌入是指各香蕉产业组织可以看作社会网络中的一个节点，各农业产业组织之间关系的强弱可以用关系持续时间、亲密程度、互动频率及相互服务内容来测度。技术关系嵌入是关注各产业组织之间能带来能提高其效率、产值等计量的技术信息和资源的一种作用机制。例如，香蕉产业组织之间的技术交流有可能改变组织的效率、产值等计量。

（二）资金关系嵌入

资金关系嵌入是指社会组织能给香蕉产业组织带来能提高其效率、产值等计量的资金信息和资源的一种作用机制。例如，香蕉产业组织的财务杠杆有可能改变组织的效率、产值等计量。

其实，Ariyaratne 等（1997）的研究发现财务杠杆负向影响合作社各效率，但在统计上均不显著。Hailu 等（2005，2007）的研究认为，较高的财务杠杆将导致合作社较低的成本效率。Krasachat 和 Chimkul（2009）发现合作社的财务杠杆负向影响合作社效率。黄祖辉等（2011）的研究则发现，财务杠杆对合作社技术效率和规模效率的影响在统计上不显著，但显著负向影响营销合作社的纯技术效率。因此，财务杠杆、资金筹措的难易会影响效率、产值等。

二、结构嵌入

结构嵌入强调人类的组织行为受到社会结构的影响，社会结构成为组织和制度创新与发展的动力甚或障碍。结构主义观点的传统主要是将研究视角集中于社会行动者（个人或组织）之间所存在的联系和关系方面，因此社会关系网络特别受到重视（周雪光，2003）。

（一）管理结构嵌入

管理结构嵌入可表述为：管理结构嵌入是指各农业产业组织间相互联系的总体性结构。它一方面强调各农业产业组织所形成网络的整体功能和结构，另一方面注意各农业产业组织作为网络节点在社会网络中的结构位置及其与组织效率之间的关系。管理结构位置主要关注香蕉产业组织在网络中拥有的结构洞的数量越多，香蕉产业组织在整个信息传递网络中占据的位置越有利。实际上，担任村干部的香蕉产业组织负责人相对于一般社员占据了一定的结构洞，村干部代表村委会可以争取更多的政府资源，并且将产业组织作为项目实施的主体。村干部在政府资源与产业组织间起到"协调人"的作用（Bidwell et al.，2010）。

（二）规模结构嵌入

规模结构嵌入，关注产业组织的网络结构及各地区间社会联系的质量，应用于分析各组织在网络中所处位置与其组织效率、产值、产量等之间的关系；例如，某组织种植规模较大，则该组织在网络中处于较高的位置，其在香蕉产业有较多的话语权。这与渠道行为理论认为的基本一致,渠道系统中的相互依赖本质上是对资源的依赖,因而进入渠道关系的成员必须拥有一定数量的对方需要的资源,这种资源占有量的多寡不仅是该成员能否进入渠道关系的前提条件,也决定了该成员在渠道权力结构中的位置(张闯等,2005)。

第三节 香蕉产业组织微观(认知)嵌入

认知嵌入即经济行为受到行动主体的知识背景、意识、经历等认知层面的影响。持认知嵌入性观点的学者尝试解释个体或企业行动者的认知来源及其结果,认知是由不同的行动主体对其周围环境产生的不同感觉和解释意义,它会对古典经济学中所提到的"理性"假设基础产生影响(Dacin et al.,1999)。由此,所谓的理性,只不过是"受到限制"的理性,认知嵌入试图揭示的就是各种限制经济理性行为得以实现的心智过程(Zukin et al.,1990)。

一、成员群体认知嵌入

毕鹏程等(2005)概括了群体认知的形成过程:第一阶段为形成期(forming)。其特点是,群体的目标、结构都不确定。群体成员各自摸索群体中可接受的行为规范。群体尚未形成一个比较明确的行动模式,成员间还存在着明显的不协调。第二阶段为冲突期(conflicting)。这是群体内部的冲突阶段。群体成员接受了群体的存在,对群体身份有了初步的认同。但对群体所施加给他们的约束和限制,仍然采取一种抵制的态度。第三阶段为规范化期(norming)。在这个阶段中,群体内部的成员开始形成亲密团结的关系,群体也会相应地表现出一定的凝聚力。第四阶段为执行任务期(performing)。在这个阶段中,群体目标、结构和规范已经完全建立起来,处于一种非常稳定和有效率的状态,并在问题解决和任务完成过程中发挥着重要的作用,而且已经被群体成员完全接受。第五阶段为终止期(termination)。对临时性的委员会、团队或者任务小组等群体而言,因为所要完成的任务是有限的,因此大多都有一个终止阶段。

成员群体认知嵌入可表述为:香蕉产业组织在经营的实践中,组织成员对香蕉产业流程的技术与管理,以及产业组织的行为规范和目标,从最初的个性特征较明显,到对组织的初步认同,再到表现出一定的凝聚力,最后会认同香蕉产业流程的技术与管理、接受产业组织的行为规范和目标,形成一定的"群体思维和群体认知"。由于香蕉产业组织负责人通过谈话、报告和培训对香蕉产业组织成员的施加影响。因此,香蕉产业组织负责人的个人认知会对群体认知产生重要影响。而香蕉产业组织负责人的个人认知来自其对香蕉产业流程的技术与管理,以及产业组织的行为规范和目标的经验,其经营的时间越长,其经验就越丰富。

二、管理群体认知嵌入

管理群体认知嵌入可表述为：香蕉产业组织在经营的实践中，管理群体对香蕉产业流程的技术与管理，以及产业组织的行为规范和目标，从最初的各司其职（总负责人负责组织发展的战略，就是要尽力而为地指出组织下一步及未来发展方向；采购与销售负责人，负责种苗、化肥的购买、香蕉的销售等；生产管理负责人负责组织生产及相应的技术管理）；通过管理团队定期例会，管理者会对组织产生初步的认同感；再通过相互之间的交流，管理者之间会形成一定的共识；最后管理者会认同香蕉产业流程的技术与管理、接受产业组织的行为规范和目标，形成一定的"群体思维和群体认知"。

第七章 社会嵌入性视角香蕉产业组织计量理论模型

对于具有嵌入性特征的香蕉产业组织结局计量影响因素，怎样才能将其嵌入性因素与内部因素合理地整合在同一模型中呢？

对于具有嵌入特征问题的研究，近年来在国际杂志上开始不断涌现出来一大批使用"多层分析"技术的文献（Huber et al.，2005），在目前引用率排名最高的杂志《政治分析》上专门有一期介绍了多层分析方法的应用（Orit et al.，2005）。王济川等（2008）认为分析具有个体嵌套在更高水平单位里的分级结构数据或多层数据的适当方法是建立多层统计模型，它不仅能在多层数据分析中正确处理模型参数计算问题，而且还能同时分析微观和宏观变量的效应，以及宏观变量是如何调节微观水平的解释变量与结局变量之间关系的（调节作用体现了对结局变量的间接影响）；刘殿国等（2009）通过对泛珠三角区域的经济增长，以及海南香蕉产业组织效率进行实证分析，认为多层统计模型适合解决具有嵌套结构的小样本数据。

由于多层统计模型适合分析嵌入性问题，因此选择其作为社会嵌入性视角香蕉产业组织计量分析的数理模型。同时，社会嵌入性视角香蕉产业组织计量的多层统计模型分析也将解决嵌入性变量对香蕉产业组织内部因素与香蕉产业组织结局计量之间关系的调节问题，即嵌入性变量对香蕉产业组织结局计量影响的间接性。

多层统计模型处理嵌入性问题的做法是：组织的内部要素为层一变量，社会场景因素为层二变量。因此，本章将香蕉产业组织内部因素作为层一变量，社会场景因素作为层二变量。即香蕉产业组织的种植面积、化肥施用量、有机肥施用量、规模、财务杠杆、管理者人数、技术培训等为层一解释变量，香蕉产业组织结局计量为层一被解释变量；认知嵌入、关系嵌入、结构嵌入、文化嵌入、政治嵌入及经济嵌入为层二解释变量。

第一节 社会嵌入性视角连续型因变量计量理论模型

一、香蕉产业组织产量（产值）影响因素理论模型

以香蕉产业组织产量（产值）的对数作为层一的被解释变量，以香蕉产业组

织的种植面积的对数、人力资本的对数、化肥施用量的对数、有机肥施用量的对数等作为层一的解释变量；以香蕉产业组织产量（产值）的认知嵌入、关系嵌入、结构嵌入、文化嵌入、政治嵌入及经济嵌入为层二解释变量。建立社会嵌入性视角香蕉产业组织产量（产值）影响因素模型：

层一模型：$\ln BIOY_{ij} = \beta_{0j} + \sum_{h=1}^{K} \theta_h (\ln X_{hij} - \ln \overline{X}_{kj}) + \sum_{p=1}^{P} \beta_{pj} (\ln Z_{pij} - \ln \overline{Z}_{pj}) + e_{ij}$；

层二模型：

$\beta_{0j} = \gamma_{00} + \gamma_{01} BCOE_j + \gamma_{02} BRE_j + \gamma_{03} BSE + \gamma_{04} BCE_j + \gamma_{05} BPE_j + \gamma_{06} BEE_j + u_{0j}$，

$\beta_{1j} = \gamma_{10} + \gamma_{11} BCOE_j + \gamma_{12} BRE_j + \gamma_{13} BSE_j + \gamma_{14} BCE_j + \gamma_{15} BPE_j + \gamma_{16} BEE_j + u_{1j}$，…，

$\beta_{pj} = \gamma_{p0} + \gamma_{p1} BCOE_j + \gamma_{p2} BRE_j + \gamma_{p3} BSE_j + \gamma_{p4} BCE_j + \gamma_{p5} BPE_j + \gamma_{p6} BEE_j + u_{pj}$。

式中，$\ln BIOY_{ij}$ 表示第 j 个区域、第 i 个香蕉产业组织产量（产值）对数；变量 $\ln X_{kij}$ 与 $\ln Z_{pij}$ 分别表示香蕉产业组织的种植面积的对数、人力资本的对数、化肥施用量的对数、有机肥施用量的对数等解释变量。但变量 $\ln X_{kij}$ 的系数在不同的区域之间变化不显著，而变量 $\ln Z_{pij}$ 的系数在不同的区域之间变化显著；$BCOE_j$、BRE_j、BSE_j、BCE_j、BPE_j、BEE_j 分别表示香蕉产业组织产量（产值）第 j 个地区的认知嵌入、关系嵌入、结构嵌入、文化嵌入、政治嵌入、经济嵌入。其中，$i = 1, 2, \cdots, N$（N 是公司的个数），$j = 1, 2, \cdots, J$（J 是区域的个数），$k = 1, 2, \cdots, K$（K 是系数没有发生显著变化的直接影响变量的个数），$p = 1, 2, \cdots, P$（P 是系数发生显著变化的直接影响变量的个数）。

二、香蕉产业组织效率影响因素理论模型

以香蕉产业组织效率作为层一的被解释变量，以香蕉产业组织的管理人数、负债收入比、种植规模、技术培训等作为层一的解释变量；以香蕉产业组织效率的认知嵌入、关系嵌入、结构嵌入、文化嵌入、政治嵌入及经济嵌入为层二解释变量。建立社会嵌入性视角香蕉产业组织效率影响因素模型：

层一模型：$BIOE_{ij} = \beta_{0j} + \sum_{h=1}^{K} \theta_h (X_{hij} - \overline{X}_{kj}) + \sum_{p=1}^{P} \beta_{pj} (Z_{pij} - \overline{Z}_{pj}) + e_{ij}$；

层二模型：与本节第一部分中的层二模型相同。

式中，$BIOE_{ij}$ 表示第 j 个区域、第 i 个香蕉产业组织效率；变量 X_{hij} 与 Z_{pij} 分别表示香蕉产业组织的管理人数、负债收入比、种植规模、技术培训等解释变量。但变量 X_{kij} 的系数在不同的区域之间变化不显著，而变量 Z_{pij} 的系数在不同的区域之间变化显著；$BCOE_j$、BRE_j、BSE_j、BCE_j、BPE_j、BEE_j 分别表示香蕉产业组织效率第 j 个地区的认知嵌入、关系嵌入、结构嵌入、文化嵌入、政治嵌入、经济嵌入。其中，$i = 1, 2, \cdots, N$（N 是公司的个数），$j = 1, 2, \cdots, J$（J 是区域的个数），

$k=1,2,\cdots,K$（K 是系数没有发生显著变化的直接影响变量的个数），$p=1,2,\cdots,P$（P 是系数发生显著变化的直接影响变量的个数）。

三、社会嵌入性影响的机制

理论模型不仅解决了影响因素的作用路径问题，而且解决了社会嵌入性变量对香蕉产业组织产量（产值）、效率的影响精确性问题。当香蕉产业组织影响因素对产量（产值）、效率（通过系数 θ 体现的）及嵌入性变量对 β_{0j} 有显著影响时，体现了影响因素对产量（产值）、效率的直接影响；当嵌入性变量对 β_{pj}（$p=1,2,\cdots,P$）有显著影响时，体现了影响因素对产量（产值）、效率的间接影响。因此，嵌入性变量可能对产量（产值）、效率既体现了直接影响又体现了间接影响。理论模型在具体分析过程中（可参考实证分析部分），通过将香蕉产业组织产量（产值）、效率的各地区差异分解成两部分，由层一变量（香蕉产业组织内部因素）解释的部分与层二（嵌入性要素）解释的部分。当层一模型中的系数 θ_k（$k=1,2,\cdots,K$）、β_{pj}（$p=1,2,\cdots,P$）及层二模型中的系数 γ_{0s}（$s=1,2,\cdots,6$）显著时，系数的具体数值体现了影响因素对香蕉产业组织产量（产值）、效率直接影响的精确性；层二模型的系数 γ_{ps}（$p=1,2,\cdots,P$；$s=1,2,\cdots,5$）显著时，系数的具体数值体现了影响因素对香蕉产业组织产量（产值）、效率间接影响的精确性。

第二节　社会嵌入性视角离散型因变量计量理论模型

一、香蕉产业组织二分类结局变量影响因素理论模型

对于香蕉产业组织具有二分类特征的结局变量，如是否加入香蕉专业组织、是否采取蔬果技术等，定义 p_{ij} 为每一次试验中事件发生的概率，对数发生比用下式表示：

$$\eta_{ij} = \log\left(\frac{p_{ij}}{1-p_{ij}}\right).$$

以香蕉产业组织二分类结局变量的对数发生比作为层一的被解释变量，香蕉产业组织的负责人学历层次（ED）、年收入（AI）、种植规模（PS）、收入比重（IR）、新技术偏好（NTP）为层一解释变量。以香蕉产业组织二分类结局变量的认知嵌入、关系嵌入、结构嵌入、文化嵌入、政治嵌入及经济嵌入为层二解释变量。建立社会嵌入性视角香蕉产业组织二分类结局变量影响因素模型：

层一模型：$\eta_{ij} = \beta_{0j} + \beta_{1j}ED_{ij} + \beta_{2j}AI_{ij} + \beta_{3j}PS_{ij} + \beta_{4j}IR_{ij} + \beta_{5j}NTP_{ij}$；

层二模型：与本章第一节第一部分中的层二模型相同。

其中，$BCOE_j$、BRE_j、BSE_j、BCE_j、BPE_j、BEE_j 分别表示香蕉产业组织二分类结局变量的第 j 个地区的认知嵌入、关系嵌入、结构嵌入、文化嵌入、政治嵌入、经济嵌入。预测的对数发生比可以通过方程 $p_{ij} = \dfrac{1}{1+\exp(-\eta_{ij})}$ 转化为预测概率。

二、香蕉产业组织多分类结局变量影响因素理论模型

对于香蕉产业组织具有 M 个类别的结局变量，如香蕉保鲜包装技术、年收入等。定义 $p(y=j)$ 为每一次试验中第 j 个事件发生的概率，每一类与第 M 类的概率比对数用式（7-1）表示：

$$\eta_{mij} = \log\left(\dfrac{p(y=j)}{p(y=M)}\right) \tag{7-1}$$

以香蕉产业组织 M 类结局变量中，每一类与第 M 类的概率比对数作为层一的被解释变量；以香蕉产业组织内部的负责人学历层次、年收入等为层一解释变量；以香蕉产业组织多分类结局变量的社会嵌入性变量为层二解释变量。建立社会嵌入性视角香蕉产业组织多分类结局变量影响因素模型：

层一模型：$\eta_{mij} = \beta_{0j} + \beta_{1j}ED_{ij} + \beta_{2j}AI_{ij} + \beta_{3j}PS_{ij} + \beta_{4j}IR_{ij} + \beta_{5j}NTP_{ij}$；

层二模型：与本章第一节第一部分中的层二模型相同。

其中，社会嵌入性变量为香蕉产业组织多分类结局变量的认知嵌入、关系嵌入、结构嵌入、文化嵌入、政治嵌入、经济嵌入。预测的对数发生比可以通过方程 $p_{mij} = \dfrac{1}{1+\exp(-\eta_{mij})}$ 转化为预测概率。

三、香蕉产业组织多分类有序结局变量影响因素理论模型

对于香蕉产业组织具有 M 个类别的有序结局变量，如香蕉灌溉技术、学历层次等，定义 $p(y \leq m)$ 为试验中累计发生的概率，每一类与第 M 类的累计发生的概率比对数用式（7-2）表示：

$$\eta_{mij} = \log\left(\dfrac{p(y \leq m)}{1-p(y \leq m)}\right) \tag{7-2}$$

以香蕉产业组织多分类有序结局变量的累计发生比对数作为层一的被解释变量；以香蕉产业组织的收入比重、新技术偏好等为层一解释变量。以香蕉产业组织多分类有序结局变量的社会嵌入性变量为层二解释变量；建立社会嵌入性视角香蕉产业组织多分类有序结局变量影响因素模型：

层一模型：与本节第二部分中的层一模型相同；
层二模型：与本章第一节第一部分中的层二模型相同。

其中，社会嵌入性变量为香蕉产业组织多分类有序结局变量的认知嵌入、关系嵌入、结构嵌入、文化嵌入、政治嵌入、经济嵌入。

第三节 社会嵌入性视角香蕉产业组织预测计量理论模型

一、基于交互分类模型的组织产值（产量）预测理论模型

以香蕉产业组织亩均产值（量）为层一被解释变量；以香蕉产业组织产值（产量）背景值、亩均人力资本、亩均化肥施用量、亩均有机肥施用量、亩均技术培训次数为层一解释变量。

以香蕉产业组织产量的组织层面嵌入的认知嵌入（$BCOE$）、关系嵌入（BRE）、结构嵌入（BSE）为层二列解释变量，以香蕉产业组织产量的地区层面嵌入的政治嵌入（BPE）、经济嵌入（BEE）、文化嵌入（BCE）为层二行解释变量，建立社会嵌入性视角香蕉产业组织交互分类变量影响因素模型：

层一模型：$y_{ijk} = \pi_{0jk} + \sum_{l=1}^{L} \pi_{ljk} x_{lijk} + e_{ijk}$；

层二模型：$\pi_{ljk} = \theta_0 + (\beta_{l1} + b_{l1j})BCE_{lk} + (\beta_{l2} + b_{l2j})BPE_{lk}$
$+ (\beta_{l3} + b_{l3j})BEE_{lk} + (\gamma_{l1} + c_{l1k})BCOE_{lj} + (\gamma_{l2} + c_{l2k})BRE_{lj}$
$+ (\gamma_{l3} + c_{l2k})BSE_{lj}, b_{m0j} + c_{m0k} + d_{mjk}$。

式中，y_{ijk}表示香蕉产业组织中第k个区域、第j个组织、第i个产值（产量）；变量x_{lijk}表示香蕉产业组织产值（产量）背景值、亩均人力资本、亩均化肥施用量、亩均有机肥施用量、亩均技术培训次数等变量。

二、基于三层累加统计模型的组织产值（产量）预测理论模型

以香蕉产业组织亩均产值（产量）为层一被解释变量；以香蕉产业组织产值（产量）背景值、亩均人力资本、亩均化肥施用量、亩均有机肥施用量、亩均技术培训次数为层一解释变量；以香蕉产业组织产量的组织层面嵌入的认知嵌入（$BCOE$）、关系嵌入（BRE）、结构嵌入（BSE）为层二解释变量；以香蕉产业组织产量的地区层面嵌入的政治嵌入（BPE）、经济嵌入（BEE）、文化嵌入（BCE）为层三解释变量。建立社会嵌入性视角香蕉产业组织交互分类变量影响因素模型：

层一模型：$y_{ijk} = \pi_{0jk} + \sum_{l=1}^{L} \pi_{ljk} x_{lijk} + e_{ijk}$；

层二模型：$\pi_{ljk} = \beta_{l0k} + \beta_{l1k} BCOE_{jk} + \beta_{l2k} BRE_{jk} + \beta_{l3k} BSE_k + \gamma_{ljk}$；

层三模型：$\beta_{lpk} = \gamma_{lp0} + \gamma_{lp1} BCE_k + \gamma_{lp2} BPE_k + \gamma_{lp3} BEE_k + u_{q0k}$。

式中，y_{ijk} 表示香蕉产业组织中第 k 个区域、第 j 个组织、第 i 个产值（产量）；变量 x_{lijk} 表示香蕉产业组织产值（产量）背景值、亩均人力资本、亩均化肥施用量、亩均有机肥施用量、亩均技术培训次数等变量。

第八章　香蕉产业组织产值（产量）影响因素实证研究

本章基于香蕉产业组织的数据，运用社会嵌入性视角连续型因变量计量理论模型中的香蕉产业组织产值（产量）影响因素理论模型，实证分析香蕉产业组织内部因素及社会嵌入性因素对产值（产量）的作用路径及影响程度，并依据实证的结果提出相应的建议。

第一节　香蕉产业总组织产值（产量）影响因素分析

一、数据来源

数据来自作者负责团队的实地调研。调研从 2013 年 12 月至 2014 年 5 月，得到香蕉主产省份海南、福建、广西、广东及云南香蕉主产区 20 个县域的 97 个香蕉产业组织的 2008~2013 年的数据。其中香蕉公司 28 个、香蕉合作社 26 个、香蕉家庭农场 22 个、香蕉产业联盟 21 个。调研内容涉及种植面积、化肥施用量、有机肥施用量、总产量、总产值、管理人数、贷款数额、种植年限、是否担任村干部等 47 项指标，所有组织按年的样本点为 541 个。其中总产值数据运用了其所属地区的 GDP 平减指数进行平减，变成 2008 年不变价。同时，依据香蕉主产区 20 个县域相应省的统计年鉴数据整理得到的各个县域的城市化率，用该县域的非农业人口占总人口的百分比表示，市场化率用该县域的非国有企业就业人数占就业总人数的百分比表示，人均财政支出及农民人均纯收入数据，其中人均财政支出与农民人均纯收入数据运用了其所属地区的 GDP 平减指数进行平减，变成 2008 年不变价。运用嵌入性视角下家庭农场产量影响因素理论模型进行分析。因此，可以认为香蕉产业组织的样本具有代表性，能够代表香蕉产业组织的整体发展情况。

二、变量的选择

依据嵌入性和农业产业组织产值（产量）影响因素理论，确定层一与层二变量：层一变量：香蕉产业组织产量（吨）的对数（$\ln BOY$）、产值（万元）的对数

（lnBOV）为层一被解释变量；种植面积（亩）的对数（lnPA）、人力资本的对数（lnHR）、化肥施用量（吨）的对数（lnFU）、有机肥施用量（吨）的对数（lnOFU）、技术培训次数的对数（lnTT）为解释变量。其中，人力资本采用肖挺（2015）的做法。使用香蕉产业组织劳动力数量（L）和劳动力受教育年限（h）的乘积来表示，即 $H = L \times h$。

层二变量：香蕉产业组织产值（产量）影响因素的认知嵌入、结构嵌入、关系嵌入分别用属于同一区域各香蕉产业组织负责人种植年限（PY）的平均值、是否是村干部（VC）的平均值表示，以及香蕉产业组织与周边组织技术交流次数（PC）的平均值表示。政治嵌入（BPE）、经济嵌入（BEE）分别用属于同一区域各农场所属县域的人均财政支出平均值（万元）、农村居民家庭人均纯收入平均值（万元）表示。文化嵌入分为城市文化嵌入（URB）与市场文化嵌入（MAR），URB、MAR 用属于同一区域各农场所属县域城市化率平均值、市场化率平均值表示。

层一、层二变量的描述性统计量见表 8-1、表 8-2。从中可以得知，目前香蕉产业组织产量、收入、规模、人力资本、化肥与有机肥施用量、技术培训、城市文化嵌入、市场文化嵌入、政治嵌入、经济嵌入、认知嵌入、结构嵌入、关系嵌入差异较大。由此可以初步判断，香蕉产业组织发展不平衡。

表 8-1 层一变量描述性统计

变量名	样本点数	均值	标准差	最小	最大
lnBOY	541	7.62	1.40	4.19	11.56
lnBOV	541	6.17	1.43	2.58	10.14
lnPA	541	6.65	1.41	3.4	10.49
lnHR	541	5.39	1.24	2.71	8.54
lnFU	541	5.42	1.42	2.20	9.10
lnOFU	541	7.46	1.46	4.28	12.30
lnTT	541	3.53	1.31	0	6.40

表 8-2 层二变量描述性统计

变量名	组织数	均值	标准差	最小	最大
URB	20	33.45	17.36	6.63	76.23
MAR	20	32.43	16.71	3.34	72.37
BEE	20	0.63	0.26	0.22	1.55
BPE	20	0.40	0.21	0.10	0.83
PY	20	10.75	3.01	6.19	16.92
VC	20	0.26	0.18	0	0.57
PC	20	0.64	0.13	0.39	0.87

三、社会嵌入性视角香蕉产业组织产值影响因素的实证结果分析

（一）香蕉产业组织产值变异（方差）的分解

运用零模型把香蕉产业组织产值的变异分解成能由层一（产业组织内部因素）和层二（社会嵌入性因素）解释的部分，并依据组内相关系数决定是否建立多层统计模型。

层一模型：$\ln BOV_{ij} = \beta_{0j} + r_{ij}$；

层二模型：$\beta_{0j} = \gamma_{00} + u_{0j}$；

组合模型：$\ln BOV_{ij} = \gamma_{00} + u_{0j} + r_{ij}$。

其中，BOV_{ij} 表示第 j 个地区的第 i 个组织的产值，$j=1,2,\cdots,20$，$i=1,2,\cdots,n_j$，n_j 表示第 j 个地区的组织个数，β_{0j} 为第 j 个地区香蕉产业组织产值的平均值，γ_{ij} 表示一层随机误差；γ_{00} 为香蕉产业组织产值的总平均值，u_{0j} 表示二层随机误差。

由表 8-3 固定效应知，香蕉产业组织产值对数（$\ln BOV$）的总平均值为 6.1363；由随机效应部分值，各个地区香蕉产业组织产值对数（$\ln BOV$）的平均值在各地区之间有着显著的差异，这种差异由层二变量来解释的程度，可用组内相关系数 $\rho = 0.2176/(0.2176+1.8510) \approx 10.52\%$ 来解释，即各地区香蕉产业组织产值（BOV）平均值的差异约有 10.52% 可以用层二变量来解释，从而说明在研究各地区香蕉产业组织产值时，必须引入层二变量。本节的层二变量为嵌入性变量。

表 8-3 香蕉产业组织产值变异分解的结果

固定效应	回归系数	标准误	T 检验	自由度	P 值
总平均值 γ_{00}	6.136 3	0.117 0	52.443	19	<0.001
随机效应	标准误	方差成分	自由度	卡方值	P 值
层二，u_0	0.466 4	0.217 6	19	79.420 2	<0.001
层一，r	1.360 5	1.851 0			

（二）香蕉产业组织内部变量对产值固定影响的结果分析

为了分析香蕉产业组织内部变量对产值的固定效应影响，建立不包括层二自变量的固定斜率回归模型。将层一的解释变量引入模型中，得到变量相对接近统计显著的固定系数效应模型如下：

层一模型：$\ln BOV_{ij} = \beta_{0j} + \beta_{1j}\ln PA_{ij} + \beta_{2j}\ln HR_{ij} + \beta_{3j}\ln FU_{ij} + \beta_{4j}\ln OFU_{ij} + r_{ij}$；

层二模型：$\beta_{0j} = \gamma_{00} + u_{0j}$，$\beta_{1j} = \gamma_{10}$，$\beta_{2j} = \gamma_{20}$，$\beta_{3j} = \gamma_{30}$，$\beta_{4j} = \gamma_{40}$。

其中，层一模型中的解释变量都是用组中心化后的数据参与运算的。

由表 8-4 知，ln*PA* 为正向显著影响香蕉产业组织产值。回归系数为 0.8842，表明 *PA* 每增加 1%，*BIOV* 会增加 0.8842%，即种植面积对香蕉产业组织产值呈现出提高作用。ln*HR* 为正向显著影响香蕉产业组织产值。回归系数为 0.0545，表明 *HR* 每增加 1%，*BIOV* 会增加 0.0545%，即人力资本对香蕉产业组织产值呈现出提高作用。ln*FU* 为负向显著影响香蕉产业组织产值。回归系数为-0.2179，表明 *FU* 每增加 1%，*BIOV* 会降低 0.2179%，即化肥对香蕉产业组织产值呈现出降低作用。ln*OFU* 为正向显著影响香蕉产业组织产值。回归系数为 0.1935，表明 *OFU* 每增加 1%，*BIOY* 会增加 0.1935%，即有机肥施用对香蕉产业组织产值呈现出提高作用。种植面积、人力资本、化肥及有机肥的施用量对产值的影响是符合一般农业产值影响规律的。

表 8-4　香蕉产业组织内部变量对产值固定影响的结果

固定效应	回归系数	标准误	T 检验	自由度	P 值
组织产值的平均值，β_0					
截距 2，γ_{00}	6.128 5	0.117 3	52.224	19	<0.001
ln*PA* 斜率，β_1					
截距 2，γ_{10}	0.884 2	0.180 6	4.896	517	<0.001
ln*HR* 斜率，β_2					
截距 2，γ_{20}	0.054 5	0.077 6	0.703	517	0.482
ln*FU* 斜率，β_3					
截距 2，γ_{30}	-0.217 9	0.071 5	-3.045	517	0.002
ln*OFU* 斜率，β_4					
截距 2，γ_{40}	0.193 5	0.104 0	1.859	517	0.064
随机效应	标准误	方差成分	自由度	卡方值	P 值
层二，u_0	0.523 5	0.274 1	19	358.991 77	<0.001
层一，r	0.640 6	0.410 4			

（三）香蕉产业组织内部变量对产值随机影响的结果分析

为了分析香蕉产业组织内部变量对产值的随机影响，建立不包括第二层自变量的回归模型。将层一的解释变量引入模型中，得到变量相对接近统计显著的随机系数效应模型如下：

层一模型：$\ln BOV_{ij} = \beta_{0j} + \beta_{1j} \ln PA_{ij} + \beta_{2j} \ln HR_{ij} + \beta_{3j} \ln FU_{ij} + \beta_{4j} \ln OFU_{ij} + r_{ij}$；

层二模型：$\beta_{0j} = \gamma_{00} + u_{0j}$，$\beta_{1j} = \gamma_{10} + u_{1j}$，$\beta_{2j} = \gamma_{20} + u_{2j}$，$\beta_{3j} = \gamma_{30} + u_{3j}$，$\beta_{4j} = \gamma_{40} + u_{4j}$。

其中，层一模型中的解释变量都是用组中心化后的数据运算的。

由表 8-5 知，不同地区的截距、变量 ln*PA*、ln*HR*、ln*FU*、ln*OFU* 的系数存在

较大的差异。

表 8-5　层一变量最小二乘回归估计截距与斜率结果

地区	截距	lnPA 斜率	lnHR 斜率	lnFU 斜率	lnOFU 斜率
1	6.345 4	1.765 5	-0.027 2	-0.566 8	-0.220 6
2	6.771 1	0.991 6	0.012 9	0.210 8	0.085 0
3	6.154 7	0.627 7	0.034 1	-0.182 5	0.525 4
4	5.915 5	0.948 2	0.072 2	-0.157 7	0.164 3
5	6.417 5	-13.899 1	1.036 2	5.721 8	7.518 2
6	5.423 0	-0.714 8	0.412 0	1.043 2	-0.659 7
7	6.944 7	1.087 9	-0.035 4	-0.005 6	-0.126 1
8	6.270 7	-1.236 4	-0.091 0	1.463 3	0.874 9
9	4.748 6	2.406 7	0.106 0	-2.412 8	0.963 9
10	6.879 2	-2.232 2	-0.023 0	2.047 9	1.198 8
11	6.179 9	-0.091 7	0.054 8	0.254 1	0.818 4
12	6.171 6	1.957 8	-0.470 7	-0.249 0	-0.342 4
13	6.281 0	3.993 1	-0.330 4	-1.717 5	-0.977 4
14	5.539 6	2.975 3	0.357 7	-1.543 9	-0.804 9
15	6.387 4	1.143 9	-0.105 1	0.136 9	-0.120 9
16	5.927 4	3.378 2	0.488 4	-1.892 6	-0.976 6
17	5.623 7	9.088 0	-4.000 1	-2.511 2	-1.797 9
18	5.671 3	8.483 7	-0.737 2	-4.702 0	-2.164 8
19	6.169 6	2.144 2	-0.026 8	-0.746 1	-0.459 5
20	6.704 5	3.098 5	0.349 2	-1.634 8	-0.898 6

香蕉产业组织内部变量对产值随机影响的结果见表 8-6。

表 8-6　香蕉产业组织内部变量对产值随机影响的结果

固定效应	回归系数	标准误	T 检验	自由度	P 值
组织产值的平均值，β_0					
截距 2，γ_{00}	6.127 3	0.117 4	52.181	19	<0.001
lnPA 斜率，β_1					
截距 2，γ_{10}	1.113 8	0.170 0	6.549	19	<0.001
lnHR 斜率，β_2					
截距 2，γ_{20}	0.031 4	0.027 2	1.151	19	0.264
lnFU 斜率，β_3					
截距 2，γ_{30}	-0.242 8	0.107 2	-2.265	19	0.035
lnOFU 斜率，β_4					
截距 2，γ_{40}	0.091 4	0.084 8	1.077	19	0.295

续表

随机效应	标准误	方差成分	自由度	卡方值	P 值
层二					
截距 1，u_0	0.533 7	0.284 9	19	1 057.999 3	<0.001
$\ln PA$ 斜率，u_1	0.643 3	0.413 9	19	35.275 6	0.013
$\ln HR$ 斜率，β_2	0.061 2	0.003 7	19	17.496 7	>0.500
$\ln FU$ 斜率，β_3	0.379 1	0.143 7	19	46.227 0	<0.001
$\ln OFU$ 斜率，β_4	0.321 4	0.103 3	19	342.941 3	<0.001
层一					
r	0.373 2	0.139 3			

由表 8-4 和表 8-6 知，变量 $\ln PA$、$\ln HR$、$\ln FU$、$\ln OFU$ 的系数存在一定的差异，这是由于表 8-4 中的数值是变量 $\ln PA$、$\ln HR$、$\ln FU$、$\ln OFU$ 的系数为固定系数，而表 8-6 中的数是变量的系数为随机系数。

同时，由表 8-6 可知，截距 (β_0) 与 $\ln PA$、$\ln FU$ 及 $\ln OFU$ 的系数在各个地区之间存在显著性差异，即香蕉产业组织产值的平均值，以及变量 $\ln PA$、$\ln FU$、$\ln OFU$ 与 $\ln BIOY$ 之间的关系随着地区的不同而显著不同。嵌入性变量可以对地区不同（变异）给出一定程度上的解释。

（四）香蕉产业组织嵌入性变量对产值影响效应分析

为了解释变量截距，以及 $\ln PA$、$\ln FU$、$\ln OFU$ 与 $\ln BIOV$ 之间的关系随着地区的不同而显著不同的原因，将嵌入性变量引入 β_{0j}、β_{1j}、β_{3j}、β_{4j}，得到变量相对接近显著的全模型：

层一模型：$\ln BOV_{ij} = \beta_{0j} + \beta_{1j} \ln PA_{ij} + \beta_{2j} \ln HP_j + \beta_{3j} \ln FU_{ij}$
$+ \beta_{4j} \ln FU_{ij} + r_{ij}$；

层二模型：$\beta_{0j} = \gamma_{00} + \gamma_{01} URB_j + \gamma_{02} MAR_j + \gamma_{03} PY_j + u_{0j}$，

$\beta_{1j} = \gamma_{10} + \gamma_{11} BPE_j + u_{1j}$，

$\beta_{2j} = \gamma_{20}$，

$\beta_{3j} = \gamma_{30}$，

$\beta_3 = \gamma_{30} + \gamma_{31} BPE_j + u_{3j}$，

$\beta_{4j} = \gamma_{40} + \gamma_{41} BEE_j + \gamma_{42} BPE_j + u_{4j}$。

其中，层一与层二模型中的解释变量都是用组中心化后的数据运算的。层二模型的结果见表 8-7。

表 8-7 香蕉产业组织嵌入性变量对产值影响效应结果

固定效应	回归系数	标准误	T 检验	自由度	P 值
组织产值的平均值，β_0					
截距 2，γ_{00}	6.125 8	0.060 8	100.724	15	<0.001
URB，γ_{01}	0.011 0	0.004 0	2.730	15	0.015
MAR，γ_{02}	-0.023 8	0.004 9	-4.844	15	<0.001
PY，γ_{03}	0.055 6	0.018 0	3.089	15	0.007
$\ln PA$ 斜率，β_1					
截距 2，γ_{10}	0.583 2	0.666 4	0.875	18	0.393
BPE，γ_{11}	-7.361 3	4.487 7	-1.640	18	0.118
$\ln HR$ 斜率，β_2					
截距 2，γ_{20}	0.052 3	0.047 068	1.113	460	0.266
$\ln FU$ 斜率，β_3					
截距 2，γ_{20}	0.015 3	0.312 9	0.049	18	0.961
BPE，γ_{31}	-3.942 1	2.185 5	1.804	18	0.088
$\ln OFU$ 斜率，β_4					
截距 2，γ_{40}	0.265 5	0.327 7	0.810	16	0.430
BEE，γ_{41}	0.604 5	0.281 4	2.148	16	0.047
BPE，γ_{42}	-3.192 6	2.104 9	1.517	16	0.149
随机效应	标准误	方差成分	自由度	卡方值	P 值
层二					
截距 1，u_0	0.291 1	0.084 7	15	160.527 0	<0.001
$\ln PA$ 斜率，u_1	0.167 2	0.220 9	18	170.030 9	<0.001
$\ln FU$ 斜率，u_3	0.039 4	0.044 2	18	87.931 0	<0.001
$\ln OFU$ 斜率，u_4	0.028 7	0.065 7	16	72.741 9	<0.001
层一					
r	0.484 55	0.234 7 9			

由表 8-6 与表 8-7 可计算出嵌入性变量对 β_{0j}、β_{1j}、β_{3j}、β_{4j} 的方差成分解释程度，见表 8-8。

表 8-8 嵌入性变量所解释的方差成分和程度

随机效应	加入嵌入性变量前	加入嵌入性变量后	解释程度/%
截距 1，u_0	0.284 93	0.084 77	70.25
$\ln PA$ 斜率，u_1	0.413 95	0.220 95	46.62
$\ln FU$ 斜率，u_3	0.143 75	0.044 23	69.37
$\ln OFU$ 斜率，u_4	0.103 35	0.065 76	36.37

由表 8-8 可知，嵌入性变量对截距，以及 lnPA、lnFU、lnOFU 与 lnBOV 之间关系的变异有较好的解释，因此，层二模型较为合理。层二模型的具体分析由表 8-7 可知：

1) URB 为正向显著影响香蕉产业组织产值的变量，这体现了城市文化嵌入对香蕉产业组织产值的影响。回归系数为 0.0110，表明 URB 每增加 1%，BOV 会增加 0.011%，即城市文化嵌入提高能促进香蕉产业组织产值增加。这是由于随着城市化水平的提高，民众对农产品的需求层次越高，需求量越大，为香蕉产业组织的发展提供了优良的外部环境，有利于香蕉产业组织产值的提高。MAR 为负向显著影响香蕉产业组织产值的变量，这体现了市场文化嵌入对香蕉产业组织产值的影响。回归系数为-0.0238，表明 MAR 每增加 1%，BOV 会降低 0.0238%，这说明市场文化嵌入提高能抑制香蕉产业组织产值增加。这是由于目前香蕉产业组织还难以适应市场的变化。PY 为正向显著影响香蕉产业组织产值平均值的变量，这体现了认知嵌入对香蕉产业组织产值的影响。回归系数为 0.0556，表明 PY 每增加 1%，BOV 会增加 0.0556%，这说明认知嵌入提高能促进香蕉产业组织产值增加。这是由于香蕉产业组织负责人种植年限长的人管理经验更丰富，能够更加合理地配备人、财、物，从而促使香蕉产业组织产值的提高。

2) BPE 为负向显著调节 lnPA，lnFU，lnOFU 与 lnBOV 之间关系的变量，这体现了政治嵌入对香蕉产业组织的种植面积、化肥施用量、有机肥施用量与产值之间关系的影响。其回归系数分别为-7.3613、-3.9421、-3.1926，表明人均财政支出提高 1 万元，即人均财政支出提高 100 元，香蕉产业组织的种植面积、化肥施用量、有机肥施用量与产值之间的正向关系将分别减少 0.0736、0.0394、0.0319，这表明人均财政支出高的地区种植面积、化肥、有机肥的边际产量要低于人均财政支出低的地区。一方面，这是由于人均财政支出高的地区的香蕉产业组织更倾向于争取政府的资金支持，对规模效率、施肥技术的提高缺少动力，从而种植规模、化肥、有机肥的边际产量较低，这与"资源诅咒"类似；另一方面，由于实际情况是人均财政支出水平低的地区平均每亩施用有机肥量大，有机肥施用的多，能减少枯萎病的发病率（夏勇开等，2015），从而有利于香蕉产值增加。另外，人们更愿意买化肥施用量少的产品，化肥施用量少的产品的价格会高些，但有利于产值的提高。

3) BEE 为正向显著调节 lnOFU 与 lnBOV 之间关系的变量，这体现了经济嵌入对香蕉产业组织的有机肥施用量与产值之间关系的影响。其回归系数为 0.6045，表明农民人均纯收入每提高 1 万元，即农民人均纯收入每提高 100 元，香蕉产业组织的有机肥施用量与产值之间的正向关系将增加 0.006，这表明在农民人均纯收入高的地区，有机肥施用的边际产量要高于农民人均纯收入低的地区。这是因为随着农民人均纯收入水平的提高，民众对农产品质量的需求层次提高，民众希望吃到绿色产品,从而促进了有机肥的施用。

四、社会嵌入性视角香蕉产业组织产量影响因素的实证结果分析

(一)香蕉产业组织产量变异(方差)的分解

运用零模型把香蕉产业组织产量的变异分解成能由层一(产业组织内部因素)和层二(社会嵌入性因素)解释的部分,并依据组内相关系数决定是否建立多层统计模型。

层一模型:$\ln BOY_{ij} = \beta_{0j} + r_{ij}$;

层二模型:$\beta_{0j} = \gamma_{00} + u_{0j}$。

其中,BOY_{ij}表示第j个地区的第i个组织的产量,$j=1,2,\cdots,20$,$i=1,2,\cdots,n_j$,n_j表示第j个地区的组织个数,β_{0j}为第j个地区香蕉产业组织产量的平均值,γ_{ij}表示层一随机误差;γ_{00}为香蕉产业组织产量的总平均值,u_{0j}表示层二随机误差。

由表 8-9 固定效应知,香蕉产业组织产量对数($\ln BOY$)的总平均值为 7.5766;由随机效应部分值,各个地区香蕉产业组织产量对数($\ln BOY$)的平均值在各地区之间有着显著的差异,这种差异由层二变量来解释的程度,可用组内相关系数$\rho = 0.2396/(0.2396+1.7296) \approx 12.18\%$来解释,即各地区香蕉产业组织产量($BOY$)平均值的差异约有 12.18%可以用层二变量来解释,从而说明在研究各地区香蕉产业组织产量时,必须引入层二变量。本节的层二变量为嵌入性变量。

表 8-9 香蕉产业组织产量变异分解的结果

固定效应	回归系数	标准误	T检验	自由度	P值
总平均值γ_{00}	7.5766	0.1204	62.878	19	<0.001
随机效应	标准误	方差成分	自由度	卡方值	P值
层二,u_0	0.4895	0.2396	19	90.9775	<0.001
层一,r	1.3151	1.7296			

(二)香蕉产业组织内部变量对产量固定影响的结果分析

为了分析香蕉产业组织内部变量对产量的影响,建立不包括层二解释变量的回归模型。将层一的解释变量引入模型中,得到变量相对接近统计显著的固定系数效应模型如下:

层一模型:$\ln BOV_{ij} = \beta_{0j} + \beta_{1j}\ln PA_{ij} + \beta_{2j}\ln HP_{ij} + \beta_{3j}\ln FU_{ij} + \beta_{4j}\ln FU_{ij} + r_{ij}$;

层二模型:$\beta_{0j} = \gamma_{00} + u_{0j}$,$\beta_{1j} = \gamma_{10}$,$\beta_{2j} = \gamma_{20}$,$\beta_{3j} = \gamma_{30}$,$\beta_{4j} = \gamma_{40}$。

其中,层一模型中的解释变量都是用组中心化后的数据运算的。

由表 8-10 知，lnPA 为正向显著影响香蕉产业组织产量的变量。回归系数为 0.9677，表明 PA 每增加 1%，BOY 会增加 0.9677%，即种植面积对香蕉产业组织产量呈现出提高作用。lnHR 为正向显著影响香蕉产业组织产量的变量。回归系数为 0.0178，表明 HR 每增加 1%，BOY 会增加 0.0178%，即人力资本对香蕉产业组织产量呈现出提高作用。lnFU 为正向显著影响香蕉产业组织产量的变量。回归系数为 0.1029，表明 FU 每增加 1%，BOY 会增加 0.1029%，即化肥对香蕉产业组织产量呈现出提高作用。lnOFU 为正向显著影响香蕉产业组织产量的变量。回归系数为 0.1056，表明 OFU 每增加 1%，BOY 会增加 0.1056%，即有机肥的施用对香蕉产业组织产量呈现出提高作用。种植面积、人力资本、化肥及有机肥的施用量对产值的影响是符合一般农业产值影响规律的。

表 8-10　香蕉产业组织内部变量对产量固定影响的结果

固定效应	回归系数	标准误	T 检验	自由度	P 值
组织产量的平均值，β_0					
截距 2，γ_{00}	7.566 5	0.120 6	62.691	19	<0.001
lnPA 斜率，β_1					
截距 2，γ_{10}	0.967 7	0.049 4	19.580	517	<0.001
lnHR 斜率，β_2					
截距 2，γ_{20}	0.017 8	0.009 6	1.848	517	0.065
lnFU 斜率，β_3					
截距 2，γ_{30}	0.102 9	0.037 5	−2.740	517	0.006
lnOFU 斜率，β_4					
截距 2，γ_{40}	0.105 6	0.028 0	3.773	517	<0.001
随机效应	标准误	方差成分	自由度	卡方值	P 值
层二，u_0	0.553 4	0.306 2	19	14 548.771 9	<0.001
层一，r	0.104 1	0.010 8			

（三）香蕉产业组织内部变量对产量随机影响的结果分析

为了分析香蕉产业组织内部变量对产量的影响，建立不包括层二解释变量的回归模型。将层一的解释变量引入模型中，得到变量相对接近统计显著的随机系数效应模型如下：

层一模型：$\ln BOV_{ij} = \beta_{0j} + \beta_{1j} \ln PA_{ij} + \beta_{2j} \ln HP_{ij} + \beta_{3j} \ln FU_{ij} + \beta_{4j} \ln FOU_{ij} + r_{ij}$；

层二模型：$\beta_{0j} = \gamma_{00} + u_{0j}$，$\beta_{1j} = \gamma_{10} + u_{1j}$，$\beta_{2j} = \gamma_{20} + u_{2j}$，$\beta_{3j} = \gamma_{30} + u_{3j}$，$\beta_{4j} = \gamma_{40} + u_{4j}$。

其中，层一模型中的解释变量都是用组中心化后的数据运算的。

由表 8-11 可知，不同地区的截距、变量 lnPA、lnHR、lnFU、lnOFU 的斜率

存在较大的差异。

表 8-11 层一变量最小二乘回归估计截距与斜率结果

地区	截距	lnPA 斜率	lnHR 斜率	lnFU 斜率	lnOFU 斜率
1	7.752 6	1.069 8	0.005 3	−0.199 0	0.116 2
2	8.347 7	1.022 8	−0.127 5	0.103 2	0.104 7
3	7.673 2	1.199 4	0.031 8	−0.372 7	0.171 8
4	7.419 0	1.067 3	0.006 6	−0.034 0	−0.061 2
5	6.981 8	0.703 2	0.080 7	−0.116 0	0.322 7
6	7.943 9	0.592 6	−0.054 8	0.082 2	0.329 9
7	8.467 3	1.027 0	0.003 1	−0.151 7	0.095 7
8	7.877 9	0.159 6	−0.035 4	0.555 0	0.327 2
9	6.241 3	0.703 8	−0.036 4	−0.073 4	0.381 5
10	8.388 2	0.160 3	−0.014 0	0.539 0	0.319 8
11	7.693 1	0.329 4	0.002 2	0.350 1	0.325 4
12	7.562 0	0.190 2	−0.023 1	0.434 1	0.394 6
13	7.661 4	0.191 6	−0.021 8	0.430 4	0.394 4
14	6.788 0	−0.474 4	0.522 8	0.561 2	0.444 1
15	7.741 3	0.399 6	0.006 8	0.260 5	0.330 6
16	7.205 6	−0.292 7	0.409 4	0.473 8	0.422 0
17	7.031 5	−0.957 8	0.963 6	0.504 3	0.532 7
18	7.204 0	0.197 8	0.065 8	0.373 5	0.363 0
19	7.459 8	−0.259 5	0.474 8	0.407 9	0.395 5
20	7.889 4	−0.169 2	0.484 3	0.329 7	0.338 5

香蕉产业组织内部变量对产量随机影响的结果见表 8-12。

表 8-12 香蕉产业组织内部变量对产量随机影响的结果

固定效应	回归系数	标准误	T 检验	自由度	P 值
组织产量的平均值, β_0					
截距 2, γ_{00}	7.566 5	0.120 6	62.690	19	<0.001
lnPA 斜率, β_1					
截距 2, γ_{10}	0.405 3	0.130 3	3.111	19	0.006
lnHR 斜率, β_2					
截距 2, γ_{20}	0.086 6	0.038 9	2.226	19	0.038
lnFU 斜率, β_3					
截距 2, γ_{30}	0.214 4	0.076 1	2.815	19	0.011
lnOFU 斜率, β_4					
截距 2, γ_{40}	0.295 6	0.035 2	8.386	19	<0.001

续表

随机效应	标准误	方差成分	自由度	卡方值	P 值
层二					
截距 1，u_0	0.553 6	0.306 5	19	46 829.681 6	<0.001
lnPA 斜率，u_1	0.555 4	0.308 4	19	15 64.392 7	<0.001
lnHR 斜率，β_2	0.164 1	0.026 9	19	407.804 6	<0.001
lnFU 斜率，β_3	0.312 5	0.097 6	19	164.116 4	<0.001
lnOFU 斜率，β_4	0.135 7	0.018 4	19	61.673 7	<0.001
层一					
r	0.058 07	0.003 37			

由表 8-10 和表 8-12 可知，变量 lnPA、lnHR、lnFU、lnOFU 的系数存在一定的差异，这是由于表 8-10 中的数值是变量 lnPA、lnHR、lnFU、lnOFU 的系数为固定系数，而表 8-12 中的数值是这些变量的系数为随机系数。

同时，由表 8-12 可知，截距（β_0）与 lnPA、lnHR、lnFU 及 lnOFU 的系数在各个地区之间存在显著性差异，即香蕉产业组织产量的平均值，以及变量 lnPA、lnHR、lnFU、lnOFU 与 lnBOY 之间的关系随着地区的不同而显著不同。嵌入性变量可以对地区不同（变异）给出一定程度上的解释。

（四）香蕉产业组织嵌入性变量对产量影响效应分析

为了解释变量截距，以及 lnPA、lnHR、lnFU、lnOFU 与 lnBOY 之间的关系随着地区的不同而显著不同的原因，将嵌入性变量 β_{0j}、β_{1j}、β_{2j}、β_{3j}、β_{4j} 引入，得到变量相对接近显著的全模型：

层一模型：$\ln BOV_{ij} = \beta_{0j} + \beta_{1j} \ln PA_{ij} + \beta_{2j} \ln HP_{ij} + \beta_{3j} \ln FU_{ij}$
$+ \beta_{4j} \ln FOU_{ij} + r_{ij};$

层二模型：$\beta_{0j} = \gamma_{00} + \gamma_{01} URB_j + \gamma_{02} MAR_j + \gamma_{03} BEE_j + u_{0j},$
$\beta_{1j} = \gamma_{10} + \gamma_{11} URB_j + \gamma_{12} MAR_j + \gamma_{13} BEE_j + \gamma_{14} BPE_j + \gamma_{15} PY_j + \gamma_{16} VC_j$
$+ \gamma_{17} PC_j + u_{1j},$
$\beta_{2j} = \gamma_{20} + \gamma_{21} URB_j + \gamma_{22} BEE_j + \gamma_{23} BPE_j + \gamma_{24} PY_j + \gamma_{25} PC_j + u_{2j},$
$\beta_{3j} = \gamma_{30} + \gamma_{31} MAR_j + \gamma_{32} BPE_j + \gamma_{33} PY_j + \gamma_{34} PC_j + u_{3j},$
$\beta_{4j} = \gamma_{40} + \gamma_{41} MAR_j + \gamma_{42} BPE_j + \gamma_{43} PY_j + \gamma_{44} PC_j + u_{4j}。$

其中，层一与层二模型中的解释变量都是用组中心化后的数据运算的。层二模型的结果见表 8-13。

表 8-13　香蕉产业组织嵌入性变量对产量影响效应结果

固定效应	回归系数	标准误	T 检验	自由度	P 值
组织产量的平均值，β_0					
截距 2，γ_{00}	7.566 4	0.081 4	92.861	15	<0.001
URB，γ_{01}	0.018 1	0.007 9	2.272	15	0.038
MAR，γ_{02}	-0.011 6	0.006 8	-1.714	15	0.107
BEE，γ_{03}	-0.762 7	0.481 6	-1.584	15	0.134
$\ln PA$ 斜率，β_1					
截距 2，γ_{10}	0.384 3	0.058 8	6.533	12	<0.001
URB，γ_{11}	-0.017 5	0.004 1	-4.188	12	0.001
MAR，γ_{12}	-0.014 9	0.002 8	-5.278	12	<0.001
BEE，γ_{13}	0.783 1	0.249 9	3.133	12	0.009
BPE，γ_{14}	0.129 9	0.313 4	4.146	12	0.001
PY，γ_{15}	-0.012 4	0.001 8	-6.657	12	<0.001
$\ln HR$ 斜率，β_2					
截距 2，γ_{20}	0.129 3	0.035 2	3.666	14	0.003
URB，γ_{21}	0.018 0	0.004 2	4.289	14	<0.001
BEE，γ_{22}	-0.771 2	0.254 3	-3.032	14	0.009
BPE，γ_{23}	-0.484 7	0.201 6	-2.404	14	0.031
PY，γ_{24}	0.043 2	0.013 5	3.185	14	0.007
PC，γ_{25}	0.310 6	0.028 66	4.573	14	<0.001
$\ln FU$ 斜率，β_3					
截距 2，γ_{20}	0.193 9	0.040 1	4.830	15	<0.001
MAR，γ_{31}	0.008 4	0.002 0	4.177	15	<0.001
BPE，γ_{32}	-0.483 6	0.154 1	-3.138	15	0.007
PY，γ_{33}	0.070 4	0.010 0	6.994	15	<0.001
VC，γ_{34}	-0.388 9	0.203 9	-1.907	15	0.076
$\ln OFU$ 斜率，β_4					
截距 2，γ_{40}	0.296 4	0.021 0	14.116	15	<0.001
MAR，γ_{41}	0.005 4	0.001 2	4.328	15	<0.001
BPE，γ_{42}	-0.349 5	0.112 4	-3.109	15	0.007
PY，γ_{43}	0.018 0	0.007 2	2.473	15	0.026
PC，γ_{44}	0.281 9	0.173 8	1.622	15	0.126

由表 8-12 与香蕉产业组织嵌入性变量对产量影响效应分析的随机效应部分可计算出嵌入性变量对 β_{0j}、β_{1j}、β_{2j}、β_{3j}、β_{4j} 的方差成分解释程度，见表 8-14。

表 8-14 嵌入性变量所解释的方差成分和程度

随机效应	加入嵌入性变量前	加入嵌入性变量后	解释程度/%
截距 1，u_0	0.306 5	0.132 6	56.72
lnPA 斜率，u_1	0.308 4	0.028 3	90.81
lnHR 斜率，u_2	0.026 9	0.019 1	28.87
lnFU 斜率，u_3	0.097 6	0.007 9	91.83
lnOFU 斜率，u_4	0.018 4	0.001 4	92.39

由表 8-14 可知，嵌入性变量对截距，以及 lnPA、lnHR、lnFU、lnOFU 与 ln$BIOY$ 之间关系的变异有较好的解释，因此，层二模型较为合理。层二模型的具体分析如下：

1) URB 为正向显著影响香蕉产业组织产量平均值的变量，这体现了城市文化嵌入对香蕉产业组织产量的影响。回归系数为 0.0181，表明城市化率每提高 1%，香蕉产业组织的产量将提高 0.0181%，说明城市文化嵌入的提高能促进香蕉产业组织产量增加。这是由于随着城市化水平的提高，民众对农产品的需求层次越高，需求量越大，为香蕉产业组织的发展提供了优良的外部环境，有利于香蕉产业组织产量的提高。MAR 为负向显著影响香蕉产业组织产量的变量，这体现了市场文化嵌入对香蕉产业组织产量的影响。回归系数为 0.0116，表明市场化率每提高 1%，香蕉产业组织的产量将降低 0.0116%，说明市场文化嵌入的提高能抑制香蕉产业组织产量增加。这是由于目前香蕉产业组织还难以适应市场的变化。BEE 为负向显著影响香蕉产业组织产量的变量，这体现了经济嵌入对香蕉产业组织产量的影响。回归系数为-0.7627，表明当地农民人均纯收入每提高 1 万元，即当地农民人均纯收入每提高 100 元，香蕉产业组织的产量将降低 0.0076，说明经济嵌入的提高能抑制香蕉产业组织产量增加。这是由于在目前香蕉产业组织人员平均收入还不是很高的情形下，当地农民人均纯收入增加会降低香蕉产业组织人员种植的积极性，有的成员会从事收入更高的工作，抑制了香蕉产业组织产量的提高。

2) lnPA 斜率，β_1 方程中，URB 为负向显著调节 lnPA 与 lnBOY 之间关系的变量，体现了城市文化嵌入对香蕉产业组织的种植面积与产量之间关系的影响。回归系数为-0.0175，表明城市化率每提高 1 个单位，香蕉产业组织的种植面积与产量之间的正向关系将减少 0.0175，说明城市化率高的地区种植面积的边际产量要低于城市化率低的地区。这是由于一方面随着城市化率的提高，农村进城打工的越多，农村劳动力流失的越严重，降低了单位面积的人力资本，导致种植面积的边际产量的下降;另一方面随着城市化率的提高,农民会有更多的兼业机会,减少了农民对种植农作物的投入,从而降低了种植面积的边际产量。MAR 为负向显著调节 $\ln PA$ 与 $\ln BOY$ 之间关系的变量,体现了市场文化嵌入对香蕉产业组织的种植面积与产量之间关系的影响。回归系数为-0.0149,表明市场化率每提高1个单位,香蕉产业组织的种植面积与产量之间的正向关系将减少 0.0149%,说明市场化率高的地区种植面积的边际产量要低于市场化率低的地区。这是由于目前香蕉产业组织还难以适应市场的变化。BEE、BPE 为正向显著调节 $\ln PA$ 与 $\ln BOY$ 之间关系的变量,体现了经济嵌入、政治嵌入对香蕉产业组织的种植面积与产量之间关系的影响。回归系数分别为 0.7831、0.1299,表明农民人均纯收入、人均财政支出每提高1万元,即农民人均纯收入、人均财政支出每提高 100 元,香蕉产业组织的种植面积与产量之间的正向关系将分别增加 0.0078、0.0012,表明农民人均纯收入、人均财政支出高的地区种植面积的边际产量要高于农民人均纯收入、人均财政支出低的地区。这是由于农民人均纯收入、人均财政支出高的地区更容易筹到扩大规模所需的资金,从而提高规模效率。PY 为负向显著调节 $\ln PA$ 与 $\ln BOY$ 之间关系的变量,体现了认知嵌入对香蕉产业组织的种植面积与产量之间关系的影响。回归系数为-0.0124,表明香蕉产业组织负责人种植年限每增加1年,香蕉产业组织的种植面积与产量之间的正向关系将减少 0.0124,说明香蕉产业组织负责人种植年限长的地区种植面积的边际产量要低于香蕉产业组织负责人种植年限短的地区。这是因为种植年限越长的负责人学历越低,而学历越低的人越不愿意采用新技术(夏勇开等,2011),从而抑制了香蕉产业组织产量的提高。

3)$\ln HR$ 斜率,β_2 方程中,URB 为正向显著调节 $\ln HR$ 与 $\ln BOY$ 之间关系的变量,体现了城市文化嵌入对香蕉产业组织的人力资本与产量之间关系的影响。回归系数为 0.0180,表明城市化率每提高1个单位,香蕉产业组织的人力资本与产量之间的正向关系将增加 0.018,说明城市化率高的地区的人力资本边际产量要高于城市化率低的地区。这是由于城市化率高的地区香蕉产业组织管理水平相对较高,人力资本配置的更加合理,从而人力资本的边际产量较高。BEE 为负向显著调节 $\ln HR$ 与 $\ln BOY$ 之间关系的变量,体现了经济嵌入对香蕉产业组织的人力资本与产量之间关系的影响。回归系数为-0.7712,表明农民人均纯收入每提高1万元,即农民人均纯收入每提高 100 元,香蕉产业组织的人力资本与产量之间的正向关系将减少 0.0077,这表明农民人均纯收入高的地区的人力资本的边际产量要低于农民人均纯收入低的地区。这是由于在目前香蕉产业组织人员平均收入还不是很高的情形下,当地农民人均纯收入增加会降低香蕉产业组织人员种植的积极性,有的成员会从事收入更高的工作,降低了单位面积的人力资本,抑制了香蕉产业组织产量的提高。BPE 为负向显著调节 $\ln HR$ 与 $\ln BOY$ 之间关系的变量,体现了政治嵌入对香蕉产业组织的人力资本与产量之间关系的影响。回归系数为-0.4847，表明人均财政支出每提高 1 万元，即人均财政支出每提高 100 元，香蕉产业组织的人力资本与产量之间的正向关系将减少 0.0048，这表明人均财政支出高的地区的人力资本的边际产量要低于人均财政支出低的地区。这是由于人均财政支出高的地区的香蕉产业组织更倾向于争取政府的资金支持，对提高技术与管理水平缺少动力，从而人力资本的边际产量较低。这与"资源诅咒"类似。PY 为正向显著调节 $\ln HR$ 与 $\ln BOY$ 之间关系的变量，体现了认知嵌入对香蕉产业组织的人力资本与产量之间关系的影响。回归系数为 0.0432，表明香蕉产业组织负责人种植年限每增加 1 年，香蕉产业组织的人力资本与产量之间的正向关系将增加 0.0432，说明香蕉产业组织负责人种植年限长的地区的人力资本的边际产量要高于香蕉产业组织负责人种植年限短的地区。这是由于种植年限长的香蕉产业组织负责人管理经验更丰富，能够更加合理地配备人力资本，从而促使人力资本的边际产量提高。PC 为正向显著调节 $\ln HR$ 与 $\ln BOY$ 之间关系的变量，体现了关系嵌入对香蕉产业组织的人力资本与产量之间关系的影响。回归系数为 0.3106，表明香蕉产业组织之间的交流次数由 3 次以下变成 4 次以上，香蕉产业组织的人力资本与产量之间的正向关系将增加 0.3106，说明香蕉产业组织之间交流多的地区的人力资本的边际产量要高于香蕉产业组织之间交流少的地区。这是由于技术交流有助于技术的掌握，提高人力资本的质量，从而促使人力资本的边际产量提高。

4）$\ln FU$ 斜率 β_3 与 $\ln OFU$ 斜率 β_4 方程中，MAR 为正向显著调节 $\ln FU$、$\ln OFU$ 与 $\ln BOY$ 之间关系的变量，体现了市场文化嵌入对香蕉产业组织的化肥、有机肥施用量与产量之间关系的影响。回归系数分别为 0.0084、0.0054，表明市场化率每提高 1 个单位，香蕉产业组织的化肥、有机肥施用量与产量之间的正向关系将分别增加 0.0084、0.0054，这表明市场化率高的地区的化肥、有机肥的边际产量要高于市场化率低的地区。这是由于随着市场化进程的推进，在市场竞争机制的作用下，企业必须尽力去学习、模仿、吸收消化先进技术，不断地提高技术水平，才能在市场竞争中生存（周兴等，2015）。香蕉产业组织的实际情况也大致如此，位于市场化程度较高地区的产业组织要更加努力学习、模仿、吸收消化先进的施肥技术，促进产量的提高。BPE 为负向显著调节 $\ln FU$、$\ln OFU$ 与 $\ln BOY$ 之间关系的变量，体现了政治嵌入对香蕉产业组织的化肥、有机肥施用量与产量之间关系的影响。回归系数分别为-0.4836、-0.3495，表明人均财政支出每提高 1 万元，即人均财政支出每提高 100 元，香蕉产业组织的化肥、有机肥施用量与产量之间的正向关系将分别减少 0.0048、0.0035，说明人均财政支出高的地区的化肥、有机肥的边际产量要低于人均财政支出低的地区。这是由于一方面，人均财政支出高的地区的香蕉产业组织更倾向于争取政府的资金支持，对施肥技术的提高缺少动力，从而化肥、有机肥的边际产量较低，这与"资源诅咒"类似。另一方面，实际情况是人均财政支出水平低的地区平均每亩施用有机肥量大,增加有机肥的施用,能减少发病率(夏勇开等,2015),从而有利于香蕉产量的增加。PY为正向显著调节 $\ln FU$、$\ln OFU$ 与 $\ln BOY$ 之间关系的变量,体现了认知嵌入对香蕉产业组织的化肥、有机肥施用量与产量之间关系的影响。回归系数分别为 0.0704、0.0180,表明香蕉产业组织负责人的种植年限每增加 1 年,香蕉产业组织的化肥、有机肥施用量与产量之间的正向关系将分别增加 0.0704、0.0180,说明种植年限长香蕉产业组织负责人所在地区的化肥的边际产量要高于种植年限短的香蕉产业组织负责人所在地区。这是由于种植年限长的香蕉产业组织负责人的化肥施用技术水平更高,化肥施用得更加合理,从而促进化肥的边际产量提高。VC 为负向显著调节 $\ln FU$ 与 $\ln BOY$ 之间关系的变量,体现了结构嵌入对香蕉产业组织的化肥施用量与产量之间关系的影响。回归系数为-0.3889,表明香蕉产业组织负责人担任村干部每增加 1 个单位,香蕉产业组织的化肥施用量与产量之间的正向关系将减少 0.3889,说明香蕉产业组织负责人担任村干部多的地区的化肥的边际产量要低于香蕉产业组织负责人担任村干部少的地区。实际上作为村干部的香蕉产业组织负责人为村子工作的时间挤占了为组织工作的时间,导致施肥的技术与管理缺乏一定的精确性,抑制了化肥的边际产量。PC 为正向显著调节 $\ln OFU$ 与 $\ln BOY$ 之间关系的变量,体现了关系嵌入对香蕉产业组织的有机肥施用量与产量之间关系的影响。回归系数为 0.2819,表明香蕉产业组织之间交流次数由 3 次以下变为 4 次以上,香蕉产业组织的有机肥施用量与产量之间的正向关系将增加 0.2819,说明香蕉产业组织之间交流多的地区的有机肥的边际产量要高于香蕉产业组织之间交流少的地区。这是由于技术交流有助于施用有机肥技术的掌握,从而促使有机肥的边际产量提高。

第二节 香蕉产业分组织产值(产量)影响因素的实证分析

一、公司产值(产量)影响因素的实证分析

(一)香蕉公司产值影响因素的实证分析

1. 香蕉公司数据的合并

由于多层统计模型对层一、层二数据样本规模都有一定的要求,为了能较好地应用多层统计模型,基于调查的 28 个公司、161 个样本点,按地域相邻性,将 5 省 20 个县域划分为 10 个区域。每个区域样本点平均为 16.1 个,可以较好地应用多层统计模型了。

层一、层二变量的描述性统计量见表 8-15、表 8-16。从中可以得知，目前香蕉公司在产量、收入、规模、人力资本、技术培训、城市文化嵌入、市场文化嵌入、政治嵌入、经济嵌入、认知嵌入、结构嵌入、关系嵌入方面差异较大。由此可以初步判断，香蕉公司发展不平衡。

表 8-15 香蕉公司层一变量描述性统计

变量名	样本点数	均值	标准差	最小	最大
lnCOY	161	7.99	0.90	5.80	10.71
lnCOV	161	6.64	0.95	4.19	9.34
lnPA	161	6.98	0.87	5.01	9.43
lnHR	161	6.00	0.87	3.87	8.54
lnFU	161	5.67	0.81	3.81	7.76
lnOFU	161	7.76	0.84	5.89	9.59
lnTT	161	4.26	0.87	2.08	6.40

表 8-16 香蕉公司层二变量描述性统计

变量名	组织数	均值	标准差	最小	最大
URB	10	33.92	12.86	16.66	55.13
MAR	10	31.71	14.32	10.81	51.80
BEE	10	0.64	0.22	0.37	1.16
BPE	10	0.40	0.19	0.11	0.68
PY	10	9.30	3.36	4.83	13.26
VC	10	0.06	0.16	0	0.50
PC	10	0.70	0.24	0.25	1.00

2. 实证结果分析

（1）香蕉公司产值变异（方差）的分解。

运用零模型将香蕉公司产值的变异分解成能由层一（香蕉公司内部因素）和层二（社会嵌入性因素）解释的部分，并依据组内相关系数决定是否建立多层统计模型。

层一模型：$\ln COV_{ij} = \beta_{0j} + r_{ij}$；

层二模型：$\beta_{0j} = \gamma_{00} + u_{0j}$。

其中，COV_{ij} 表示合并后的第 j 个地区的第 i 个公司的产值，$j=1,2,\cdots,10$，$i=1,2,\cdots,n_j$，n_j 表示第 j 个地区的公司个数，r 表示层一随机误差，u 表示层二随机误差。

由表 8-17 知，香蕉公司产值（COV）的平均值在各地区之间有着显著的差异，由社会嵌入性因素解释的差异程度，可用组内相关系数 ρ =0.4421/（0.4421+0.5029）＝46.78%表示，只有 53.22%的差异可以用香蕉公司内部因素解释。这表明影响各地区香蕉公司产值的机制较为复杂，仅仅考虑香蕉公司内部因素是不够的。因此，在研究香蕉公司产值的影响因素时，必须引入社会嵌入性因素。

表 8-17 香蕉公司产值变异的分解结果

随机效应	标准误	方差成分	自由度	卡方值	P 值
层二，u_0	0.664 9	0.442 1	9	136.077	<0.001
层一，r	0.709 2	0.502 9			

（2）香蕉公司内部变量对产值影响的结果分析。

将香蕉公司内部变量引入模型中，得到变量相对接近显著的模型为：

层一模型：$\ln COV_{ij} = \beta_{0j} + \beta_{1j} \ln PA_{ij} + \beta_{2j} \ln HR_{ij} + \beta_{3j} \ln FU_{ij}$
$+ \beta_{4j} \ln FOU_{ij} + r_{ij}$；

层二模型：$\beta_{0j} = \gamma_{00} + u_{0j}, \beta_{1j} = \gamma_{10} + u_{1j}, \beta_{2j} = \gamma_{20} + u_{2j}, \beta_{3j} = \gamma_{30} + u_{3j}$,
$\beta_{4j} = \gamma_{40} + u_{4j}$。

其中，层一模型中的解释变量都是用组中心化后的数据运算的。

由表 8-18 知，不同地区的截距，变量 $\ln PA$、$\ln HR$、$\ln FU$、$\ln OFU$ 的斜率存在较大的差异。

表 8-18 层一变量最小二乘回归估计截距与斜率结果

地区	截距	$\ln PA$ 斜率	$\ln HR$ 斜率	$\ln FU$ 斜率	$\ln OFU$ 斜率
1	7.408 9	1.429 8	0.087 7	-0.604 1	0.111 2
2	6.889 3	1.073 0	1.082 8	-0.383 9	-0.790 5
3	7.409 0	-8.899 4	6.373 8	3.133 7	0.305 8
4	7.559 1	-0.526 5	1.618 8	0.966 2	-0.742 7
5	5.979 0	1.778 5	-0.094 7	-1.912 8	1.083 8
6	7.025 1	-0.855 0	1.852 1	-0.384 3	0.719 6
7	5.980 6	6.633 8	-5.038 5	-2.155 0	1.408 4
8	5.872 9	1.066 4	0.007 9	0.109 2	-0.002 3
9	5.932 1	-1.199 0	1.742 1	-0.720 1	1.228 0
10	6.330 8	-0.039 1	1.930 8	-1.404 7	0.782 2

香蕉公司内部变量对产值影响的结果见表 8-19。

表 8-19 香蕉公司内部变量对产值影响的结果

解释变量	回归系数和显著性检验			方差成分和显著性检验	
	回归系数	标准误	T 检验	方差成分	卡方值
各地区香蕉公司产值的平均值，β_0					
截距 2，γ_{00}	6.638 5**	0.218 4	30.395	0.474 4**	1379.013
$\ln PA$ 斜率，β_1					
截距 2，γ_{10}	0.879 2**	0.128 5	6.839	3.216 5	11.235
$\ln HR$ 斜率，β_2					
截距 2，γ_{20}	0.184 5	0.120 2	1.534	3.105 1**	65.825
$\ln FU$ 斜率，β_3					
截距 2，γ_{30}	-0.339 5**	0.104 7	-3.240	0.415 7	8.772
$\ln OFU$ 斜率，β_4					
截距 2，γ_{40}	0.319 9**	0.091 7	3.486	0.209 3*	17.715

*表示 $P<0.05$，**表示 $P<0.01$

$\ln PA$ 为正向显著影响香蕉公司产值的变量。回归系数 β_1 值为 0.8792，表明 PA 每增加 1%，COV 会增加 0.8792%，即种植面积对香蕉公司产值呈现出提高作用。$\ln HR$ 为正向显著影响香蕉公司产值的变量。回归系数 β_2 值为 0.1845，表明 HR 每增加 1%，COV 会增加 0.1845%，即人力资本对香蕉公司产值呈现出提高作用。种植面积与人力资本对产值的影响是符合一般农业产值影响规律的。

$\ln FU$ 为负向显著影响香蕉公司产值的变量。回归系数 β_3 的值为 -0.3395，表明 FU 每增加 1%，COV 会减少 0.3395%，即化肥施用会降低香蕉公司产值具有。$\ln OFU$ 为正向显著影响香蕉公司产值的变量。回归系数 β_4 的值为 0.3199，表明 OFU 每增加 1%，COV 会增加 0.3199%，即有机肥施用对香蕉公司产值具有提高作用。随着人民生活水平的提高，消费者对无公害食品需求量也越来越大，导致无公害食品价格要高出普通食品价格。因此，提高化肥施用量会降低香蕉公司收入，而提高有机肥施用量会增加香蕉公司收入。

同时，由表 8-19 可知，截距（β_0）与 $\ln HR$、$\ln OFU$ 的系数在各个地区之间存在显著性差异，即各个香蕉公司产值的平均值，以及变量 $\ln HR$、$\ln OFU$ 与 $\ln COV$ 之间的关系随着地区的不同而显著不同。嵌入性变量可以对地区不同（变异）给出一定程度上的解释。

（3）香蕉公司嵌入性变量对产值影响效应分析。

为了解释变量截距及变量 $\ln HR$、$\ln OFU$ 与 $\ln COV$ 之间关系的地区变异，将嵌入性变量引入 β_{0j}、β_{2j}、β_{4j}，得到变量相对接近显著的全模型：

层一模型： $\ln COV_{ij} = \beta_{0j} + \theta_1 \ln PA_j + \beta_{2j} \ln HR_j + \theta_3 \ln FU_{ij}$
$\qquad\qquad + \beta_{4j} \ln OFU_{ij} + r_{ij};$

层二模型： $\beta_{0j} = \gamma_{00} + \gamma_{01} BPE_j + u_{0j},$
$\qquad\qquad \theta_1 = \gamma_{10}, \beta_{2j} = \gamma_{20} + \gamma_{21} BPE_j + \gamma_{22} PY_j + \gamma_{23} VC_j + u_{2j},$
$\qquad\qquad \theta_3 = \gamma_{30}, \beta_{4j} = \gamma_{40} + \gamma_{41} BPE_j + \gamma_{42} PY_j + \gamma_{43} VC_j + u_{3j}.$

其中，层一与层二模型中的解释变量都是用组中心化后的数据运算的。层二模型的结果见表 8-20。

表 8-20　香蕉公司嵌入性变量对产值影响效应结果

固定效应	回归系数	标准误	T 检验	自由度	P 值
截距 1，β_0					
截距 2，γ_{00}	6.637 4	0.107 9	61.462	7	<0.001
BPE，γ_{01}	2.334 2	0.618 5	3.767	7	0.007
lnPA 斜率，β_1					
截距 2，γ_{10}	0.801 5	0.254 8	3.145	129	0.002
lnHR 斜率，β_2					
截距 2，γ_{20}	0.502 7	0.187 8	2.676	6	0.037
BPE，γ_{21}	2.513 6	0.695 8	3.609	6	0.011
PY，γ_{22}	-0.076 7	0.029 7	-2.582	6	0.042
VC，γ_{23}	9.943 7	1.383 9	7.187	6	<0.001
lnFU 斜率，β_3					
截距 2，γ_{30}	-0.141 6	0.163 3	-0.867	129	0.388
lnOFU 斜率，β_4					
截距 2，γ_{40}	-0.019 0	0.110 3	-0.172	6	0.869
BPE，γ_{41}	-2.134 7	0.628 6	-3.394	6	0.015
PY，γ_{42}	0.075 0	0.030 0	2.497	6	0.047
VC，γ_{43}	-8.051 6	1.145 3	-7.031	6	<0.001

由表 8-19 与香蕉公司嵌入性变量对产值影响效应的随机效应结果可计算出嵌入性变量对 β_{0j}、β_{2j}、β_{4j} 的方差成分解释程度，见表 8-21。

表 8-21　嵌入性变量所解释的方差成分和程度

随机效应	加入嵌入性变量前	加入嵌入性变量后	解释程度/%
截距 1，u_0	0.474 4	0.113 21	76.14
lnHR 斜率，u_2	3.216 5	0.030 38	99.06
lnOFU 斜率，u_3	0.209 3	0.012 10	94.22

由表 8-21 可知，嵌入性变量对截距，以及 $\ln HR$、$\ln OFU$ 与 $\ln COV$ 之间关系的变异有较好的解释，因此，层二模型较为合理。由表 8-20 可知，层二模型的具体分析如下。

BPE 为正向显著预期因子，这体现了政治嵌入对香蕉公司产值的影响。回归系数值为 2.3342，表明人均财政支出水平每增加 1 万元，即人均财政支出水平每增加 100 元，该地区香蕉公司平均产值会增加 0.0233，即政治嵌入对该地区香蕉公司平均产值具有提高作用。这是由于人均财政支出水平提高，有利于加强香蕉产业基础设施建设，改善香蕉产业的生产条件，节约种植成本。$\ln HR$ 斜率，β_2 方程中，BPE 为正向显著调节 $\ln HR$ 与 $\ln COV$ 之间关系的变量，体现了政治嵌入对香蕉公司的人力资本与产值之间关系的影响。回归系数为 2.5136，表明人均财政支出水平每增加 1 万元，即人均财政支出水平每增加 100 元，香蕉公司的人力资本与产量之间的正向关系将增加 0.0251，说明人均财政支出水平高的地区的人力资本的边际效率要高于人均财政支出水平低的地区，同时也说明了人均财政支出水平的提高将加强人力资本与公司产值之间的正向关系。实际上，人均财政支出水平高的地区，教育水平、信息化水平也相对较高，因此，香蕉公司成员的文化素质也相对较高，即人力资本水平相对较高，从而促进公司产值的提高。

PY 为负向显著调节 $\ln HR$ 与 $\ln COV$ 之间关系的变量，体现了认知嵌入对香蕉公司的人力资本与产值之间关系的影响。回归系数为-0.0767，公司负责人种植香蕉的平均年限每增加 1 年，香蕉公司的人力资本与产量之间的正向关系将减少 0.0767，表明公司负责人种植香蕉平均年限短的地区，人力资本的边际效率要高于公司负责人种植香蕉平均年限长的地区，同时也说明了公司负责人种植香蕉年限的增加将削弱人力资本与公司产值之间的正向关系。负责人的香蕉种植年限较短，说明香蕉公司成立的时间较短，而新成立的公司采取的是灵活的管理机制，使用的是先进的种植技术，从而有效发挥了人力资本的效应。

VC 为正向显著调节 $\ln HR$ 与 $\ln COV$ 之间关系的变量，体现了结构嵌入对香蕉公司的人力资本与产值之间关系的影响。回归系数为 9.9437，表明公司负责人担任村干部增加 1 个单位，香蕉公司的人力资本与产量之间的正向关系将增加 9.9437，说明公司负责人担任村干部多的地区的人力资本的边际效率要高于公司负责人担任村干部少的地区，同时也说明了公司负责人担任村干部的人数增多，将加强人力资本与公司产值之间的正向关系。这是因为，担任村干部的公司负责人，其沟通能力、管理水平比较高，从而能有效地激发人力资本的效应。

$\ln OFU$ 斜率，β_4 方程中，BPE 为负向显著 $\ln OFU$ 与 $\ln COV$ 之间关系的变量，体现了政治嵌入对香蕉公司的有机肥施用量与产值之间关系的影响。回归系数为-2.1347，表明人均财政支出水平每增加 1 万元，即人均财政支出水平每增加 100 元，香蕉公司的有机肥施用量与产值之间的正向关系将减少 0.0213，说明人均财政支出水平低的地区,有机肥施用的边际产值要高于人均财政支出水平高的地区,同时也说明了人均财政支出水平的提高将削弱有机肥施用量与公司产值之间的正向关系。具体原因见本章第一节第三部分(四)的2)中 BPE 的解释。

PY 为正向显著 $\ln OFU$ 与 $\ln COV$ 之间关系的变量,体现了认知嵌入对香蕉公司的有机肥施用量与产值之间关系的影响。回归系数为 0.0750,表明公司负责人种植香蕉的平均年限每增加 1 年,香蕉公司的有机肥施用量与产值之间的正向关系将增加 0.0750,说明公司负责人种植香蕉平均年限长的地区,有机肥施用的边际产值要高于负责人种植香蕉年限短的地区,同时也说明了公司负责人种植香蕉年限的增加将加强有机肥施用量与公司产值之间的正向关系。这是由于种植时间越长的公司,对施用什么有机肥,以及怎样施肥的方法掌握得越好,施用有机肥的效果越好。

VC 为负向显著 $\ln OFU$ 与 $\ln COV$ 之间关系的变量,体现了结构嵌入对香蕉公司的有机肥施用量与产值之间关系的影响。回归系数为-8.0516,表明公司负责人担任村干部增加 1 个单位,香蕉公司的有机肥施用量与产值之间的正向关系将减少 8.0516。说明公司负责人担任村干部多的地区,有机肥施用的边际产值要低于公司负责人担任村干部少的地区,同时也说明了公司负责人担任村干部的人数增多将削弱有机肥施用量与公司产值之间的正向关系。实际上,作为村干部的香蕉公司负责人为村子工作的时间挤占了为公司工作的时间,影响了有机肥的制作,从而抑制了有机肥的效果。

(二)香蕉公司产量影响因素的实证分析

1. 香蕉公司产量变异(方差)的分解

运用零模型将香蕉公司产量的变异分解成能由层一(香蕉公司内部因素)和层二(社会嵌入性因素)解释的部分,并依据组内相关系数决定是否建立多层统计模型。

层一模型:$\ln COY_{ij} = \beta_{0j} + r_{ij}$;

层二模型:$\beta_{0j} = \gamma_{00} + u_{0j}$。

其中,COY_{ij} 表示合并后的第 j 个地区的第 i 个公司的产量,$j=1,2,\cdots,100$,$i=1,2,\cdots,n_j$,n_j 表示第 j 个地区的组织个数,r 表示层一随机误差,u 表示层二随机误差。

由表 8-22 知,每个地区香蕉公司产量(COY)的平均值在各地区之间有着显著的差异,由社会嵌入性因素解释的差异程度,可用组内相关系数 $\rho = 0.4587/(0.4587+0.4014) \approx 53.33\%$ 表示,只约有 46.67% 的差异可以用香蕉公司内部因素解释。这表明影响各地区香蕉公司产量的机制较为复杂,仅仅考虑香蕉公司内部因素是不够的。因此，在研究香蕉公司产量的影响因素时，必须引入嵌入性变量。

表 8-22　香蕉公司产量变异的分解结果

随机效应	标准误	方差成分	自由度	卡方值	P 值
层二，u_0	0.677 3	0.458 7	9	174.043	<0.001
层一，r	0.633 5	0.401 4			

2．香蕉公司内部变量对产量影响的结果分析

为了分析香蕉公司内部因素对其产值的影响，建立不包括层二解释变量的回归模型。将层一的解释变量引入模型中，得到变量相对接近统计显著模型如下：

层一模型：$\ln COV_{ij} = \beta_{0j} + \beta_{1j}\ln PA_j + \beta_{2j}\ln HR_{ij} + \beta_{3j}\ln FU_{ij} + \beta_{4j}\ln OFU_{ij} + r_{ij}$；

层二模型：$\beta_{0j} = \gamma_{00} + u_{0j}$，$\beta_{1j} = \gamma_{10} + u_{1j}$，$\beta_{2j} = \gamma_{20} + u_{2j}$，$\beta_{3j} = \gamma_{30} + u_{3j}$，$\beta_{4j} = \gamma_{40} + u_{4j}$。其中，层一模型中的解释变量都是用组中心化后的数据运算的。

由表 8-23 知，不同地区的截距、变量 $\ln PA$、$\ln HR$、$\ln FU$、$\ln OFU$ 的斜率存在较大的差异。

表 8-23　层一变量最小二乘回归估计截距与斜率结果

地区	截距	$\ln PA$ 斜率	$\ln HR$ 斜率	$\ln FU$ 斜率	$\ln OFU$ 斜率
1	8.829 4	0.726 5	0.036 1	0.055 9	0.211 8
2	8.359 5	1.360 7	0.064 9	-0.121 6	-0.368 6
3	7.050 7	1.792 2	0.298 9	-0.241 3	-0.593 2
4	9.032 3	1.068 8	-0.029 3	-0.249 6	0.242 7
5	7.525 8	0.571 9	-0.030 6	0.009 7	0.416 0
6	8.554 5	0.238 3	0.274 5	0.171 2	0.341 7
7	7.484 1	1.159 9	-0.585 7	0.006 7	0.420 1
8	7.274 2	0.334 6	0.079 9	0.260 6	0.325 0
9	7.460 1	-0.315 9	0.655 9	0.192 3	0.461 8
10	7.862 8	0.457 0	0.185 7	0.006 4	0.370 3

香蕉公司内部变量对产量影响的结果见表 8-24。

表 8-24　香蕉公司内部变量对产量影响的结果

解释变量	回归系数和显著性检验			方差成分和显著性检验	
	回归系数	标准误	T 检验	方差成分	卡方值
（因变量）组织效率					
对于截距 1，β_0					
截距 2，γ_{00}	7.943 3**	0.209 4	37.922	0.487 3**	23 580.837

续表

解释变量	回归系数和显著性检验			方差成分和显著性检验	
	回归系数	标准误	T检验	方差成分	卡方值
对于变量 lnPA 斜率, β_1					
截距 2, γ_{10}	0.632 8**	0.096 3	6.567	0.088 2*	19.408
对于变量 lnHR 斜率, β_2					
截距 2, γ_{20}	0.047 5**	0.013 3	3.571	0.000 6	1.676
对于变量 lnFU 斜率, β_3					
截距 2, γ_{30}	0.078 51	0.043 3	1.810	0.015 5	12.148
对于变量 lnOFU 斜率, β_4					
截距 2, γ_{40}	0.230 7**	0.064 9	3.551	0.037 8**	38.645**

*表示 $P<0.05$，**表示 $P<0.01$

lnPA 为正向显著影响香蕉公司产量。回归系数 β_1 值为 0.6328，表明 PA 每增加 1%，PCY 会增加 0.6328%，即种植面积对香蕉公司产量具有提高作用。lnHR 为正向显著影响香蕉公司产量的变量。回归系数 β_2 值为 0.0475，表明 HR 每增加 1%，PCY 会增加 0.0475%，即人力资本对香蕉种植公司产量具有提高作用。lnOFU 为正向显著影响香蕉种植公司产量的变量。回归系数 β_4 值为 0.2307，表明 OFU 每增加 1%，$PCOV$ 会增加 0.2307%，即有机肥施用对香蕉种植公司产量具有提高作用。种植面积、人力资本、化肥和有机肥的施用量对产量的影响是符合一般农业产量影响规律的。

同时，由表 8-24 可知，截距（β_0）与 lnPA、lnOFU 的系数在各个地区之间存在显著性差异，即各个香蕉公司产量的平均值，以及变量 lnPA、lnOFU 与 lnPCY 之间的关系随着地区的不同而显著不同。嵌入性变量可以对地区不同（变异）给出一定程度上的解释。

3. 香蕉公司嵌入性变量对产量影响效应分析

为了解释截距，以及 lnPA、lnOFU 与 lnPCY 之间关系的地区变异，将嵌入性变量引入 β_{0j}、β_{1j}、β_{4j}，得到变量相对接近显著的全模型：

层一模型：$\ln COY_{ij} = \beta_{0j} + \beta_{1j} \ln PA_j + \beta_{2j} \ln HR_{ij} + \beta_{3j} \ln FU + \beta_{4j} \ln OFU_{ij} + r_{ij}$；

层二模型：$\beta_{0j} = \gamma_{00} + \gamma_{01} URB_j + u_{0j}$,
$\beta_{1j} = \gamma_{10} + \gamma_{11} URB_j + \gamma_{12} BPE_j + \gamma_{13} PY_j + u_{1j}, \beta_{2j} = \gamma_{20}$,
$\beta_{3j} = \gamma_{30}, \beta_{4j} = \gamma_{40} + \gamma_{41} MAR_j + \gamma_{42} BPE_j + \gamma_{43} PY_j + u_{4j}$。

其中，层一与层二模型中的解释变量都是用组中心化后的数据运算的。层二模型的结果见表 8-25。

第八章 香蕉产业组织产值（产量）影响因素实证研究

表 8-25 香蕉公司嵌入性变量对产量影响效应结果

解释变量	回归系数	标准误	T 检验	自由度	P 值
截距 1，β_0					
截距 2，γ_{00}	7.943 3	0.139 3	56.996	7	<0.001
URB，γ_{01}	0.030 6	0.007 9	3.853	7	0.006
$\ln PA$ 斜率，β_1					
截距 2，γ_{10}	0.832 0	0.066 9	12.437	6	<0.001
URB，γ_{11}	-0.002 4	0.001 2	-1.943	6	0.100
BPE，γ_{12}	0.677 8	0.199 7	3.393	6	0.015
PY，γ_{13}	-0.052 5	0.009 5	-5.480	6	0.002
$\ln HR$ 斜率，β_2					
截距 2，γ_{20}	0.031 1	0.027 0	1.148	129	0.253
$\ln FU$ 斜率，β_3					
截距 2，γ_{30}	-0.051 9	0.043 8	-1.185	129	0.238
$\ln OFU$ 斜率，β_4					
截距 2，γ_{40}	0.174 5	0.045 6	3.819	6	0.009
BPE，γ_{42}	-0.838 7	0.239 5	-3.504	6	0.013
PY，γ_{43}	0.055 9	0.009 9	5.624	6	0.001

由表 8-24 与表 8-25 的随机效应结果可计算出嵌入性变量对 β_{0j}、β_{1j}、β_{4j} 的方差成分解释程度，见表 8-26。

表 8-26 嵌入性变量所解释的方差成分和程度

随机效应	加入嵌入性变量前	加入嵌入性变量后	解释程度/%
截距 1，u_0	0.487 3	0.194 0	60.18
$\ln PA$ 斜率，u_1	0.088 2	0.011 2	87.26
$\ln OFU$ 斜率，u_4	0.037 8	0.012 7	66.24

由表 8-26 可知，嵌入性变量对截距，以及 $\ln PA$、$\ln OFU$ 与 $\ln PCY$ 之间关系的变异有较好的解释，因此，层二模型较为合理。由表 8-25 可知，层二模型的具体分析如下。

城市文化嵌入为显著正向影响香蕉公司产量的变量。回归系数值为 0.0306，表明城市化率每增加 1%，该地区香蕉公司平均产量将增加 0.0306%，即城市文化嵌入提高能促进该地区香蕉公司平均产量增加。具体原因见本章第一节第四部分（四）的 1）中 URB 的解释。

URB 为负向显著调节 $\ln PA$ 与 $\ln COY$ 之间关系的变量，体现了城市文化嵌入对香蕉公司的种植面积与产量之间关系的影响。回归系数为-0.0024，表明城市化率每提高 1 个单位，香蕉公司的种植面积与产量之间的正向关系将减少 0.0024，这说明城市化率高的公司其种植面积的边际产量要低于城市化率低的公司。具体原因见本章第一节第四部分（四）的 2）中 URB 的解释。

BPE 为正向显著调节 lnPA 与 lnCOY 之间关系的变量，体现了政治嵌入对香蕉公司的种植面积与产量之间关系的影响。回归系数为 0.6778，表明人均财政支出每提高 1 万元，即人均财政支出每提高 100 元，香蕉公司的种植面积与产量之间的正向关系将增加 0.0067，这表明农民人均纯收入、人均财政支出高的公司其种植面积的边际产量要高于农民人均纯收入、人均财政支出低的公司。具体原因见本章第一节第四部分（四）的 3）中 BPE 的解释。

PY 为负向显著调节 lnPA 与 lnCOY 之间关系的变量，这体现了认知嵌入对香蕉公司的种植面积与产量之间关系的影响。回归系数为-0.0525，表明香蕉公司负责人种植年限每增加 1 年，香蕉公司的种植面积与产量之间的正向关系将减少 0.0525，这说明种植年限长的香蕉公司负责人所在公司的种植面积的边际产量要低于种植年限短的香蕉公司负责人所在公司。具体原因见本章第一节第四部分（四）的 2）中 PY 的解释。

BPE 为负向显著调节 lnOFU 与 lnCOY 之间关系的变量，这体现了政治嵌入对香蕉公司的有机肥施用量与产量之间关系的影响。回归系数为-0.8387，表明人均财政支出提高 1 万元，即人均财政支出提高 100 元，香蕉公司的有机肥施用量与产量之间的正向关系将减少 0.0083，这表明人均财政支出高公司的化肥、有机肥的边际产量要低于人均财政支出低的公司。具体原因见本章第一节第四部分（四）的 4）中 BPE 的解释。

PY 为正向显著调节 lnOFU 与 lnCOY 之间关系的变量，这体现了认知嵌入对香蕉公司的有机肥施用量与产量之间关系的影响。回归系数为 0.0559，表明香蕉公司负责人种植年限每增加 1 年，香蕉产业组织的有机肥施用量与产量之间的正向关系将增加 0.0559，这表明香蕉公司负责人种植年限长地区的化肥的边际产量要高于香蕉公司负责人种植年限短的地区。具体原因见本章第一节第四部分（四）的 4）中 PY 的解释。

二、合作社产值（产量）影响因素的实证分析

（一）香蕉合作社产值影响因素的实证分析

1. 香蕉合作社数据的合并

由于多层统计模型对层一、层二数据样本规模都有一定的要求，为了能较好地应用多层统计模型，基于调查的 26 个合作社、143 个样本点按地域相邻性，将 5 省 20 个县域划分为 10 个区域。每个区域样本点平均为 14.3 个，可以较好地应用

多层统计模型了。

层一、层二变量的描述性统计量见表 8-27、表 8-28。从中可以得知，目前香蕉合作社之间在产量、产值、规模、人力资本、化肥与有机肥施用量、技术培训、城市文化嵌入、市场文化嵌入、政治嵌入、经济嵌入、认知嵌入、结构嵌入、关系嵌入上差异较大。由此可以初步判断，香蕉合作社发展不平衡。

表 8-27　香蕉合作社层一变量描述性统计

变量名	样本点数	均值	标准差	最小	最大
$\ln BCY$	143	8.25	0.78	6.27	10.20
$\ln BCV$	143	6.63	0.96	4.53	8.85
$\ln PA$	143	7.32	0.76	5.70	9.14
$\ln HR$	143	6.21	0.82	4.32	8.10
$\ln FU$	143	6.27	0.75	4.60	8.14
$\ln OFU$	143	7.92	0.90	5.60	9.45
$\ln TT$	143	3.79	1.12	0	5.96

表 8-28　香蕉合作社层二变量描述性统计

变量名	组织数	均值	标准差	最小	最大
URB	10	33.92	12.86	16.66	55.13
MAR	10	31.71	14.32	10.81	51.80
BEE	10	6.41	2.17	3.68	11.64
BPE	10	4.03	1.89	1.09	6.76
PY	10	10.90	3.61	5.73	18.50
VC	10	0.60	0.33	0.06	1
PC	10	0.41	0.18	0.18	0.78

2. 香蕉合作社产值变异（方差）的分解

运用零模型将香蕉合作社产值的变异分解成能由层一（香蕉合作社内部因素）和层二（社会嵌入性因素）解释的部分，并依据组内相关系数决定是否建立多层统计模型。

层一模型：$\ln BCV_{ij} = \beta_{0j} + r_{ij}$；

层二模型：$\beta_{0j} = \gamma_{00} + u_{0j}$。

其中，BCV_{ij} 表示第 j 个地区的第 i 个组织的产值，$j=1,2,\cdots,10$，$i=1,2,\cdots,n_j$，n_j 表示第 j 个地区的组织个数，β_{0j} 为第 j 个地区香蕉合作社产值的平均值，γ_{ij} 表示层一随机误差；γ_{00} 为香蕉合作社产值的总平均值，u_{0j} 表示层二随机误差。

由表 8-29 知，每个地区香蕉合作社产值（BCV）的平均值在各地区之间有着显著的差异，由社会嵌入性因素解释的差异程度，可用组内相关系数 ρ =0.2819/（0.2819+0.7509）≈27.29%表示，只有约 72.71%的差异可以用香蕉合作社内部因素解释。这表明各地区香蕉合作社产值影响机制较为复杂，仅仅考虑香蕉合作社内部因素是不够的。因此，在研究香蕉合作社产值的影响因素时，必须引入社会嵌入性变量。

表 8-29 香蕉合作社产值变异的分解结果

固定效应	回归系数	标准误	T 检验	自由度	P 值
总平均值 γ_{00}	6.739 5	0.176 4	38.186	9	<0.001
随机效应	标准误	方差成分	自由度	卡方值	P 值
层二，u_0	0.530 9	0.281 9	9	44.758 6	<0.001
层一，r	0.866 5	0.750 9			

3. 香蕉合作社内部变量对产值固定影响的结果分析

为了分析香蕉合作社内部变量对产值的影响，建立不包括层二自变量的回归模型。将层一的解释变量引入模型中，得到变量相对接近统计显著的固定系数效应模型如下：

层一模型：$\ln BCV_{ij} = \beta_{0j} + \beta_{1j} \ln FU_{ij} + \beta_{2j} \ln OFU_{ij} + \beta_{3j} \ln TT_{ij} + r_{ij}$；

层二模型：$\beta_{0j} = \gamma_{00} + u_{0j}$，$\beta_{1j} = \gamma_{10}$，$\beta_{2j} = \gamma_{20}$，$\beta_{3j} = \gamma_{30}$。

其中，层一模型中的解释变量都是用组中心化后的数据运算的。

由表 8-30 知，$\ln FU$ 为正向显著影响香蕉合作社产值的变量。回归系数为 0.6173，表明 FU 每增加 1%，BCV 会增加 0.6173%，即化肥施用有助于香蕉合作社产值增加。$\ln OFU$ 为负向显著影响香蕉合作社产值的变量。回归系数为-0.1641，表明 OFU 每增加 1%，BCV 会降低 0.1641%，即有机肥施用能抑制香蕉合作社产值的增加。$\ln TT$ 为正向显著影响香蕉合作社产值的变量。回归系数为 0.4404，表明 TT 每增加 1%，BCV 会增加 0.4404%，即技术培训有助于香蕉合作社产值增加。

表 8-30 香蕉合作社内部变量对产值固定影响结果

固定效应	回归系数	标准误	T 检验	自由度	P 值
组织产量的平均值，β_0					
截距 2，γ_{00}	6.756 6	0.183 5	36.812	9	<0.001
$\ln FU$ 斜率，β_1					

续表

固定效应	回归系数	标准误	T 检验	自由度	P 值
截距 2, γ_{10}	0.617 3	0.269 0	2.294	130	0.023
$\ln OFU$ 斜率, β_2					
截距 2, γ_{20}	-0.164 1	0.656 5	-0.250	130	0.803
$\ln TT$ 斜率, β_3					
截距 2, γ_{30}	0.440 4	0.386 3	1.140	130	0.256
随机效应	标准误	方差成分	自由度	卡方值	P 值
层二, u_0	0.577 6	0.333 6	9	73.598 2	<0.001
层一, r	0.681 7	0.464 8			

4. 香蕉合作社内部变量对产值随机影响的结果分析

为了分析香蕉合作社内部变量对合作社产值的影响，建立不包括层二解释变量的回归模型。将层一的解释变量引入模型中，得到变量相对接近统计显著的随机系数效应模型如下：

层一模型： $\ln BCV_{ij} = \beta_{0j} + \beta_{1j} \ln FU_{ij} + \beta_{2j} \ln OFU_{ij} + \beta_{3j} \ln TT_{ij} + r_{ij}$；

层二模型： $\beta_{0j} = \gamma_{00} + u_{0j}, \beta_{1j} = \gamma_{10} + u_{1j}, \beta_{2j} = \gamma_{20} + u_{2j}, \beta_{3j} = \gamma_{30} + u_{3j}$。

其中，层一模型中的解释变量都是用组中心化后的数据运算的。

由表 8-31 知，合作社在不同地区的截距，以及变量 $\ln FU$、$\ln OFU$、$\ln TT$ 的斜率存在较大的差异。

表 8-31　香蕉合作社层一变量最小二乘回归估计截距与斜率结果

地区	截距	$\ln FU$ 斜率	$\ln OFU$ 斜率	$\ln TT$ 斜率
1	6.389 5	0.457 1	0.703 3	0.007 9
2	6.329 5	0.377 5	0.414 6	0.392 7
3	6.152 2	0.307 2	-0.934 4	0.982 4
4	8.051 5	-6.139 5	7.815 0	2.181 8
5	6.488 1	1.350 4	-0.128 9	0.120 6
6	6.065 6	0.226 8	1.256 4	-0.277 9
7	6.855 3	-0.793 7	-9.520 0	11.323 6
8	7.626 3	-17.523 3	-10.000 0	28.757 0
9	7.061 6	-6.026 0	-11.438 4	17.641 4
10	6.812 1	-5.868 7	-9.740 5	16.770 1

香蕉合作社内部变量对产值的随机影响结果见表 8-32。

表 8-32　香蕉合作社内部变量对产值随机影响结果

固定效应	回归系数	标准误	T检验	自由度	P值
组织产量的平均值，β_0					
截距2，γ_{00}	6.776 7	0.191 2	35.442	9	<0.001
lnFU 斜率，β_1					
截距2，γ_{10}	0.009 0	0.165 1	0.055	9	0.957
lnOFU 斜率，β_2					
截距2，γ_{20}	−3.547 4	1.640 7	−2.162	9	0.059
lnTT 斜率，β_3					
截距2，γ_{30}	4.680 4	1.777 0	2.634	9	0.027
随机效应	标准误	方差成分	自由度	卡方值	P值
层二					
截距1，u_0	0.630 4	0.397 4	9	3 59.922 9	<0.001
lnFU 斜率，u_1	0.532 5	0.283 6	9	14.501 0	0.105
lnOFU 斜率，u_2	5.361 0	28.740 8	9	733.683 7	<0.001
lnTT 斜率，u_3	5.813 3	33.795 1	9	6 028.064 9	<0.001
层一					
r	0.311 9	0.097 3			

由表 8-30 和表 8-32 知，变量 lnFU、lnOFU、lnTT 的系数存在一定的差异，这是由于表 8-30 中的数值是变量 lnFU、lnOFU、lnTT 的系数为固定系数，而表 8-32 中的数是变量的系数为随机系数。

同时，由表 8-32 的随机效应部分可知，截距（β_0）与 lnOFU 及 lnTT 的系数在各个地区之间存在显著性差异，即香蕉合作社产值的平均值，变量 lnOFU 及 lnTT 与 lnBCV 之间的关系随着地区的不同而显著不同。嵌入性变量可以对地区不同（变异）给出一定程度上的解释。

5. 香蕉合作社嵌入性变量对产值影响效应分析

为了解释变量截距，变量 lnOFU 及 lnTT 与 lnBCV 之间的关系随着地区的不同而显著不同的原因，将嵌入性变量 β_{0j}、β_{2j}、β_{3j} 引入，得到变量相对接近显著的全模型：

层一模型：$\ln BCV_{ij} = \beta_{0j} + \beta_{1j}\ln FU_{ij} + \beta_{2j}\ln OFU_{ij} + \beta_{3j}\ln TT_{ij} + r_{ij}$；

层二模型：$\beta_{0j} = \gamma_{00} + \gamma_{01}URB_j + \gamma_{02}BEE_j + \gamma_{03}BPE_j + \gamma_{04}VC_j + \gamma_{05}PC_j + u_{0j}$，

$\beta_{1j} = \gamma_{10}, \beta_{2j} = \gamma_{20} + \gamma_{21}BPE_j + u_{2j}, \beta_{3j} = \gamma_{30} + \gamma_{31}BPE_j + u_{3j}$。

其中，层一与层二模型中的解释变量都是用组中心化后的数据运算的。层二模型的结果见表 8-33。

表 8-33　香蕉合作社嵌入性变量对产值影响效应结果

固定效应	回归系数	标准误	T 检验	自由度	P 值
组织产量的平均值，β_0					
截距 2，γ_{00}	6.773 8	0.081 0	83.580	4	<0.001
URB，γ_{01}	0.061 8	0.010 6	5.794	4	0.004
BEE，γ_{02}	-0.460 6	0.069 7	-6.605	4	0.003
BPE，γ_{03}	0.371 7	0.054 4	6.822	4	0.002
PC，γ_{05}	1.721 2	0.332 0	5.184	4	0.007
$\ln FU$ 斜率，β_1					
截距 2，γ_{10}	0.411 2	0.142 2	2.891	112	0.005
$\ln OFU$ 斜率，β_2					
截距 2，γ_{20}	-3.475 2	1.501 3	-2.315	8	0.049
BPE，γ_{21}	-1.722 8	0.828 7	-2.079	8	0.071
$\ln TT$ 斜率，β_3					
截距 2，γ_{30}	4.127 6	1.481 2	2.787	8	0.024
BPE，γ_{31}	-1.760 9	0.819 8	-2.148	8	0.064
随机效应	标准误	方差成分	自由度	卡方值	P 值
层二					
截距 1，u_0	0.239 1	0.057 1	4	56.589 0	<0.001
$\ln OFU$ 斜率，u_2	2.612 0	11.270 7	8	758.450 3	<0.001
$\ln TT$ 斜率，u_3	2.553 9	10.738 3	8	394.013 3	<0.001
层一					
r	0.312 47	0.097 64			

由表 8-32 与表 8-33 可计算出嵌入性变量对 β_{0j}、β_{2j}、β_{3j} 的方差成分解释程度，见表 8-34。

表 8-34　嵌入性变量所解释的方差成分和程度

随机效应	加入嵌入性变量前	加入嵌入性变量后	解释程度/%
截距 1，u_0	0.397 4	0.057 1 7	85.61
$\ln OFU$ 斜率，u_2	28.740 8	11.270 7	60.78
$\ln TT$ 斜率，u_3	33.795 1	10.738 3	68.22

由表 8-34 可知，嵌入性变量对截距，以及 $\ln HR$、$\ln OFU$ 与 $\ln COV$ 之间关系的变异有较好的解释，因此，层二模型较为合理。层二模型的具体分析由表 8-33 可知：

URB 为正向显著影响香蕉合作社产值的变量，体现了城市文化嵌入对香蕉合作社产值的影响。回归系数值为 0.0618，表明城市化率每增加 1%，该地区香蕉合作社平均产值会增加 0.0618%，即城市文化嵌入提高能促进香蕉合作社产值增加。具体原因见本章第一节第三部分（四）的 1) 中 URB 的解释。

BEE 为负向显著影响香蕉合作社产值的变量，体现了经济嵌入对香蕉合作社产值的影响。回归系数值为-0.4606，表明当地农民人均纯收入每增加 1 万元，即当地农民人均纯收入每增加 100 元，该地区 BEE 的回归系数值将减少 0.0046，说明经济嵌入的提高能抑制香蕉产业组织产量增加。这是由于在目前香蕉产业组织人员平均收入还不是很高的情形下，当地农民人均纯收入增加会降低香蕉产业组织人员种植的积极性，有的成员会从事收入更高的工作，抑制了香蕉合作社产值的提高。

BPE 为正向显著影响香蕉合作社产值的变量，体现了政治嵌入对香蕉合作社产值的影响。回归系数值为 0.3717，表明人均财政支出水平每增加 1 万元，即人均财政支出水平每增加 100 元，该地区 BEE 的回归系数值会增加 0.0037，即政治嵌入增加有助于该地区香蕉合作社平均产值的提高。具体原因见本章第二节第一部分（3）的解释。

PC 为正向显著影响香蕉合作社产值的变量，体现了关系嵌入对香蕉合作社产值的影响。回归系数值为 1.7212，表明香蕉产业组织之间交流次数由 3 次以下变为 4 次以上，该地区 PC 的回归系数值会增加 1.7212，这说明关系嵌入的提高能促进香蕉家庭农场产值增加。这是由于香蕉合作社与周边的产业组织技术交流能获得更多的有用信息和技术应用的经验，有利于香蕉合作社产值的提高。

BPE 为负向显著调节 $\ln OFU$ 与 $\ln BCV$ 之间关系的变量，体现了政治嵌入对香蕉合作社的有机肥施用量与产值之间关系的影响。其回归系数分别为-1.7228，表明人均财政支出水平每增加 1 万元，即人均财政支出水平每增加 100 元，香蕉合作社的有机肥施用量与产值之间的负向关系将增加 0.0172，这表明人均财政支出高地区的化肥、有机肥的边际产值要低于人均财政支出低的地区。具体原因见本章第一节第三部分（四）中 2) 的 BPE 的解释。

BPE 为负向显著调节 $\ln TT$ 与 $\ln BCV$ 之间关系的变量，体现了政治嵌入对香蕉合作社的技术培训与产值之间关系的影响。其回归系数为-1.7609，表明人均财政支出水平每增加 1 万元，即人均财政支出水平每增加 100 元，香蕉合作社的技术培训与产值之间的正向关系将减少 0.0176，这表明人均财政支出高的地区的技术培训的边际产值要低于人均财政支出低的地区。这是由于人均财政支出高的地区香蕉产业组织更倾向于争取政府的资金支持，对加强技术培训缺少动力，从而技术培训的边际产值较低。这与"资源诅咒"类似。

（二）香蕉合作社产量影响因素的实证分析

1. 香蕉合作社产量变异（方差）的分解

运用零模型将香蕉合作社产量的变异分解成能由层一（香蕉合作社内部因素）和层二（社会嵌入性因素）解释的部分，并依据组内相关系数决定是否建立多层统计模型。

层一模型：$\ln BCY_{ij} = \beta_{0j} + r_{ij}$；

层二模型：$\beta_{0j} = \gamma_{00} + u_{0j}$。

其中，BCY_{ij} 表示第 j 个地区的第 i 个组织的产量，$j=1,2,\cdots,10$，$i=1,2,\cdots,n_j$；n_j 表示第 j 个地区的组织个数，β_{0j} 为第 j 个地区香蕉合作社产量的平均值，γ_{ij} 表示一层随机误差；γ_{00} 为香蕉合作社产量的总平均值，u_{0j} 表示二层随机误差。

由表 8-35 知，每个地区香蕉合作社产量（BCY）的平均值在各地区之间有着显著的差异，由社会嵌入性因素解释的差异程度，可用组内相关系数 $\rho = 0.2314/(0.2314+0.4828) = 32.4\%$ 表示，只有约 67.6% 的差异可以用香蕉合作社内部因素解释。这表明各地区香蕉合作社产量影响机制较为复杂，仅仅考虑香蕉合作社内部因素是不够的。因此，在研究香蕉合作社产量的影响因素时，必须引入嵌入性变量。

表 8-35 香蕉合作社产量变异的分解结果

固定效应	回归系数	标准误	T 检验	自由度	P 值
总平均值 γ_{00}	8.336 3	0.156 79	53.169	9	<0.001
随机效应	标准误	方差成分	自由度	卡方值	P 值
层二，u_0	0.481 0	0.231 4	9	50.298 74	<0.001
层一，r	0.694 8	0.482 8			

2. 香蕉合作社内部变量对产量固定影响的结果分析

为了分析香蕉合作社内部因素对其产量的影响，建立的不包括层二解释变量的回归模型。将层一的解释变量引入模型中，得到变量相对接近统计显著的固定系数效应模型如下：

层一模型：$\ln BCY_{ij} = \beta_{0j} + \beta_{1j} \ln PA_{ij} + \beta_{2j} \ln FU_{ij} + \beta_{3j} \ln OFU_{ij} + r_{ij}$；

层二模型：$\beta_{0j} = \gamma_{00} + u_{0j}$，$\beta_{1j} = \gamma_{10}$，$\beta_{2j} = \gamma_{20}$，$\beta_{3j} = \gamma_{30}$。

其中，层一模型中的解释变量都用组中心化后的数据参与运算的。

由表 8-36 知，$\ln PA$ 为正向显著影响香蕉合作社产量的变量。回归系数 β_1 值为

0.7699，表明 PA 每增加 1%，BCY 会增加 0.7699%，即种植面积对香蕉合作社产量呈现出提高作用。$\ln FU$ 为正向显著影响香蕉合作社产量的变量。回归系数 β_2 值为 0.0774，表明 FU 每增加 1%，BCY 会增加 0.0774%，即化肥施用对香蕉合作社产量呈现出提高作用。$\ln OFU$ 为正向显著影响香蕉合作社产量。回归系数 β_3 值为 0.1855，表明 OFU 每增加 1%，BCV 会增加 0.1855%，即有机肥施用对香蕉合作社产量呈现出提高作用。种植面积、化肥施用、化肥及有机肥的施用量对产量的影响是符合一般农业产值影响规律的。

表 8-36 香蕉合作社内部变量对产量固定影响结果

固定效应	回归系数	标准误	T 检验	自由度	P 值
组织产量的平均值，β_0					
截距 2，γ_{00}	8.363 0	0.170 3	49.095	9	<0.001
$\ln PA$ 斜率，β_1					
截距 2，γ_{10}	0.769 9	0.140 5	5.478	130	<0.001
$\ln FU$ 斜率，β_2					
截距 2，γ_{20}	0.077 4	0.009 1	8.485	130	<0.001
$\ln OFU$ 斜率，β_3					
截距 2，γ_{30}	0.185 5	0.108 9	1.702	130	0.091
随机效应	标准误	方差成分	自由度	卡方值	P 值
层二，u_0	0.567 3	0.321 9	9	4 529.052 1	<0.001
层一，r	0.074 3	0.005 5			

3. 香蕉合作社内部变量对产量随机影响的结果分析

为了分析香蕉合作社内部变量对产量的影响，建立的不包括层二解释变量的回归模型。将层一的解释变量引入模型中，得到变量相对接近统计显著的随机系数效应模型如下：

层一模型：$\ln BCY_{ij} = \beta_{0j} + \beta_{1j}\ln PA_{ij} + \beta_{2j}\ln FU_{ij} + \beta_{3j}\ln OFU_{ij} + r_{ij}$；

层二模型：$\beta_{0j} = \gamma_{00} + u_{0j}$，$\beta_{1j} = \gamma_{10} + u_{1j}$，$\beta_{2j} = \gamma_{20} + u_{2j}$，$\beta_{3j} = \gamma_{30} + u_{3j}$。

其中，层一模型中的解释变量都是用组中心化后的数据运算的。

由表 8-36 和表 8-37 知，变量 $\ln PA$、$\ln FU$、$\ln OFU$ 的系数存在一定的差异，这是由于表 8-36 中变量 $\ln PA$、$\ln FU$、$\ln OFU$ 的系数为固定系数，而表 8-37 中这些变量的系数为随机系数。

同时，由表 8-37 可知，截距（β_0）与 $\ln PA$、$\ln OFU$ 的系数在各个地区之间存在显著性差异，即香蕉合作社产量的平均值及变量 $\ln PA$、$\ln OFU$ 与 $\ln BCY$ 之间的关系随着地区的不同而显著不同。嵌入性变量可以对地区不同（变异）给出一定程度上的解释。

表 8-37　香蕉合作社内部变量对产量随机影响结果

固定效应	回归系数	标准误	T 检验	自由度	P 值
组织产量的平均值，β_0					
截距 2，γ_{00}	8.363 1	0.170 3	49.085	9	<0.001
lnPA 斜率，β_1					
截距 2，γ_{10}	0.826 2	0.096 6	8.545	9	<0.001
lnFU 斜率，β_2					
截距 2，γ_{20}	0.054 5	0.018 2	2.985	9	0.015
lnOFU 斜率，β_3					
截距 2，γ_{30}	0.153 3	0.095 3	1.609	9	0.142
随机效应	标准误	方差成分	自由度	卡方值	P 值
层二					
截距 1，u_0	0.567 6	0.322 2	9	6 590.845 3	<0.001
lnPA 斜率，u_1	0.268 1	0.071 9	9	14.693 0	0.099
lnFU 斜率，u_2	0.060 5	0.003 6	9	4.121 2	>0.500
lnOFU 斜率，u_3	0.273 3	0.074 7	9	21.914 8	0.009
层一					
r	0.061 6	0.003 8			

4. 香蕉合作社嵌入性变量对产量影响效应分析

为了解释变量截距，以及 lnPA、lnOFU 与 lnBCY 之间的关系随着地区的不同而显著不同的原因，将嵌入性变量 β_{0j}、β_{1j}、β_{3j} 引入，得到变量相对接近显著的全模型：

层一模型：$\ln BCY_{ij} = \beta_{0j} + \beta_{1j} \ln PA_{ij} + \beta_{2j} \ln FU_{ij} + \beta_{3j} \ln OFU_{ij} + r_{ij}$；

层二模型：$\beta_{0j} = \gamma_{00} + \gamma_{01} URB_j + \gamma_{02} BEE_j + \gamma_{03} BPE_j + \gamma_{04} VC_j + \gamma_{05} PC_j + u_{0j}$，

$\beta_{1j} = \gamma_{10} + \gamma_{11} VC_j + \gamma_{12} PC_j + u_{1j}, \beta_{2j} = \gamma_{20}, \beta_{3j} = \gamma_{30} + \gamma_{31} VC_j + \gamma_{32} PC_j + u_{3j}$。

其中，层一与层二模型中的解释变量都是用组中心化后的数据参与运算的。层二模型的结果见表 8-38。

表 8-38　香蕉合作社嵌入性变量对产量影响效应结果

固定效应	回归系数	标准误	T 检验	自由度	P 值
组织产量的平均值，β_0					
截距 2，γ_{00}	8.363 2	0.056 2	148.553	4	<0.001
URB，γ_{01}	0.064 5	0.009 3	6.870	4	0.002
BEE，γ_{02}	-0.486 7	0.058 5	-8.318	4	0.001

续表

固定效应	回归系数	标准误	T检验	自由度	P值
BPE，γ_{03}	0.263 5	0.030 7	8.558	4	0.001
PC，γ_{05}	2.712 7	0.372 0	7.290	4	0.002
$\ln PA$ 斜率，β_1					
截距2，γ_{10}	0.845 6	0.095 6	8.843	7	<0.001
VC，γ_{11}	0.632 6	0.323 5	1.955	7	0.092
PC，γ_{12}	0.095 9	0.054 23	1.969	7	0.091
$\ln FU$ 斜率，β_2					
截距2，γ_{20}	0.059 7	0.029 289	2.038	112	0.044
$\ln OFU$ 斜率，β_3					
截距2，γ_{30}	0.138 0	0.075 2	1.833	7	0.109
VC，γ_{31}	-0.494 2	0.293 81	-1.982	7	0.096
PC，γ_{32}	-0.934 7	0.492 9	-1.796	7	0.110
随机效应	标准误	方差成分	自由度	卡方值	P值
层二					
截距1，u_0	0.177 0	0.031 3	4	761.492 7	<0.001
$\ln PA$ 斜率，u_1	0.180 0	0.032 4	7	23.484 1	0.002
$\ln OFU$ 斜率，u_3	0.141 7	0.020 0	7	19.979 7	0.006
层一					
r	0.061 0	0.003 7			

由表8-37与表3-38可计算出嵌入性变量对β_{0j}、β_{1j}、β_{3j}的方差成分解释程度，见表8-39。

表8-39 嵌入性变量所解释的方差成分和程度

随机效应	加入嵌入性变量前	加入嵌入性变量后	解释程度/%
截距1，u_0	0.322 2	0.031 3	90.28
$\ln PA$ 斜率，u_1	0.071 9	0.032 4	54.93
$\ln OFU$ 斜率，u_3	0.074 7	0.020 0	73.22

由表8-39可知，嵌入性变量对截距，以及$\ln PA$、$\ln OFU$与$\ln BCY$之间关系的变异有较好的解释，因此，层二模型较为合理。层二模型的具体分析由表8-38可知：

1）URB为正向显著影响香蕉合作社产量的变量，体现了城市文化嵌入对香蕉合作社产量的影响。回归系数为0.0618，表明城市化率每增加1%，该地区香蕉合作社平均产量会增加0.0618%，即城市文化嵌入提高能促进香蕉合作社产量增加。具体原因见本章第一节第四部分（四）中1）URB的解释。BEE为负向显著影响香蕉合作社产量的变量，体现了经济嵌入对香蕉合作社产量的影响。回归系数为-0.4867，表明当地农民人均纯收入提高 1 万元，即当地农民人均纯收入提高 100 元，BEE 的回归系数将降低 0.0048，这说明经济嵌入提高能抑制香蕉产业组织产量增加。具体原因见本章第一节第四部分（四）中 1) BEE 的解释。BPE 为正向显著影响香蕉合作社产量的变量，体现了政治嵌入对香蕉合作社产量的影响。回归系数为 0.2635，表明人均财政支出水平每提高 1 万元，即人均财政支出水平每提高 100 元，BPE 的回归系数会增加 0.0026，即政治嵌入增加有助于地区香蕉合作社平均产值的提高。这一方面是由于人均财政支出水平提高，有利于加强香蕉产业基础设施建设，改善香蕉产业的生产条件，从而促进产业组织产量提高。另一方面，实际上人均财政支出水平高的地区，教育水平、信息化水平的也相对较高，因此香蕉产业组织成员的文化素质也相对较高，即人力资本水平相对较高，从而促进产业组织产量提高。PC 为正向显著影响香蕉合作社产量的变量，这体现了关系嵌入对香蕉合作社产量的影响。回归系数为 2.7127，表明香蕉产业组织之间交流次数由 3 次以下增加到 4 次以上，PC 的回归系数会增加 2.7127，说明关系嵌入提高能促进香蕉家庭农场产量增加。这是由于香蕉合作社与周边的产业组织技术交流能获得更多的有用信息和技术应用的经验，有利于香蕉合作社产量的提高。

2）VC 为正向调节香蕉合作社的种植面积与产量之间关系的变量，体现了结构嵌入对香蕉合作社的种植面积与产量之间关系的影响，其回归系数为 0.6326，表明香蕉合作社负责人担任村干部增加 1 个单位，香蕉合作社的种植面积与产量之间的正向关系将增加 0.6326，这说明香蕉合作社负责人担任村干部多的地区的种植面积的边际产量要高于香蕉合作社负责人担任村干部少的地区。这是由于香蕉产业组织的发展在相当程度上是嵌入当地社会政治体制中的，具有社会职务的负责人比较容易获得当地政府和社会的支持，从而相对容易扩大规模；并且其经营管理方面能力较强，因而能在规模扩大的情况下，保持综合效率。PC 为正向调节香蕉合作社的种植面积与产量之间关系的变量，体现了关系嵌入对香蕉合作社的种植面积与产量之间关系的影响，其回归系数为 0.0959，表明香蕉产业组织之间交流次数从 3 次以下增加到 4 次以上，香蕉合作社的种植面积与产量之间的正向关系将增加 0.0959，这表明香蕉产业组织之间交流次数多的地区种植面积的边际产量要高于香蕉产业组织之间交流次数少的地区。这是由于技术的交流次数的增加有利于社员技术的掌握，从而促进了社员的劳动效率提高。因此，在香蕉合作社的规模适当扩大情形下，也能够完成各项工作，从而促进种植面积的边际产量的提高。

3）VC 为负向显著调节 $\ln OFU$ 与 $\ln BCY$ 之间关系的变量，体现了结构嵌入对香蕉合作社的有机肥施用量与产量之间关系的影响，其回归系数为-0.4942，表明香蕉合作社负责人担任村干部增加 1 个单位，香蕉合作社的有机肥施用量与产量之间的正向关系将减少 0.4942，这表明合作社负责人担任村干部多的地区，有机肥施用的边际产值要低于合作社负责人担任村干部少的地区，同时也说明了合作社负责人担任村干部的人数增多将削弱有机肥施用量与合作社产量之间的正向关系。实际上，作为村干部的香蕉合作社负责人为村子工作的时间挤占了为合作社工作的时间，影响了有机肥的制作，从而抑制了有机肥的效果。

三、产业联盟产值（产量）影响因素的实证分析

（一）香蕉产业联盟产值影响因素的实证分析

1. 香蕉产业联盟数据的合并

由于多层统计模型对层一、层二数据样本规模都有一定的要求，为了能较好地应用多层统计模型，基于调研的 21 个产业联盟、107 个样本点按地域相邻性，将 5 省 20 个县域划分为 10 个区域。每个区域样本点平均为 10.7 个，可以较好地应用多层统计模型了。

层一、层二变量的描述性统计量见表 8-40、表 8-41。从中可以得知，目前香蕉产业联盟在产量、产值、规模、人力资本、化肥与有机肥施用量、技术培训、城市文化嵌入、市场文化嵌入、政治嵌入、经济嵌入、认知嵌入、结构嵌入、关系嵌入上的差异较大。由此可以初步判断，香蕉产业联盟发展不平衡。

表 8-40　香蕉产业联盟层一变量描述性统计

变量名	样本点数	均值	标准差	最小	最大
$\ln BLVY$	107	8.71	0.79	7.17	11.56
$\ln BLAV$	107	7.15	1.06	3.80	10.14
$\ln PA$	107	7.81	0.72	5.86	10.49
$\ln HR$	107	5.33	1	3.66	7.15
$\ln FU$	107	6.49	0.75	4.65	9.10
$\ln OFU$	107	8.84	0.99	6.26	12.30
$\ln TT$	107	4.03	1.04	1.39	6.06

表 8-41　香蕉产业联盟层二变量描述性统计

变量名	组织数	均值	标准差	最小	最大
URB	10	33.92	12.86	16.66	55.13
MAR	10	31.71	14.32	10.81	51.80
BEE	10	6.41	2.17	3.68	11.64
BPE	10	4.03	1.89	1.09	6.76
BCOE	10	11.72	3.61	6.00	19.50

变量名	组织数	均值	标准差	最小	最大
BSE	10	0.16	0.24	0	0.67
BRE	10	0.69	0.21	0.27	1.00

2. 香蕉产业联盟产值变异（方差）的分解

运用零模型将香蕉产业联盟产值的变异分解成能由层一（香蕉产业联盟内部因素）和层二（社会嵌入性因素）解释的部分，并依据组内相关系数决定是否建立多层统计模型。

层一模型：$\ln BLAV_{ij} = \beta_{0j} + r_{ij}$；

层二模型：$\beta_{0j} = \gamma_{00} + u_{0j}$。

其中，$BLAV_{ij}$表示第j个地区的第i个产业联盟的产值，$j=1,2,\cdots,10$，$i=1,2,\cdots,n_j$，n_j表示第j个地区的组织个数，β_{0j}为第j个地区香蕉产业联盟产值的平均值，γ_{ij}表示一层随机误差；γ_{00}为香蕉产业组织产值的总平均值，u_{0j}表示二层随机误差。

由表8-42知，每个地区香蕉产业联盟产值（$BLAV$）的平均值在各地区之间有着显著的差异，由社会嵌入性因素解释的差异程度，可用组内相关系数$\rho = 0.7153/(0.7153+0.5003) \approx 58.85\%$表示，只有约41.15%的差异可以用香蕉产业联盟内部因素解释。这表明各地区香蕉产业联盟产值影响机制较为复杂，仅仅考虑香蕉产业联盟内部因素是不够的。因此，在研究香蕉产业联盟产值的影响因素时，必须引入嵌入性变量。

表8-42 香蕉产业联盟产值变异的分解结果

固定效应	回归系数	标准误	T检验	自由度	P值
总平均值 γ_{00}	7.145 7	0.262 9	27.177	9	<0.001
随机效应	标准误	方差成分	自由度	卡方值	P值
层二，u_0	0.845 8	0.715 3	9	140.716 9	<0.001
层一，r	0.707 3	0.500 3			

3. 香蕉产业联盟内部变量对产值固定影响的结果分析

为了分析香蕉产业联盟内部变量对产值的影响，建立不包括层二自变量的回归模型。将层一的解释变量引入模型中，得到变量相对接近统计显著的固定系数效应模型如下：

层一模型：$\ln BLAV_{ij} = \beta_{0j} + \beta_{1j}\ln HR_{ij} + \beta_{2j}\ln FU_{ij} + \beta_{3j}\ln OFU_{ij} + \beta_{4j}\ln TT_{ij} + r_{ij}$；

层二模型：$\beta_{0j} = \gamma_{00} + u_{0j}, \beta_{1j} = \gamma_{10}, \beta_{2j} = \gamma_{20}, \beta_{3j} = \gamma_{30}, \beta_{4j} = \gamma_{40}$。

其中，层一模型中的解释变量都是用组中心化后的数据参与运算的。

由表 8-43 知，$\ln FU$ 为正向显著影响香蕉产业联盟产值。回归系数为 0.5198，表明 FU 每增加 1%，BLAV 会增加 0.5198%，即化肥施用有助于香蕉产业联盟产值增加。$\ln OFU$ 正向显著影响香蕉产业联盟产值。回归系数为 0.0397，表明 OFU 每增加 1%，BLAV 会增加 0.0397%，即有机肥施用有助于香蕉产业联盟产值的增加。$\ln TT$ 为正向显著影响香蕉产业联盟产值。回归系数为 0.4168，表明 TT 每增加 1%，BLAV 会增加 0.4168%，即技术培训有助于香蕉产业联盟产值增加。

表 8-43 香蕉产业联盟内部变量对产值固定影响结果

固定效应	回归系数	标准误	T 检验	自由度	P 值
组织产量的平均值，β_0					
截距 2，γ_{00}	7.1474	0.2627	27.199	9	<0.001
$\ln HR$ 斜率，β_1					
截距 2，γ_{10}	0.0926	0.2271	0.408	93	0.684
$\ln FU$ 斜率，β_2					
截距 2，γ_{20}	0.5198	0.2676	1.942	93	0.055
$\ln OFU$ 斜率，β_3					
截距 2，γ_{30}	0.0397	0.1231	1.992	93	0.047
$\ln TT$ 斜率，β_4					
截距 2，γ_{40}	0.4168	0.2373	1.756	93	0.082
随机效应	标准误	方差成分	自由度	卡方值	P 值
层二，u_0	0.8710	0.7586	9	867.9345	<0.001
层一，r	0.2848	0.0811			

4. 香蕉产业联盟内部变量对产值随机影响的结果分析

为了分析香蕉产业联盟内部变量对合作社产值的影响，建立的不包括第二层自变量的回归模型。将层一的解释变量引入模型中，得到变量相对接近统计显著的随机系数效应模型如下：

层一模型：$\ln BLAV_{ij} = \beta_{0j} + \beta_{1j} \ln HR_{ij} + \beta_{2j} \ln FU_{ij} + \beta_{3j} \ln OFU_{ij} + \beta_{4j} \ln TT_{ij} + r_{ij}$；

层二模型：$\beta_{0j} = \gamma_{00} + u_{0j}, \beta_{1j} = \gamma_{10} + u_{1j}, \beta_{2j} = \gamma_{20} + u_{2j}, \beta_{3j} = \gamma_{30} + u_{3j}, \beta_{4j} = \gamma_{40} + u_{4j}$。

其中，层一模型中的解释变量都是用组中心化后的数据运算的。

由表 8-44 知，不同地区的截距，变量 $\ln HR$、$\ln FU$、$\ln OFU$、$\ln TT$ 的斜率存在

较大的差异。

表 8-44　香蕉产业联盟层一变量最小二乘回归估计截距与斜率结果

地区	截距	$\ln HR$ 斜率	$\ln FU$ 斜率	$\ln OFU$ 斜率	$\ln TT$ 斜率
1	7.652 2	-1.068 5	1.975 2	-0.186 1	0.561 8
2	7.593 5	0.200 4	0.000 2	0.462 2	0.433 9
3	4.965 3	-1.576 6	1.051 8	-0.355 1	0.909 9
4	7.140 5	-0.185 9	0.860 7	-0.006 1	0.450 2
5	8.023 9	0.554 5	2.245 5	-1.509 7	-0.762 4
6	7.782 1	0.201 9	0.870 3	0.062 9	-0.017 1
7	7.155 2	-2.571 4	1.951 2	1.176 8	0.205 2
8	7.297 4	1.178 9	-0.091 7	0.156 7	-0.020 2
9	6.484 7	1.548 1	-0.870 0	1.369 9	-1.947 6
10	7.383 1	0.724 1	-0.420 3	0.548 4	0.064 9

香蕉产业联盟内部变量对产值随机影响的结果见表 8-45。

表 8-45　香蕉产业联盟内部变量对产值随机影响结果

固定效应	回归系数	标准误	T 检验	自由度	P 值
组织产量的平均值，β_0					
截距 2，γ_{00}	7.147 4	0.262 4	27.236	9	<0.001
$\ln HR$ 斜率，β_1					
截距 2，γ_{10}	-0.186 8	0.126 1	-1.481	9	0.173
$\ln FU$ 斜率，β_2					
截距 2，γ_{20}	0.585 0	0.098 5	5.934	9	<0.001
$\ln OFU$ 斜率，β_3					
截距 2，γ_{30}	0.305 5	0.102 1	2.992	9	0.015
$\ln TT$ 斜率，β_4					
截距 2，γ_{40}	0.182 5	0.087 3	2.091	9	0.066
随机效应	标准误	方差成分	自由度	卡方值	P 值
层二					
截距 1，u_0	0.873 1	0.762 4	9	2 702.086 9	<0.001
$\ln HR$ 斜率，u_1	0.316 5	0.100 1	9	16.196 8	0.062
$\ln FU$ 斜率，u_2	0.167 4	0.028 0	9	9.261 3	0.414
$\ln OFU$ 斜率，u_3	0.233 5	0.054 5	9	16.143 7	0.063
$\ln TT$ 斜率，u_4	0.281 3	0.079 1	9	79.700 8	<0.001
层一					
r	0.161 4	0.026 0			

由表 8-43 和表 8-45 知，变量 $\ln HR$、$\ln FU$、$\ln OFU$、$\ln TT$ 的系数存在一定的差异，这是由于表 8-43 中是变量 $\ln HR$、$\ln FU$、$\ln OFU$、$\ln TT$ 的系数为固定系数，而表 8-45 中是这些变量的系数为随机系数。

同时，由表 8-45 的随机效应部分可知，截距（β_0）与 $\ln HR$、$\ln OFU$ 及 $\ln TT$ 的系数在各个地区之间存在显著性差异，即香蕉产业联盟产值的平均值，以及变量 $\ln HR$、$\ln OFU$ 及 $\ln TT$ 与 $\ln BLAV$ 之间的关系随着地区的不同而显著不同。嵌入性变量可以对地区不同（变异）给出一定程度上的解释。

5. 香蕉产业联盟嵌入性变量对产值影响效应分析

为了解释变量截距，以及变量 $\ln HR$、$\ln OFU$、$\ln TT$ 与 $\ln BLAV$ 之间的关系随着地区的不同而显著不同的原因，将嵌入性变量 β_{0j}、β_{1j}、β_{3j}、β_{4j} 引入，得到变量相对接近显著的全模型：

层一模型：$\ln BLAV_{ij} = \beta_{0j} + \beta_{1j} \ln HR_{ij} + \beta_{2j} \ln FU_{ij} + \beta_{3j} \ln OFU_{ij} + \beta_{4j} \ln TT_{ij} + r_{ij}$；

层二模型：$\beta_{0j} = \gamma_{00} + \gamma_{01} BEE_j + \gamma_{02} VC_j + u_{0j}$，$\beta_{1j} = \gamma_{10} + \gamma_{11} BEE_j + \gamma_{12} PC_j + u_{1j}$，$\beta_{2j} = \gamma_{20}$，$\beta_{3j} = \gamma_{30} + \gamma_{31} FIN_j + u_{2j}$，$\beta_{4j} = \gamma_{40} + \gamma_{41} PC_j + u_{4j}$。

其中，层一与层二模型中的解释变量都是用组中心化后的数据运算的。层二模型的结果见表 8-46。

表 8-46 香蕉产业联盟嵌入性变量对产值影响效应结果

固定效应	回归系数	标准误	T 检验	自由度	P 值
组织产量的平均值，β_0					
截距 2，γ_{00}	7.146 9	0.189 8	37.637	7	<0.001
BEE，γ_{01}	-0.191 4	0.059 4	-3.219	7	0.015
$\ln HR$ 斜率，β_1					
截距 2，γ_{10}	-0.157 0	0.137 8	-1.139	7	0.292
BEE，γ_{11}	-0.092 9	0.048 8	-1.903	7	0.099
PC，γ_{12}	1.465 9	0.494 8	2.963	7	0.021
$\ln FU$ 斜率，β_2					
截距 2，γ_{20}	0.513 9	0.119 9	4.284	66	<0.001
$\ln OFU$ 斜率，β_3					
截距 2，γ_{30}	0.434 2	0.121 9	3.559	8	0.007
FIN，γ_{31}	-1.250 3	0.379 2	-3.297	8	0.011
$\ln TT$ 斜率，β_4					
截距 2，γ_{40}	0.228 1	0.085 1	2.680	8	0.028
PC，γ_{41}	1.934 9	0.319 1	6.062	8	<0.001

续表

随机效应	标准误	方差成分	自由度	卡方值	P 值
层二					
截距 1，u_0	0.298 2	0.157 9	7	1 241.634 5	<0.001
lnHR 斜率，u_1	0.203 0	0.021 2	7	9.578 1	0.213
lnOFU 斜率，u_3	0.007 6	0.005 9	8	7.505 3	>0.500
lnTT 斜率，u_4	0.182 4	0.023 2	8	8.960 4	0.345
层一					
r	0.154 2	0.023 8			

由表 8-45 和表 8-46 随机效应结果，可计算出嵌入性变量对 β_{0j}、β_{1j}、β_{3j}、β_{4j} 的方差成分解释程度，见表 8-47。

表 8-47　香蕉产业联盟嵌入性变量所解释的方差成分和程度

随机效应	加入嵌入性变量前	加入嵌入性变量后	解释程度/%
截距 1，u_0	0.762 43	0.157 95	79.27
lnHR 斜率，u_1	0.100 18	0.021 22	78.65
lnOFU 斜率，u_3	0.028 03	0.005 97	78.70
lnTT 斜率，u_4	0.054 53	0.023 27	57.33

由表 8-47 可知，嵌入性变量对截距，以及 lnHR、lnOFU、lnTT 与 ln$BLAV$ 之间关系的变异有较好的解释，因此，层二模型较为合理。层二模型的具体分析由表 8-46 可知：

1）BEE 为负向显著影响香蕉产业联盟产值的变量，体现了经济嵌入对香蕉产业联盟产值的影响。回归系数为-0.1914，表明当地农民人均纯收入每提高 1 万元，即当地农民人均纯收入每提高 100 元，BEE 的回归系数值将降低 0.0019，这说明经济嵌入的提高能抑制香蕉产业联盟产值增加。具体原因见本章第二节的第二部分（一）中 5 的 BEE 的解释。

2）BEE 为负向显著调节香蕉产业联盟中 lnHR 与 ln$BIAV$ 之间关系的变量，这体现了经济嵌入对香蕉产业联盟中人力资本与产值之间关系的影响。回归系数为-0.0929，表明当地农民人均纯收入每提高 1 万元，即当地农民人均纯收入每提高 100 元，香蕉产业联盟中人力资本与产值之间负向关系将增加 0.0009，这表明农民人均纯收入高的地区的人力资本的边际产值要低于农民人均纯收入低的地区。这是由于在目前香蕉产业联盟人员平均收入还不是很高的情形下，当地农民人均纯收入增加会降低香蕉产业联盟人员种植的积极性，有的成员会从事收入更高工作，降低了单位面积的人力资本，抑制了香蕉产业联盟产值的提高。

PC 为正向显著调节 $\ln HR$、$\ln TT$ 与 $\ln BIAV$ 之间关系的变量，体现了关系嵌入对香蕉产业联盟中人力资本、技术培训与产值之间关系的影响。回归系数分别为 1.4659、1.9349，表明香蕉产业组织之间交流次数从 3 次以下增加至 4 次以上，香蕉产业联盟中人力资本、技术培训与产值之间负向关系将分别减少 1.4659、1.9349，这说明香蕉产业组织之间交流多的地区人力资本、技术培训的边际产值要高于香蕉产业组织之间交流少的地区。这是由于技术交流有助于技术的掌握，提高人力资本的质量，从而促使人力资本、技术培训的边际产值的提高。

FIN 为负向显著调节 $\ln OFU$ 与 $\ln BIAV$ 之间关系的变量，体现了资金关系嵌入对香蕉产业联盟中有机肥施用量与产值之间关系的影响。回归系数为-1.2503，表明资金筹措能力增加 1 个单位时，香蕉产业联盟中有机肥施用量与产值之间正向关系将减少 1.2503，这表明资金筹措能力低的地区的有机肥的边际产值要高于资金筹措能力高的地区。这是由于资金筹措能力低的地区因资金难以筹集，更注重成本较低的有机肥的施用，从而促进有机肥的边际产值的提高。

（二）香蕉产业联盟产量影响因素的实证分析

1. 香蕉产业联盟产量变异（方差）的分解

运用零模型将香蕉产业联盟产量的变异分解成能由层一（香蕉产业联盟内部因素）和层二（社会嵌入性因素）解释的部分，并依据组内相关系数决定是否建立多层统计模型。

层一模型：$\ln BLAY_{ij} = \beta_{0j} + r_{ij}$；

层二模型：$\beta_{0j} = \gamma_{00} + u_{0j}$。

其中，$BLAY_{ij}$ 表示第 j 个地区的第 i 个产业联盟的产量，$j=1,2,\cdots,10$，$i=1,2,\cdots,n_j$，n_j 表示第 j 个地区的组织个数，β_{0j} 为第 j 个地区香蕉产业联盟产量的平均值，γ_{ij} 表示一层随机误差；γ_{00} 为香蕉产业组织产量的总平均值，u_{0j} 表示二层随机误差。

由表 8-48 知，每个地区香蕉产业联盟产量（$BLAY$）的平均值在各地区之间有着显著的差异，由社会嵌入性因素解释的差异程度，可用组内相关系数 ρ =0.2640/（0.2640+0.4379）≈37.61%表示，只有约 62.39%的差异可以用香蕉产业联盟内部因素解释。这表明各地区香蕉产业联盟产量影响机制较为复杂，仅仅考虑香蕉产业联盟内部因素是不够的。因此，在研究香蕉产业联盟产量的影响因素时，必须引入嵌入性变量。

表 8-48 香蕉产业联盟产量变异的分解结果

固定效应	回归系数	标准误	T 检验	自由度	P 值
总平均值 γ_{00}	8.711 3	0.166 9	52.182	9	<0.001

续表

随机效应	标准误	方差成分	自由度	卡方值	P 值
层二，u_0	0.513 8	0.264 0	9	54.238 5	<0.001
层一，r	0.661 7	0.437 9			

2. 香蕉产业联盟内部变量对产量固定影响的结果分析

为了分析香蕉产业联盟内部变量对其产量的影响，建立不包括层二解释变量的回归模型。将层一的解释变量引入模型中，得到变量相对接近统计显著的固定系数效应模型如下：

层一模型：$\ln BLAY_{ij} = \beta_{0j} + \beta_{1j}\ln PA_{ij} + \beta_{2j}\ln HR_{ij} + \beta_{3j}\ln FU_{ij} + \beta_{4j}\ln OFU_{ij} + \beta_{5j}\ln TT_{ij} + r_{ij}$；

层二模型：$\beta_{0j} = \gamma_{00} + u_{0j}$，$\beta_{1j} = \gamma_{10}$，$\beta_{2j} = \gamma_{20}$，$\beta_{3j} = \gamma_{30}$，$\beta_{4j} = \gamma_{40}$，$\beta_{5j} = \gamma_{50}$。

其中，层一模型中的解释变量都是用组中心化后的数据运算的。

由表 8-49 知，$\ln PA$ 为正向显著影响香蕉产业联盟产量的变量。回归系数 β_1 值为 0.3244，表明 PA 每增加 1%，$BLAY$ 会增加 0.3244%，即种植面积对香蕉产业联盟产量呈现出提高作用。$\ln HR$ 为负向显著影响香蕉产业联盟产量。回归系数 β_2 值为 -0.0592，表明 HR 每增加 1%，$BLAY$ 会降低 0.0592%，即人力资本对香蕉产业联盟产量具有抑制作用。$\ln OFU$ 为正向显著影响香蕉产业联盟产量。回归系数 β_4 值为 0.6434，表明 OFU 每增加 1%，$BLAY$ 会增加 0.6434%，即有机肥施用量对香蕉产业联盟产量具有提高作用。种植面积、人力资本及有机肥的施用量对产值的影响是符合一般农业产值影响规律的。

表 8-49 香蕉产业联盟内部变量对产量固定影响结果

固定效应	回归系数	标准误	T 检验	自由度	P 值
组织产量的平均值，β_0					
截距 2，γ_{00}	8.711 6	0.176 1	49.448	9	<0.001
$\ln PA$ 斜率，β_1					
截距 2，γ_{10}	0.324 4	0.194 3	1.669	92	0.098
$\ln HR$ 斜率，β_2					
截距 2，γ_{20}	-0.059 2	0.034 7	-1.706	92	0.091
$\ln FU$ 斜率，β_3					
截距 2，γ_{30}	0.036 3	0.055 8	0.651	92	0.517
$\ln OFU$ 斜率，β_4					
截距 2，γ_{40}	0.643 4	0.139 6	4.608	92	<0.001
$\ln TT$ 斜率，β_5					
截距 2，γ_{50}	0.044 3	0.026 8	1.653	92	0.102

续表

随机效应	标准误	方差成分	自由度	卡方值	P值
层二, u_0	0.586 8	0.344 4	9	5 540.898 5	<0.001
层一, r	0.065 4	0.004 2			

3. 香蕉产业联盟内部变量对产量随机影响的结果分析

为了分析香蕉产业联盟内部变量对其产量的影响，建立不包括层二解释变量的回归模型。将层一的解释变量引入模型中，得到变量相对接近统计显著模型如下：

层一模型：$\ln BLAY_{ij} = \beta_{0j} + \beta_{1j} \ln PA_{ij} + \beta_{2j} \ln HR_{ij} + \beta_{3j} \ln FU_{ij} + \beta_{4j} \ln OFU_{ij} + \beta_{5j} \ln TT_{ij} + r_{ij}$；

层二模型：$\beta_{0j} = \gamma_{00} + u_{0j}$, $\beta_{1j} = \gamma_{10} + u_{1j}$, $\beta_{2j} = \gamma_{20} + u_{2j}$, $\beta_{3j} = \gamma_{30} + u_{3j}$, $\beta_{4j} = \gamma_{40} + u_{4j}$, $\beta_{5j} = \gamma_{50} + u_{5j}$。

其中，层一模型中的解释变量都是用组中心化后的数据参与运算的。

由表 8-50 知，不同地区的截距，变量 $\ln PA$、$\ln HR$、$\ln FU$、$\ln OFU$、$\ln TT$ 的斜率存在较大的差异。

表 8-50 香蕉产业联盟层一变量最小二乘回归估计截距与斜率结果

地区	截距	$\ln PA$ 斜率	$\ln HR$ 斜率	$\ln FU$ 斜率	$\ln OFU$ 斜率	$\ln TT$ 斜率
1	9.064 6	1.156 3	0.130 2	0.042 5	-0.605 2	0.605 0
2	9.151 0	3.797 8	0.459 3	-0.945 2	-1.714 8	-0.582 5
3	8.586 2	1.097 6	-0.293 8	-0.021 9	0.010 2	-0.000 4
4	8.666 1	1.325 5	0.265 9	0.319 6	-0.709 9	-0.148 0
5	9.558 5	0.632 5	0.469 3	-0.373 5	0.217 1	-0.119 3
6	9.224 9	0.423 3	0.007 8	0.131 4	0.446 0	-0.002 7
7	8.605 2	-0.381 6	1.024 1	-0.022 0	0.424 8	0.031 1
8	8.453 1	2.482 7	-1.675 7	-0.646 9	0.863 2	-0.002 1
9	8.354 0	0.996 8	0.082 8	-0.543 3	0.471 9	-0.068 4
10	9.064 6	1.156 3	0.130 2	0.042 5	-0.605 2	0.605 0

香蕉产业联盟内部变量对产量随机影响的结果见表 8-51。

表 8-51 香蕉产业联盟内部变量对产量随机影响结果

固定效应	回归系数	标准误	T检验	自由度	P值
组织产量的平均值, β_0					
截距2, γ_{00}	8.711 7	0.176 2	49.435	9	<0.001

续表

固定效应	回归系数	标准误	T 检验	自由度	P 值
$\ln PA$ 斜率，β_1					
截距 2，γ_{10}	1.034 4	0.135 1	7.651	9	<0.001
$\ln HR$ 斜率，β_2					
截距 2，γ_{20}	-0.043 5	0.051 0	-0.854	9	0.415
$\ln FU$ 斜率，β_3					
截距 2，γ_{30}	-0.267 3	0.092 8	-2.879	9	0.018
$\ln OFU$ 斜率，β_4					
截距 2，γ_{40}	0.315 6	0.124 6	2.533	9	0.032
$\ln TT$ 斜率，β_5					
截距 2，γ_{50}	-0.044 0	0.013 5	-3.262	9	0.010
随机效应	标准误	方差成分	自由度	卡方值	P 值
层二					
截距 1，u_0	0.587 2	0.344 8	8	8 173.277 4	<0.001
$\ln PA$ 斜率，u_1	0.369 8	0.136 8	8	14.821 7	0.062
$\ln HR$ 斜率，u_2	0.165 0	0.037 2	8	29.928 6	<0.001
$\ln FU$ 斜率，u_3	0.247 7	0.061 3	8	13.849 8	0.085
$\ln OFU$ 斜率，u_4	0.390 0	0.152 1	8	51.113 8	<0.001
$\ln TT$ 斜率，u_5	0.038 3	0.001 4	8	11.796 3	0.160
层一					
r	0.041 7	0.001 7			

由表 8-49 和表 8-51 知，变量 $\ln PA$、$\ln HR$、$\ln FU$、$\ln OFU$、$\ln TT$ 的系数存在一定的差异，这是由于表 8-49 中变量 $\ln PA$、$\ln HR$、$\ln FU$、$\ln OFU$、$\ln TT$ 的系数为固定系数，而表 8-51 中这些变量的系数为随机系数。

同时，由表 8-50 的随机效应部分可知，截距（β_0）与 $\ln HR$、$\ln OFU$ 的系数在各个地区之间存在显著性差异，即香蕉产业联盟的平均值，以及变量 $\ln HR$、$\ln OFU$ 与 $\ln BLAY$ 之间的关系随着地区的不同而显著不同。嵌入性变量可以对地区不同（变异）给出一定程度上的解释。

4. 香蕉产业联盟嵌入性变量对产值影响效应分析

为了解释变量截距，以及 $\ln HR$、$\ln OFU$ 与 $\ln BLAY$ 之间的关系随着地区的不同而显著不同的原因，将嵌入性变量 β_{0j}、β_{2j}、β_{4j} 引入，得到变量相对接近显著的全模型：

层一模型：$\ln BLAY_{ij} = \beta_{0j} + \beta_{1j} \ln PA_{ij} + \beta_{2j} \ln HR_{ij} + \beta_{3j} \ln FU_{ij} + \beta_{4j} \ln OFU_{ij}$
$+ \beta_{5j} \ln TT_{ij} + r_{ij}$；

层二模型：$\beta_{0j} = \gamma_{00} + \gamma_{01}URB_j + \gamma_{02}MAR_j + \gamma_{03}BEE_j + \gamma_{04}BPE_j + \gamma_{05}PC_j + u_{0j}$，$\beta_{1j} = \gamma_{10}$，$\beta_{2j} = \gamma_{20} + \gamma_{21}BPE_j + u_{2j}$，$\beta_{3j} = \gamma_{30}$，$\beta_{4j} = \gamma_{40} + \gamma_{42}BPE_j + u_{4j}$，$\beta_{5j} = \gamma_{50}$。

其中，层一与层二模型中的解释变量都是用组中心化后的数据运算的。层二模型的结果见表 8-52。

表 8-52　香蕉产业联盟嵌入性变量对产量影响效应结果

固定效应	回归系数	标准误	T 检验	自由度	P 值
组织产量的平均值，β_0					
截距 2，γ_{00}	8.711 790	0.086 231	101.028	4	<0.001
URB，γ_{01}	0.134 0	0.018 392	7.290	4	0.002
MAR，γ_{02}	-0.023 9	0.003 861	-6.193	4	0.003
BEE，γ_{03}	-0.532 8	0.066 571	-8.004	4	0.001
BPE，γ_{04}	0.176 3	0.052 761	3.343	4	0.029
PC，γ_{05}	2.647 0	0.639 031	4.142	4	0.014
lnPA 斜率，β_1					
截距 2，γ_{10}	1.033 373	0.111 842	9.240	74	<0.001
lnHR 斜率，β_2					
截距 2，γ_{20}	-0.205 431	0.088 227	-2.328	8	0.048
BPE，γ_{21}	-0.108 0	0.049 913	-2.165	8	0.062
lnFU 斜率，β_3					
截距 2，γ_{30}	-0.144 132	0.069 028	-2.088	74	0.040
lnOFU 斜率，β_4					
截距 2，γ_{40}	0.343 886	0.087 698	3.921	8	0.004
BPE，γ_{41}	-0.110 8	0.044 584	-2.486	8	0.038
lnTT 斜率，β_5					
截距 2，γ_{50}	-0.012 678	0.015 090	-0.840	74	0.404
随机效应	标准误	方差成分	自由度	卡方值	P 值
层二					
截距 1，u_0	0.272 29	0.074 14	4	3 356.740 37	<0.001
lnHR 斜率，u_2	0.045 73	0.015 40	8	88.146 09	<0.001
lnOFU 斜率，u_4	0.227 02	0.051 54	8	155.164 92	<0.001
层一					
r	0.045 21	0.002 04			

由表 8-51 与表 8-52 中随机效应结果可计算出嵌入性变量对 β_{0j}、β_{2j}、β_{4j} 的方差成分解释程度，见表 8-53。

表 8-53　香蕉产业联盟嵌入性变量所解释的方差成分和程度

随机效应	加入嵌入性变量前	加入嵌入性变量后	解释程度/%
截距 1，u_0	0.344 8	0.074 1	78.50
lnHR 斜率，u_2	0.037 2	0.015 4	58.60
lnOFU 斜率，u_4	0.152 1	0.051 5	66.14

由表 8-53 可知，嵌入性变量对截距，以及 lnHR、lnOFU 与 ln$BLAY$ 之间关系的变异有较好的解释，因此，层二模型较为合理。层二模型的具体分析由表 8-52 可知：

1）URB 为正向显著影响香蕉产业联盟产量的变量，体现了城市文化嵌入对香蕉产业联盟产量的影响。回归系数为 0.1340，表明当城市化率提高 1% 时，香蕉产业联盟产量将增加 0.134%，这说明城市化文化嵌入的提高能促进香蕉产业联盟产量增加。具体原因见本章第一节第四部分（四）中 1）URB 的解释。

MAR 为负向显著影响香蕉产业组织产量的变量，体现了市场文化嵌入对香蕉产业联盟产量的影响。回归系数为 -0.0239，表明当市场化率提高 1% 时，香蕉产业联盟产量将降低 0.0239%，这说明市场文化嵌入的提高能抑制香蕉产业组织产量增加。具体原因见本章第一节第四部分（四）中 1）MAR 的解释。

BEE 为负向显著影响香蕉产业联盟产量的变量，体现了经济嵌入对香蕉产业联盟产量的影响。回归系数为 -0.5328，表明当地农民人均纯收入每提高 1 万元，即当地农民人均纯收入每提高 100 元，BEE 的回归系数值将降低 0.0053，这说明经济嵌入的提高能抑制香蕉产业联盟产量增加。具体原因见本章第一节第四部分（四）中 1）BEE 的解释。

BPE 为正向显著影响香蕉产业联盟产量的变量，体现了政治嵌入对香蕉产业联盟产量的影响。回归系数为 0.1763，表明人均财政支出水平每提高 1 万元，即人均财政支出水平每提高 100 元，香蕉产业联盟产量将增加 0.0017%，这体现了政治嵌入对香蕉产业联盟产量的影响。具体原因见本章第二节第二部分（二）中 4 的 1）中 BPE 的解释。

PC 为正向显著影响香蕉产业联盟产量的变量，体现了关系嵌入对香蕉产业联盟产量的影响。回归系数为 2.6470，表明香蕉产业组织之间交流次数从 3 次以下增加至 4 次以上，PC 的回归系数值将增加 2.6470，这说明关系嵌入的提高能促进香蕉产业联盟产量增加。具体原因见本章第二节第二部分（二）中 4 的 1）中 PC 的解释。

2）BPE 为负向显著调节 lnHR、lnOFU 与 ln$BLAY$ 之间关系的变量，体现了政治嵌入对香蕉产业联盟中的人力资本、有机肥施用量与产量之间关系的影响。回归系数分别为 -0.1080、-0.1108，表明人均财政支出水平每提高 1 万元，即人均财政支出水平每提高 100 元，香蕉产业联盟中的人力资本与产量之间的负向关系将增加 0.0010，有机肥施用量与产量之间的正向关系将减少 0.0011，这表明人均财政支出高的地区，其人力资本、有机肥施用的边际产量要低于人均财政支出低的地区。具体原因见本章第一节第四部分（四）中 3）、4）的 BPE 的解释。

四、家庭农场产值（产量）影响因素的实证分析

（一）香蕉家庭农场产值影响因素的实证分析

1. 香蕉家庭农场数据的合并

由于多层统计模型对层一、层二数据样本规模都有一定的要求，为了能较好地应用多层统计模型，基于调研的 22 家庭农场、130 个样本点按地域相邻性，将 5 省 20 个县域划分为 10 个区域。每个区域样本点平均为 13 个，可以较好地应用多层统计模型了。

层一、层二变量的描述性统计量见表 8-54、表 8-55。从中可以得知，目前香蕉家庭农场在产量、产值、规模、人力资本、化肥与有机肥施用量、技术培训、城市文化嵌入、市场文化嵌入、政治嵌入、经济嵌入、认知嵌入、结构嵌入、关系嵌入上的差异较大。由此可以初步判断，香蕉家庭农场发展不平衡。

表 8-54　香蕉家庭农场层一变量描述性统计

变量名	样本点数	均值	标准差	最小	最大
$\ln FFY$	130	5.58	0.47	4.19	6.58
$\ln FFV$	130	4.28	0.81	2.58	8.03
$\ln PA$	130	4.57	0.43	3.40	5.70
$\ln HR$	130	3.78	0.33	2.71	4.69
$\ln FU$	130	3.31	0.46	2.20	4.56
$\ln OFU$	130	5.43	0.55	4.28	6.80
$\ln TT$	130	1.93	0.70	0.69	5.52

表 8-55　香蕉家庭农场层二变量描述性统计

变量名	组织数	均值	标准差	最小	最大
URB	10	33.92	12.86	16.66	55.13
MAR	10	31.71	14.32	10.81	51.80
BEE	10	6.41	2.17	3.68	11.64
BPE	10	4.03	1.89	1.09	6.76
BY	10	11.58	3.29	6.22	16.50
VC	10	0.29	0.28	0	0.83
PC	10	0.68	0.23	0.33	1.00

2. 香蕉家庭农场产值变异（方差）的分解

运用零模型将香蕉家庭农场产值的变异分解成能由层一（香蕉家庭农场内部因素）和层二（社会嵌入性因素）解释的部分，并依据组内相关系数决定是否建立多层统计模型。

层一模型：$\ln FFV_{ij} = \beta_{0j} + r_{ij}$；

层二模型：$\beta_{0j} = \gamma_{00} + u_{0j}$。

其中，FFV_{ij} 表示第 j 个地区的第 i 个香蕉家庭农场的产值，$j=1,2,\cdots,10$，$i=1,2,\cdots,n_j$，n_j 表示第 j 个地区的组织个数，β_{0j} 为第 j 个地区香蕉家庭农场产值的平均值，r_{ij} 表示一层随机误差；γ_{00} 为香蕉家庭农场产值的总平均值，u_{0j} 表示二层随机误差。

由表 8-56 知，每个地区香蕉家庭农场产值（FFV）的平均值在各地区之间有着显著的差异，由社会嵌入性因素解释的差异程度，可用组内相关系数 $\rho=0.1963/(0.1963+0.4503)\approx30.5\%$ 表示，只有约 69.5% 的差异可以用香蕉家庭农场内部因素解释。这表明各地区香蕉家庭农场产值影响机制较为复杂，仅仅考虑香蕉家庭农场内部因素是不够的。因此，在研究香蕉家庭农场产值的影响因素时，必须引入嵌入性变量。

表 8-56 香蕉家庭农场产值变异的分解结果

固定效应	回归系数	标准误	T 检验	自由度	P 值
总平均值 γ_{00}	4.265 8	0.145 1	29.384	9	<0.001

随机效应	标准误	方差成分	自由度	卡方值	P 值
层二，u_0	0.443 1	0.196 3	9	68.282 74	<0.001
层一，r	0.671 0	0.450 3			

3. 香蕉家庭农场内部变量对产值固定影响的结果分析

为了分析香蕉家庭农场内部变量对产值的影响，建立不包括层二解释变量的回归模型。将层一的解释变量引入模型中，得到变量相对接近统计显著的固定系数效应模型如下：

层一模型：$\ln FFV_{ij} = \beta_{0j} + \beta_{1j} \ln PA_{ij} + \beta_{2j} \ln HR_{ij} + \beta_{3j} \ln OFU_{ij} + \beta_{4j} \ln TT_{ij} + r_{ij}$；

层二模型：$\beta_{0j} = \gamma_{00} + u_{0j}, \beta_{1j} = \gamma_{10}, \beta_{2j} = \gamma_{20}, \beta_{3j} = \gamma_{30}, \beta_{4j} = \gamma_{40}$。

其中，层一模型中的解释变量都是用组中心化后的数据运算的。

由表 8-57 知，$\ln PA$ 为正向显著影响香蕉家庭农场产值。回归系数为 0.6465，表明 PA 每增加 1%，FFV 会增加 0.6465%，即种植面积对香蕉家庭农场产值具有提高作用。$\ln TT$ 为正向显著影响香蕉家庭农场产值。回归系数为 0.7283，表明 TT 每增加 1%，FFV 会增加 0.7283%，即技术培训对香蕉家庭农场产值具有提高作用。种植面积与技术培训对产值的影响是符合一般农业产值影响规律的。

表 8-57　香蕉家庭农场内部变量对产值固定影响结果

固定效应	回归系数	标准误	T 检验	自由度	P 值
组织产量的平均值，β_0					
截距 2，γ_{00}	4.264 4	0.143 0	29.809	9	<0.001
$\ln PA$ 斜率，β_1					
截距 2，γ_{10}	0.646 5	0.533 7	2.264	116	0.049
$\ln HR$ 斜率，β_2					
截距 2，γ_{20}	-0.601 7	0.462 5	-1.301	116	0.196
$\ln OFU$ 斜率，β_3					
截距 2，γ_{30}	0.293 3	0.510 3	0.575	116	0.567
$\ln TT$ 斜率，β_4					
截距 2，γ_{40}	0.728 3	0.114 6	6.354	116	<0.001
随机效应	标准误	方差成分	自由度	卡方值	P 值
层二，u_0	0.454 5	0.206 5	9	125.326 4	<0.001
层一，r	0.495 3	0.245 4			

4. 香蕉家庭农场内部变量对产值随机影响的结果分析

为了分析香蕉家庭农场内部变量对合作社产值的影响，建立不包括层二解释变量的回归模型。将层一的解释变量引入模型中，得到变量相对接近统计显著的随机系数效应模型如下：

层一模型：$\ln FFV_{ij} = \beta_{0j} + \beta_{1j} \ln PA_{ij} + \beta_{2j} \ln HR_{ij} + \beta_{3j} \ln OFU_{ij} + \beta_{4j} \ln TT_{ij} + r_{ij}$；

层二模型：$\beta_{0j} = \gamma_{00} + u_{0j}$，$\beta_{1j} = \gamma_{10} + u_{1j}$，$\beta_{2j} = \gamma_{20} + u_{2j}$，$\beta_{3j} = \gamma_{30} + u_{3j}$，$\beta_{4j} = \gamma_{40} + u_{4j}$。

其中，层一模型中的解释变量都是用组中心化后的数据运算的。

由表 8-58 知，不同地区的截距，变量 $\ln HR$、$\ln FU$、$\ln OFU$、$\ln TT$ 的斜率存在较大的差异。

表 8-58　香蕉家庭农场层一最小二乘回归估计截距与斜率结果

地区	截距	$\ln PA$ 斜率	$\ln HR$ 斜率	$\ln FU$ 斜率	$\ln OFU$ 斜率
1	4.647 0	0.854 8	-2.169 4	0.148 0	1.573 9
2	4.035 5	0.526 3	0.582 0	0.111 4	0.053 8
3	5.251 8	0.674 5	-0.297 7	-0.559 0	0.737 2

续表

地区	截距	lnPA 斜率	lnHR 斜率	lnFU 斜率	lnOFU 斜率
4	4.140 5	−0.185 9	0.860 7	−0.006 1	0.450 2
5	3.726 4	−0.868 6	1.485 4	0.745 1	0.520 9
6	4.782 1	0.201 9	0.870 3	0.062 9	−0.017 1
7	4.627 0	−41.954 6	34.498 6	8.544 4	12.454 6
8	3.721 6	1.450 2	−4.980 6	3.193 9	0.774 9
9	4.054 2	−2.652 6	2.713 6	2.486 2	−0.426 8
10	4.084 3	3.542 5	−2.198 8	−1.182 5	0.583 5

香蕉家庭农场内部变量对产值随机影响的结果见表 8-59。

表 8-59 香蕉家庭农场内部变量对产值随机影响结果

固定效应	回归系数	标准误	T 检验	自由度	P 值
组织产量的平均值，β_0					
截距 2, γ_{00}	4.263 4	0.142 2	29.962	9	<0.001
lnPA 斜率，β_1					
截距 2, γ_{10}	0.713 6	0.312 4	2.284	9	0.048
lnHR 斜率，β_2					
截距 2, γ_{20}	−0.257 4	0.307 6	−0.837	9	0.424
lnOFU 斜率，β_3					
截距 2, γ_{30}	0.207 7	0.243 3	0.854	9	0.415
lnTT 斜率，β_4					
截距 2, γ_{40}	0.234 3	0.084 5	2.770	9	0.022
随机效应	标准误	方差成分	自由度	卡方值	P 值
层二					
截距 1, u_0	0.456 0	0.207 9	7	149.330 6	<0.001
lnPA 斜率，u_1	0.568 4	0.323 0	7	12.567 6	0.083
lnHR 斜率，u_2	0.431 7	0.186 3	7	12.226 5	0.093
lnOFU 斜率，u_3	0.599 8	0.359 8	7	6.052 3	>0.500
lnTT 斜率，u_4	0.264 0	0.069 7	7	20.552 3	0.005
层一					
r	0.453 7	0.205 9			

由表 8-57 和表 8-59 知，变量 lnPA、lnHR、lnOFU、lnTT 的系数存在一定的差异，这是由于表 8-57 中的数值是变量 lnPA、lnHR、lnOFU、lnTT 的系数为固定系数，而表 8-59 中的数是变量的系数为随机系数。

同时，由表 8-59 的随机部分可知，截距（β_0）与 lnTT 的系数在各个地区之间存在显著性差异，即香蕉家庭农场产值的平均值，以及变量 lnTT 与 lnFFV 之间的关系随着地区的不同而显著不同。嵌入性变量可以对地区不同（变异）给出一定程度上的解释。

5. 香蕉家庭农场嵌入性变量对产值影响效应分析

为了解释变量截距，以及变量 $\ln TT$ 与 $\ln FFV$ 之间的关系随着地区的不同而显著不同的原因，将嵌入性变量引入 β_{0j}、β_{4j}，得到变量相对接近显著的全模型：

层一模型：$\ln FFV_{ij} = \beta_{0j} + \beta_{1j} \ln PA_{ij} + \beta_{2j} \ln HR_{ij} + \beta_{3j} \ln OFU_{ij} + \beta_{4j} \ln TT_{ij} + r_{ij}$；

层二模型：$\beta_{0j} = \gamma_{00} + \gamma_{01} URB_j + \gamma_{02} BEE_j + u_{0j}$，$\beta_{1j} = \gamma_{10}$，

$\beta_{2j} = \gamma_{20}$，$\beta_{3j} = \gamma_{30}$，$\beta_{4j} = \gamma_{40} + \gamma_{41} BEE_j + u_{4j}$。

其中，层一与层二模型中的解释变量都是用组中心化后的数据运算的。层二模型的结果见表 8-60。

表 8-60　香蕉家庭农场嵌入性变量对产值影响效应结果

固定效应	回归系数	标准误	T 检验	自由度	P 值
组织产量的平均值，β_0					
截距 2，γ_{00}	4.264 05	0.114 07	37.378	7	<0.001
URB，γ_{01}	0.029 5	0.019 2	1.532	7	0.169
BEE，γ_{02}	-0.187 5	0.101 1	-1.853	7	0.106
$\ln PA$ 斜率，β_1					
截距 2，γ_{10}	0.049 8	0.453 2	0.110	107	0.913
$\ln HR$ 斜率，β_2					
截距 2，γ_{20}	0.446 7	0.316 7	1.410	107	0.161
$\ln OFU$ 斜率，β_3					
截距 2，γ_{30}	0.479 1	0.295 1	1.623	107	0.107
$\ln TT$ 斜率，β_4					
截距 2，γ_{40}	0.133 4	0.116 2	1.148	7	0.289
BEE，γ_{41}	0.092 4	0.023 2	3.975	7	0.005
随机效应	标准误	方差成分	自由度	卡方值	P 值
层二					
截距 1，u_0	0.106 6	0.065 3	6	82.047 0	<0.001
$\ln TT$ 斜率，u_4	0.099 6	0.009 9	6	4.342 6	>0.500
层一					
r	0.463 1	0.214 5			

由表 8-59 与表 8-60 可计算出嵌入性变量对 β_{0j}、β_{4j} 的方差成分解释程度，见表 8-61。

表 8-61　香蕉家庭农场嵌入性变量所解释的方差成分和程度

随机效应	加入嵌入性变量前	加入嵌入性变量后	解释程度/%
截距 1，u_0	0.207 9	0.065 3	68.59
$\ln TT$ 斜率，u_3	0.069 7	0.009 9	85.79

由表 8-61 可知，嵌入性变量对截距，以及 $\ln TT$ 与 $\ln FFV$ 之间关系的变异有较好的解释，因此，层二模型较为合理。层二模型的具体分析由表 8-60 可知：

1) URB 为正向显著影响香蕉家庭农场产值的变量，体现了城市文化嵌入对香蕉家庭农场产值的影响。回归系数为 0.0295，表明城市化率每增加 1%，香蕉家庭农场产值将增加 0.0295%，这说明城市化文化嵌入的提高能促进香蕉家庭农场产值增加。具体原因见本章第一节第三部分（四）的 1）中 URB 的解释。

BEE 为负向显著影响香蕉家庭农场产值的变量，体现了经济嵌入对香蕉家庭农场产值的影响。回归系数为-0.1875，表明当地农民人均纯收入每提高 1 万元，即当地农民人均纯收入提高 100 元，BEE 的回归系数值将降低 0.0018，这说明经济嵌入的提高能抑制香蕉家庭农场产值增加。具体原因见本章第二节的第二部分（一）的 5 中 BEE 的解释。

2) BEE 为正向显著调节 $\ln TT$ 与 $\ln FFV$ 之间关系的变量，体现了经济嵌入对香蕉家庭农场的技术培训与产值之间的关系的影响。回归系数为 0.0924，表明当地农民人均纯收入每提高 1 万元，即当地农民人均纯收入提高 100 元，香蕉家庭农场的技术培训与产值之间的正向关系将增加 0.0009，这表明农民人均纯收入水平高的地区技术培训的边际产值要高于农民人均纯收入水平低的地区，同时也说明了农民人均纯收入水平的提高将加强技术培训与香蕉家庭农场产值之间的正向关系。这是由于农民人均纯收入水平高的地区教育水平相对较高，香蕉家庭农场招聘到社员的人力资本水平较高，因而培训的效果较好。

（二）香蕉家庭农场产量影响因素的实证分析

1. 香蕉家庭农场产量变异（方差）的分解

运用零模型将香蕉家庭农场产量的变异分解成能由层一（香蕉家庭农场内部因素）和层二（社会嵌入性因素）解释的部分，并依据组内相关系数决定是否建立多层统计模型。

层一模型：$\ln FFY_{ij} = \beta_{0j} + r_{ij}$；

层二模型：$\beta_{0j} = \gamma_{00} + u_{0j}$。

其中，FFY_{ij} 表示合并后的第 j 个地区的第 i 个组织的效率值，$j=1,2,\cdots,10$，$i=1,2,\cdots,n_j$，n_j 表示第 j 个地区的组织个数，r 表示层一随机误差，u 表示层二随机误差。

由表 8-62 知,香蕉家庭农场产量对数（lnFFY）的平均值在各地区之间有着显著的差异,由社会嵌入性因素解释的差异程度,可用组内相关系数 $\rho = 0.0949/（0.0949+0.1317）\approx 41.88\%$ 表示,只有约 58.12% 的差异可以用香蕉家庭农场内部因素解释。这表明各地区香蕉家庭农场产量影响机制较为复杂,仅仅考虑香蕉家庭农场内部因素是不够的。因此,在研究香蕉家庭农场产量的影响因素时,必须引入嵌入性变量。

表 8-62 香蕉家庭农场产量变异的分解结果

随机效应	标准误	方差成分	自由度	卡方值	P 值
层二,u_0	0.308 1	0.094 9	9	92.829	<0.001
层一,r	0.362 9	0.131 7			

2. 香蕉家庭农场内部变量对产量影响的结果分析

为了分析香蕉家庭农场内部变量对产值的影响,建立不包括层二自变量的回归模型。将层一的解释变量引入模型中,得到变量相对接近统计显著的固定系数效应模型如下:

层一模型:$\ln FFY_{ij} = \beta_{0j} + \beta_{1j} \ln PA_{ij} + \beta_{2j} \ln HR_{ij} + \beta_{3j} \ln FU_{ij} + \beta_{4j} \ln OFU_{ij} + r_{ij}$;

层二模型:$\beta_{0j} = \gamma_{00} + u_{0j}, \beta_{1j} = \gamma_{10} + u_{1j}, \beta_{2j} = \gamma_{20} + u_{2j}, \beta_{3j} = \gamma_{30} + u_{3j}, \beta_{4j} = \gamma_{40} + u_{4j}$。

其中,层一模型中的解释变量都是用组中心化后的数据运算的。

由表 8-63 知,不同地区的截距,变量 lnPA、lnHR、lnFU、lnOFU 的斜率存在较大的差异。

表 8-63 香蕉家庭农场层一变量最小二乘回归估计截距与斜率结果

地区	截距	lnPA 斜率	lnHR 斜率	lnFU 斜率	lnOFU 斜率
1	5.993 1	0.437 8	-0.131 4	-0.299 8	1.022 6
2	5.493 6	0.396 9	0.112 2	0.326 4	0.109 1
3	5.962 4	0.929 0	0.103 2	-0.027 0	0.199 8
4	5.712 5	2.533 1	0.970 1	-2.942 6	1.057 1
5	5.271 2	0.052 2	0.425 3	0.430 9	0.312 1
7	5.896 2	-0.205 3	0.081 1	0.755 8	0.389 6
8	5.063 5	0.386 1	-0.096 2	0.404 9	0.205 2
9	5.346 5	-0.449 0	0.248 9	0.836 7	0.403 6
10	5.353 8	-0.010 3	0.005 7	0.677 0	0.316 6

香蕉家庭农场内部变量对产量影响的结果见表 8-64。

表 8-64 香蕉家庭农场内部变量对产量影响结果

解释变量	回归系数和显著性检验			方差成分和显著性检验	
	回归系数	标准误	T 检验	方差成分	卡方值
对于截距 1,β_0					
截距 2,γ_{00}	5.586 8**	0.097 3	57.397	0.105 0**	5700.937
$\ln PA$ 斜率,β_1					
截距 2,γ_{10}	0.384 2**	0.093 2	4.118	0.046 4*	17.128
$\ln HR$ 斜率,β_2					
截距 2,γ_{20}	0.013 1	0.033 8	0.389	0.008 6	11.147
$\ln FU$ 斜率,β_3					
截距 2,γ_{30}	0.237 2*	0.096 6	2.456	0.068 1**	54.979
$\ln OFU$ 斜率,β_4					
截距 2,γ_{40}	0.364 1**	0.083 0	4.387	0.046 5	11.785

* $P<0.05$,** $P<0.01$

$\ln PA$ 为正向显著影响香蕉家庭农场产量的变量。回归系数 β_1 值为 0.3842,表明 PA 每增加 1%,FFY 会增加 0.3842%,即种植面积对香蕉家庭农场产量具有提高作用。$\ln FU$ 为正向显著影响香蕉家庭农场产量的变量。回归系数 β_2 值为 0.2372,表明 FU 每增加 1%,FFY 会增加 0.2372%,即化肥对香蕉家庭农场产量具有提高作用。$\ln OFU$ 为正向显著影响香蕉家庭农场产量的变量。回归系数 β_4 值为 0.3641,表明 OFU 每增加 1%,FFY 会增加 0.3641%,即有机肥施用对香蕉家庭农场产量具有提高作用。种植面积、人力资本、化肥及有机肥的施用量对产值的影响是符合一般农业产值影响规律的。

同时,由表 8-63 可知,截距(β_0)与 $\ln PA$、$\ln FU$ 的系数在各个地区之间存在显著性差异,即各个香蕉家庭农场产量的平均值,以及变量 $\ln PA$、$\ln FU$ 与 $\ln FFY$ 之间的关系随着地区的不同而显著不同。嵌入性变量可以对地区不同(变异)给出一定程度上的解释。

3. 香蕉家庭农场嵌入性变量对产量影响效应分析

为了解释变量截距,以及 $\ln PA$、$\ln FU$ 与 $\ln FFY$ 之间关系的地区变异,将嵌入性变量引入 β_{0j}、β_{1j}、β_{3j},得到变量相对接近显著的全模型:

层一模型:$\ln FFY_{ij} = \beta_{0j} + \beta_{1j} \ln PA_{ij} + \theta_2 \ln HR_{ij} + \beta_{3j} \ln FU_{ij} + \theta_4 \ln OFU_{ij} + r_{ij}$;

层二模型:$\beta_{0j} = \gamma_{00} + \gamma_{01} URB_j + \gamma_{02} BEE_j + \gamma_{03} PC_j + u_{0j}$,

$$\beta_{1j} = \gamma_{10} + \gamma_{11}MAR_j + u_{1j}, \quad \theta_2 = \gamma_{20},$$
$$\beta_{3j} = \gamma_{30} + \gamma_{31}URB_j + \gamma_{32}BEE_j + \gamma_{33}PY_j + \gamma_{34}PC_j + u_{2j}, \theta_4 = \gamma_{40}。$$

其中，层一与层二模型中的解释变量都是用组中心化后的数据运算的。层二模型的结果见表 8-65。

表 8-65 香蕉家庭农场嵌入性变量对产量影响效应结果

解释变量	回归系数	标准误	T检验	自由度	P值
截距 1，β_0					
截距 2，γ_{00}	5.587 1	0.040 7	137.093	5	<0.001
URB，γ_{01}	0.030 2	0.005 3	5.650	5	0.005
BEE，γ_{02}	-0.161 2	0.032 5	-4.949	5	0.008
PC，γ_{03}	0.693 6	0.188 9	3.671	5	0.021
lnPA 斜率，β_1					
截距 2，γ_{10}	0.380 9	0.141 8	2.686	8	0.028
MAR，γ_{11}	-0.009 5	0.006 8	-1.395	8	0.200
lnHR 斜率，θ_2					
截距 2，γ_{20}	0.013 1	0.046 7	0.282	98	0.785
lnFU 斜率，β_3					
截距 2，γ_{30}	0.238 3	0.092 3	2.581	6	0.061
URB，γ_{31}	0.044 9	0.011 2	3.994	6	0.016
BEE，γ_{32}	-0.175 7	0.065 4	-2.687	6	0.055
PY，γ_{33}	0.143 4	0.025 3	5.666	6	0.005
PC，γ_{34}	-1.224 9	0.306 9	-3.990	4	0.016
lnOFU 斜率，θ_4					
截距 2，γ_{40}	0.382 2	0.044 3	8.615	98	<0.001

由表 8-64 与表 8-65 可计算出嵌入性变量对 β_{0j}、β_{1j}、β_{3j} 的方差成分解释程度，见表 8-66。

表 8-66 香蕉家庭农场嵌入性变量所解释的方差成分和程度

随机效应	加入嵌入性变量前	加入嵌入性变量后	解释程度/%
截距 1，u_0	0.105 0	0.016 4	84.38
lnPA 斜率，u_1	0.046 4	0.009 7	78.99
lnFU 斜率，u_3	0.068 1	0.020 2	70.24

由表 8-66 可知，嵌入性变量对截距，以及 lnPA，lnFU 与 lnFFY 之间关系的变异有较好的解释，因此，层二模型较为合理。层二模型的具体分析由表 8-65 可知：

1）URB 为正向显著影响香蕉家庭农场产量的变量，体现了城市文化嵌入对香蕉家庭农场产量的影响。回归系数为 0.0302，表明城市化率增加 1%，香蕉家庭农场产量将增加 0.0302%，这说明城市化文化嵌入的提高能促进香蕉家庭农场产量增加。具体原因见本章第一节第四部分（四）中 1）URB 的解释。

BEE 为负向显著影响香蕉家庭农场产量的变量，体现了经济嵌入对香蕉家庭农场产量的影响。回归系数为-0.1612，表明当地农民人均纯收入每提高 1 万元，即当地农民人均纯收入每提高 100 元，BEE 的回归系数值将降低 0.0016，这说明经济嵌入的提高能抑制香蕉家庭农场产量增加。具体原因见本章第一节第四部分（四）中（1）BEE 的解释。

PC 为正向显著影响香蕉家庭农场产量的变量，体现了关系嵌入对香蕉家庭农场产量的影响。回归系数为 0.6936，表明香蕉产业组织之间交流次数从 3 次以下增加至 4 次以上，PC 的回归系数值将增加 0.6936，这说明关系嵌入的提高能促进香蕉家庭农场产量增加。具体原因见本章第二节第二部分（二）中 4 的 1）中 PC 的解释。

2）$\ln PA$ 斜率，β_1 方程中，MAR 影响没达到显著，影响不大。

3）URB 为正向显著调节 $\ln FU$ 与 $\ln FFY$ 之间关系的变量，体现了城市文化嵌入对香蕉家庭农场化肥施用量与产量之间关系的影响。回归系数为 0.0449，表明城市化率增加 1 个单位，香蕉家庭农场化肥施用量与产量之间的正向关系将增加 0.0449，这表明城市化率高的地区化肥施用量的边际产量要高于城市化率低的地区。同时也说明了城市化率的提高将加强化肥施用量与产量之间的正关系。这是由于城市化率高地区的香蕉家庭农场员工文化素质也较高，施肥技术掌握的较好，有利于香蕉家庭农场产量的提高。

BEE 为负向显著调节 $\ln FU$ 与 $\ln FFY$ 之间关系的变量，这体现了经济嵌入对香蕉家庭农场化肥施用量与产量之间关系的影响。回归系数为-0.1757，表明当地农民人均纯收入提高 1 万元，即当地农民人均纯收入提高 100 元，香蕉家庭农场化肥施用量与产量之间的正向关系将减少 0.00017，这表明农民人均纯收入高的地区化肥施用量的边际产量要低于农民人均纯收入低的地区。同时也说明了农民人均纯收入的提高将削弱化肥施用量与产量之间的正关系。在目前家庭农场人员平均收入还不是很高的情形下，当地农民人均纯收入增加会降低家庭农场人员种植的积极性，有的成员会从事收入更高工作，抑制了香蕉家庭农场产量的提高。

PY 为正向显著调节 $\ln FU$ 与 $\ln FFY$ 之间关系的变量，这体现了认知嵌入对香蕉家庭农场化肥施用量与产量之间关系的影响。回归系数为-0.1434，表明香蕉家庭农场负责人种植年限增加一年，香蕉家庭农场化肥施用量与产量之间的正向关系将增加 0.1434，这表明香蕉家庭农场负责人种植年限长的地区化肥施用量的边际产量要高于香蕉家庭农场负责人种植年限短的地区。同时也说明了香蕉家庭农场负责人种植年限的增加将有组织与化肥施用量与产量之间的正关系。具体原因见本章第一节第四部分（四）中4）*PY*的解释。

PC 为负向显著调节 $\ln FU$ 与 $\ln FFY$ 之间关系的变量，这体现了关系嵌入对香蕉家庭农场化肥施用量与产量之间关系的影响。回归系数为-1.2249，表明香蕉产业组织之间交流次数从 3 次以下增加至 4 次以上，香蕉家庭农场化肥施用量与产量之间的正向关系将减少-1.2249，这是由于在实际的交流中，经常提到过多使用化肥会导致枯萎病的产生，从而抑制了化肥的施用。

第三节　结论与建议

一、结论

（一）总组织的结论

1）实证分析了香蕉产业组织影响因素对产量（产值）的影响与作用路径。对产量的影响，在产量整体差异中，12.18% 的份额是由社会嵌入性不同造成的；显著性直接影响因素为种植面积、人力资本、化肥施用量、有机肥施用量；显著性间接影响因素为市场文化嵌入、政治嵌入、经济嵌入、认知嵌入、关系嵌入、结构嵌入；既是显著性直接影响又是显著性间接影响因素为城市文化嵌入，既能直接正向影响香蕉产业组织产量，又能调节种植面积、人力资本与香蕉产业组织产量之间的关系。对产值的影响，在产值整体差异中，10.52% 的份额是由社会嵌入性不同造成的；显著性直接影响因素为种植面积、人力资本、化肥施用量、有机肥施用量、城市文化嵌入、市场文化嵌入、认知嵌入；间接影响因素为政治嵌入、经济嵌入。

2）嵌入性视角下香蕉产业组织产量（产值）影响因素的实证分析也是建立产业组织产量影响因素的嵌入性理论实证分析方法的一种尝试，实证分析结果将有助于改善新经济社会学的嵌入性理论缺乏实证分析的局面。

（二）分组织的结论

1. 公司结论

1）实证分析了香蕉公司影响因素对产量（产值）的影响。对产量的影响，在产量整体差异中，53.33% 的份额是由社会嵌入性不同造成的；显著直接影响效率因素为种植面积、有机肥施用量为正向，化肥施用量为负向；政治嵌入既能正向显著直接影响产量又能和认知嵌入及结构嵌入共同调节人力资本、有机肥施用量与产量之间的关系。对产值的影响，在产值整体差异中，46.78%的份额是由社会嵌入性不同造成的；显著性直接影响因素为种植面积、化肥施用量；间接影响因素为认知嵌入、结构嵌入；政治嵌入既能直接影响产值又能调节人力资本、有机肥施用量与产值之间的关系。

2) 嵌入性视角下香蕉公司产量（产值）的影响因素实证分析也是建立公司产值影响因素的嵌入性理论实证分析方法的一种尝试。

2. 合作社

1) 实证分析了香蕉合作社影响因素对产量（产值）的影响。对产量的影响，在产量整体差异中，32.4%的份额是由社会嵌入性不同造成的；显著直接影响效率因素为种植面积、化肥施用量、有机肥施用量、城市文化嵌入、经济嵌入、政治嵌入；间接影响因素为结构嵌入；关系嵌入既能显著直接影响产量又能调节种植面积与产量之间的关系。对产值的影响，在产值整体差异中，27.29%的份额是由社会嵌入性不同造成的；显著性直接影响因素为化肥施用量、技术培训、城市文化嵌入、经济嵌入、关系嵌入；政治嵌入既能直接影响产值又能调节有机肥施用量、技术培训与产值之间的关系。

2) 嵌入性视角下香蕉合作社产量（产值）的影响因素实证分析也是建立合作社产量（产值）影响因素的嵌入性理论实证分析方法的一种尝试。

3. 产业联盟

1) 实证分析了香蕉产业联盟影响因素对产量（产值）的影响。对产量的影响，在产量整体差异中，37.61%的份额是由社会嵌入性不同造成的；显著直接影响效率因素为种植面积、人力资本、有机肥施用量、城市文化嵌入、市场文化嵌入、经济嵌入、关系嵌入；政治嵌入既能显著直接影响产量又能调节人力资本、有机肥施用量与产量之间的关系。对产值的影响，在产值整体差异中，58.85%的份额是由社会嵌入性不同造成的；显著性直接影响因素为化肥施用量、有机肥施用量、技术培训；间接影响因素为资金关系嵌入；经济嵌入既能直接影响产值又能调节人力资本与产值之间的关系。

2) 嵌入性视角下香蕉产业联盟产量（产值）影响因素的实证分析也是建立产业联盟产量（产值）影响因素的嵌入性理论实证分析方法的一种尝试。

4. 家庭农场结论

1) 实证分析了香蕉家庭农场影响因素对产量（产值）影响与作用路径。对产量的影响，在产量整体差异中，41.88%的份额是由社会嵌入性不同造成的；种植面积、化肥施用量、有机肥施用量为正向显著直接影响产量因素；城市文化嵌入、经济嵌入、认知嵌入既能显著直接影响产量又能调节化肥施用量与产量之间的关系。对产值的影响，在产值整体差异中，30.5%的份额是由社会嵌入性不同造成的；显著性直接影响因素为种植面积、技术培训、城市文化嵌入；经济嵌入既能显著直接影响产值又能调节对技术培训与产值之间的关系。

2）嵌入性视角下香蕉家庭农场产量（产值）影响因素的实证分析也是建立家庭农场产量（产值）影响因素的嵌入性理论实证分析方法的一种尝试。

二、建议

（一）关于总组织的建议

以上关于嵌入性视角下产业组织产量（产值）影响因素的研究结论蕴含以下的政策启示：提高产业组织产量的政策制定时，既要考虑产业组织产量内部因素，也要考虑社会场景因素，即嵌入性因素；只有优化产业组织产量内部因素，同时合理促进嵌入性因素的发展，才能实现各地区产业组织产量的提高。具体策略为：

1）优化产业组织内部因素对提高产业组织产量（产值）的影响。增加有机肥的施用量，合理施用化肥，扩大种植面积要与人力资本水平的提高相匹配。

2）优化社会嵌入性因素对提高产业组织产量（产值）的影响。各地区应优化组合城市文化嵌入、市场文化嵌入、经济嵌入三者之间的关系，促进产业组织产量提高。

3）"两方面协调"，协调好社会场景因素对产业组织产量（产值）的作用。①种植面积与产量之间的关系可以通过城市文化嵌入、市场文化嵌入、经济嵌入、政治嵌入、认知嵌入调节。针对此点的政策方向为：以产业发展带动城市化进程；加强市场文化的宣传，鼓励创业，培育市场，推进市场化进程；提高农民人均收入；提高人均财政支出水平；鼓励种植年限短的人担任香蕉产业组织负责人。②人力资本与产量之间的关系可以通过城市文化嵌入、经济嵌入、政治嵌入、认知嵌入、关系嵌入调节。针对此点的政策方向为：加快城市文化进程；通过"一村一业"建设，提高农民人均收入；提高人均财政支出水平，精准投放财政支出；尽量选择种植年限长的人担任香蕉产业组织负责人；加强组织之间的交流。③化肥施用量、有积肥施用量与产量（产值）之间的关系可以通过市场文化嵌入、政治嵌入、认知嵌入调节。针对此点的政策方向为：加快市场化进程，提高人均财政支出水平，精准投放财政支出；尽量选择种植年限长的人担任香蕉产业组织负责人。

综合①、②、③可得"两方面协调"的对策：加强市场文化的宣传、鼓励创业、培育市场、加快以产业为基础的市场化进程；提高人均财政支出水平，精准投放财政支出；通过"一村一业"建设，提高农民人均收入；加强组织之间的交流；

香蕉产业组织负责人最好在种植年限适中的人中选择。

（二）关于分组织的建议

1. 公司

以上关于嵌入性视角下公司产量（产值）的研究结论蕴含以下的政策启示：提高香蕉公司产量（产值）的政策制定时，既要考虑香蕉公司内部因素，也要考虑社会嵌入性因素；只有优化香蕉公司内部因素，同时合理促进嵌入性因素的发展，才能实现各地区香蕉公司产量（产值）的提高。具体策略为：

1）优化公司内部因素对提高公司产量（产值）的影响。增加有机肥的施用量，适当增加化肥的施用量，加大培训力度；扩大种植面积要与人力资本水平的提高相匹配。

2）优化公司社会嵌入性因素对提高农业公司产量（产值）的影响。优化人均财政的支出。

3）"两方面协调"，协调好社会场景因素对公司的作用。

人力资本、有机肥施用量与产量（产值）之间的关系可以通过政治嵌入、认知嵌入及结构嵌入共同调节。因此，各地区应优化组合政治嵌入、认知嵌入及结构嵌入三者之间的关系，使人力资本、有机肥施用量更有利于产值的增长。

2. 合作社

以上关于嵌入性视角下香蕉合作社产量（产值）的研究结论蕴含以下的政策启示：提高香蕉合作社产量（产值）的政策制定时，既要考虑香蕉合作社内部因素，也要考虑社会嵌入性因素；只有优化香蕉合作社内部因素，同时合理促进嵌入性因素的发展，才能实现各地区香蕉合作社产量（产值）的提高。具体策略为：

1）优化香蕉合作社内部因素对提高农业合作社产量（产值）的影响。增加有机肥的施用量，适当增加化肥的施用量，加大技术培训力度。

2）优化合作社社会嵌入性因素对提高农业合作社产量（产值）的影响，加快城市文化进程，增加组织之间的交流次数，适度提高农民人均纯收入。

3）"两方面协调"，协调好社会场景因素对合作社的作用。

有机肥施用量、技术培训与产值之间的关系可以通过政治嵌入调节；种植面积、有机肥施用量与产量之间的关系可以通过结构嵌入调节。因此，各地区应优化人均财政的支出，鼓励合作社负责人担任村干部。

3. 产业联盟

以上关于嵌入性视角下产业联盟产量（产值）的研究结论蕴含以下的政策启

示：提高香蕉产业联盟产量（产值）的政策制定时，既要考虑香蕉产业联盟内部因素，也要考虑社会嵌入性因素；只有优化香蕉产业联盟内部因素，同时合理促进嵌入性因素的发展，才能实现各地区香蕉产业联盟产量（产值）的提高。具体策略为：

1）优化产业联盟内部因素对提高农业产业联盟产量（产值）的影响。增加有机肥的施用量，限制化肥的施用量；扩大种植面积要与人力资本水平的提高相匹配。

2）优化产业联盟社会嵌入性因素对提高产业联盟产量（产值）的影响，加快城市文化进程，增加组织之间的交流次数，适度提高市场化程度，适度提高农民人均纯收入。

3）"两方面协调"，协调好社会场景因素对产业联盟的作用。

人力资本、有机肥施用量与产量（产值）之间的关系可以通过政治嵌入调节。因此，各地区应优化人均财政的支出。

4．家庭农场

以上关于嵌入性视角下家庭农场产量（产值）影响因素的研究结论蕴含以下的政策启示：提高家庭农场产量（产值）的政策制定时，既要考虑家庭农场内部因素，也要考虑社会场景因素，即嵌入性因素；只有优化家庭农场内部因素，同时合理促进嵌入性因素的发展，才能实现各地区家庭农场产量（产值）的提高。具体策略为：

1）优化家庭农场内部因素对提高家庭农场产量（产值）的影响。增加有机肥的施用量，合理施用化肥，扩大种植面积要与人力资本水平的提高相匹配。

2）优化社会嵌入性因素对提高家庭农场产量（产值）的影响。各地区应优化组合城市文化嵌入、经济嵌入、认知嵌入三者之间的关系，促进家庭农场产量提高。

3）"两方面协调"，协调好社会场景因素对家庭农场的作用。

化肥施用量与产量之间的关系可以通过城市文化嵌入、经济嵌入、认知嵌入调节。因此，各地区应优化组合城市文化嵌入、经济嵌入、认知嵌入三者之间的关系，使化肥施用量更有利于产量的提高。针对此种情况，应加快城市化进程，适度提高农民人均收入，促进家庭农场负责人年轻化。

第九章 香蕉产业组织效率的实证分析

依据第八章第一节搜集的数据。首先,运用 Bootstrap-DEA 方法及超效-DEA 模型测算香蕉产业总组织及分组织的效率;其次,运用嵌入性视角的香蕉产业组织效率影响因素理论模型实证分析香蕉产业组织内部因素,以及社会嵌入性因素对效率的作用路径及影响程度;最后,概括结论并依据实证的结果提出相应的建议。

第一节 香蕉产业组织效率的测算

一、指标的选择

选取的投入指标为种植面积(亩)、人力资本、化肥施用量(吨)、有机肥施用量(吨)。其中,人力资本采用岳书敬等(2006)的做法,使用香蕉产业组织劳动力数量(L)和劳动力受教育年限(h)的乘积来表示,即 $H= L \cdot h$。产出指标:香蕉的总产量(吨)、总产值(万元)。

二、模型的选择

(一)超效率 DEA 模型

Charnes、Cooper 和 Rhode(1978)建立了基于规模报酬不变(CRS)的 C^2R 模型;Banker、Charnes 和 Cooper(1984)将规模报酬不变拓展到可变规模报酬(VRS),建立了 BC^2 模型。针对多个同时有效的决策单元(即效率评价值为 1),C^2R 和 BC^2 模型往往无法做出进一步评价与比较的情形,Andesen 和 Petersen(1993)建立了超效-DEA 模型(super-efficiency model)。

超效-DEA 模型的形式如下:

$$\min \theta - \varepsilon \left(\sum_{i=1}^{m} s_i^- + \sum_{r=1}^{s} s_r^+ \right)$$

$$\text{s.t.} \begin{cases} \sum_{\substack{j=1 \\ j \neq j_0}}^{n} \lambda_j x_{ij} + s_i^- \leq \theta x_{ij0}, \ i=1,2,\cdots,m, \\ \sum_{\substack{j=1 \\ j \neq j_0}}^{n} \lambda_j x_{ij} + s_r^+ \leq y_{rj0}, \ r=1,2,\cdots,s, \\ \sum_{j=1}^{n} \lambda_j = 1, \end{cases}$$

$$\lambda_j, s^-, s^+ \geq 0, \ j=1,2,\cdots,n_o$$

（二） Bootstrap-DEA 方法

严密的效率测量方法是准确评价农民专业合作社效率的必要条件。已有文献主要使用的是基于前沿理论的参数法（Boyle，2004；Hailu et al.，2007）和非参数法（Ariyaratne et al.，2000；Galdeano-Gòmez et al.，2006），这两种方法各有其优缺点。前者的优点是考虑了随机误差并对相关假设进行统计检验，缺陷是在假定之前就确定了具体的函数形式，且局限于单一产出；后者（主要是 DEA 方法）能克服前者的缺点。但是，传统 DEA 方法的缺陷也是非常明显的：①没有考虑随机误差；②难以确定所估计的效率值渐近分布的一般情形，该效率值对于总体效率水平的估计来说是有偏的、不一致的（Kniep et al.，2003）；③在估计置信区间时，对有限分布的未知参数的估计将产生额外噪声（Simar et al.，2000）。由 Simar 和 Wilson（1998；2000）发展起来的 Bootstrap 方法在某种程度上克服了传统 DEA 方法的缺陷。该方法采用重复自抽样方法来推断 DEA 估计量的经验分布，所得到的估计量在比较宽松的条件下与实际值具有一致性。实际上，到目前为止，Bootstrap 方法仍然是弥补 DEA 方法缺陷的唯一可行方法（Wilson，2006）。因此，本书采用 Bootstrap-DEA 方法测量合作社的效率。

基于前沿理论，本书把每一个农民专业合作社看作一个生产决策单位，设 p 为投入向量（记 $x \in R_+^p$），q 为产出向量（记 $y \in R_+^q$），产出 y 由投入 x 决定。于是，实际可获得点 (x, y) 可由生产集 $\psi = \{(x,y) \in R_+^{p+q}\}$ 得到描述。

根据 Simar 和 Wilson（2000）的假设，即 ψ 是凸的，可以构造生产可行性集 $\hat{\psi}$ 替代 ψ，有

$$\hat{\psi}(X_n) = \left\{(x,y) \in R_+^{p+q} \mid y \leq \sum_{i=1}^{n} \gamma_i y_i, x \leq \sum_{i=1}^{n} \gamma_i x_i \right\} \tag{9-1}$$

式中，X_n 为可观察的合作社样本，且有 $X_n = \{(x_i, y_i), i=1,2,\cdots,n\}$，$(x_i, y_i) \in \psi$，$i=1,2,\cdots,n$；$\gamma_i$ 表示第 i 个样本合作社投入或产出的比重，有 $\sum_{i=1}^{n} \gamma_i \leq 1$，$\gamma_i \geq 0$。对于给定的合作社投入-产出组合 (x_k, y_k)，容易得到使用 DEA

方法估计的效率值为 $\hat{\theta}(x_k, y_k)$。

Bootstrap 方法的基本思想是：通过重复抽样模拟数据生成过程（data generating process，DGP），并且在模拟样本中应用原始估计值，从而可以近似地得到原始估计值的样本分布（Simar et al.，1998）。假设 d 是 $\Phi = \{(x_i, y_i) | i = 1, 2, \cdots, n\}$ 的数据生成过程，如果 $\hat{d}$ 是 d 的一个一致估计量，则可以用已知的 Bootstrap 分布模拟未知的原始分布，有

$$(\hat{\theta}^*(x, y) - \hat{\theta}(x, y)) | \hat{d} \sim (\hat{\theta}(x, y) - \theta(x, y)) | d \text{。} \tag{9-2}$$

式中，$\theta(x, y)$ 是真实的效率测度值，$\hat{\theta}^*(x, y)$ 是 $\hat{d}$ 由 Bootstrap 方法生成的伪样本 $\Phi^* = \{(x_i^*, y_i^*) | i = 1, 2, \cdots, n\}$ 的效率值。

可以计算原始估计值 $\hat{\theta}(x, y)$ 的 Bootstrap 偏差估计：

$$bias_B[\hat{\theta}(x, y)] = B^{-1} \sum_{b=1}^{B} \hat{\theta}_b^*(x, y) - \hat{\theta}(x, y) \text{。} \tag{9-3}$$

式中，B 是重复抽样得到的样本个数。进一步地，计算得到 $\theta(x, y)$ 的纠偏估计值为

$$\hat{\hat{\theta}}(x, y) = \hat{\theta}(x, y) - bias_B[\hat{\theta}(x, y)] = 2\hat{\theta}(x, y) - B^{-1} \sum_{b=1}^{B} \theta_b^*(x, y) \text{。}$$

效率测量中的另一个重要问题是投入和产出的界定。一些学者将原材料（种子、化肥、农药、小型机械等）列为投入指标（Ariyaratne et al.，2000；Galdeano-Gómez，2008）。选取更多的投入指标可将细节问题考虑周全，但这会增加指标之间多重共线性的风险。为在避免多重共线性的情况下尽可能准确地反映现实，本书具体选取的投入指标为植面积（亩）、人力资本、化肥施用量（吨）、有机肥施用量（吨），产出指标为香蕉的总产量（吨）、总产值（万元）。

三、香蕉产业组织效率的测算结果

通过选取 4 个投入指标、2 个产出指标，运用 Bootstrap-DEA 和超效-DEA 模型，使用 MaxDEA6.5 分析得各个组织的效率值。总组织效率值见表 9-1，公司效率值见表 9-2，合作社、产业联盟、家庭农场效率值见表 9-3。其中，总组织效率值、公司效率值、合作社效率值、家庭农场效率值是运用 Bootstrap-DEA 模型得到的；产业联盟效率值是运用超效-DEA 模型得到的。

表 9-1 总组织效率值

效率范围	技术效率		纯技术效率		规模效率	
	数量	比重	数量	比重	数量	比重
0.2	0	0.00	0	0.00	0	0.00
0.2~0.3	0	0.00	2	0.37	0	0.00
0.3~0.4	16	2.96	12	2.22	0	0.00

续表

效率范围	技术效率		纯技术效率		规模效率	
	数量	比重	数量	比重	数量	比重
0.4~0.5	15	2.77	21	3.88	0	0.00
0.5~0.6	92	17.01	88	16.27	1	0.19
0.6~0.7	227	41.95	215	39.74	3	0.55
0.7~0.8	111	20.52	124	22.92	2	0.37
0.8~0.9	76	14.05	73	13.49	23	4.25
0.9	4	0.74	6	1.11	502	94.64
总数	541	100	541	100	541	100
平均值	0.666		0.670		0.999	

表9-2 公司效率值

效率范围	技术效率		纯技术效率		规模效率	
	数量	比重	数量	比重	数量	比重
0.2	0	0.00	0	0.00	0	0.00
0.2~0.3	0	0.00	0	0.00	0	0.00
0.3~0.4	0	0.00	0	0.00	0	0.00
0.4~0.5	1	0.62	1	0.62	0	0.00
0.5~0.6	5	3.11	8	4.97	0	0.00
0.6~0.7	76	47.21	65	40.37	2	1.24
0.7~0.8	49	30.43	49	30.44	2	1.24
0.8~0.9	26	16.15	29	18.01	6	3.73
0.9	4	2.48	9	5.59	151	93.79
总数	161	100	161	100	161	100
平均值	0.713		0.724		0.988	

表9-3 合作社、产业联盟、家庭农场效率值

效率范围	合作社效率		产业联盟效率		家庭农场效率	
	数量	比重	数量	比重	数量	比重
0.2	11	7.69	1	0.93	54	41.54
0.2~0.3	21	14.69	0	0.00	14	10.76
0.3~0.4	22	15.38	5	4.67	8	6.15
0.4~0.5	27	18.88	21	19.63	3	2.31
0.5~0.6	11	7.69	13	12.15	3	2.31
0.6~0.7	7	4.90	8	7.48	5	3.85
0.7~0.8	6	4.20	6	5.61	8	6.15
0.8~0.9	5	3.49	4	3.74	6	4.62
0.9	33	23.08	49	45.79	29	22.31
总数	143	100	107	100	130	100
平均值	0.631		0.779		0.544	

第二节 香蕉产业组织效率影响因素的实证分析

一、变量的选择

依据嵌入性和农业产业组织效率的影响因素理论,层一、层二变量选择如下。

层一变量:测得的香蕉产业组织的技术效率($BOTE$)、纯技术效率($BOPTE$)、规模效率($BOSE$)为层一被解释变量;管理人数(MN)、负债收入比(DIR)、种植规模(PS)、技术培训(TT)为解释变量。

层二变量:农业产业联盟效率的认知嵌入、关系嵌入、结构嵌入、文化嵌入、政治嵌入及经济嵌入为层二解释变量。

其中,综合运用农民专业合作社经营效率的影响因素分析结果获得层一解释变量:管理人数用每个组织的专职管理人数代替;负债收入比用每个组织种植香蕉贷款比香蕉总收入(%)表示;规模用种植面积大小表示(10亩以下=1;10~30亩=2;30~50亩=3;50~100亩=4;100~200亩=5;200~350亩=6;350亩以上=7);培训次数用每个组织每年技术培训次数表示。

基于产业联盟效率影响因素嵌入性的概括及数据的可得性获得层二解释变量:本书的认知嵌入(PY)用属于同一区域各产业联盟负责人种植年限的平均值表示;关系嵌入(PC)用属于同一区域每个产业联盟与其他农业组织交流次数的平均值表示;结构嵌入(VC)用属于同一区域各产业联盟的负责人是否是村干部的平均值表示(是用1表示,否用0表示);文化嵌入分为城市文化嵌入与市场文化嵌入,城市文化嵌入(URB)用属于同一区域各产业联盟所属县域的城市化率百分比平均值表示、市场文化嵌入(MAR)用属于同一区域各产业联盟所属县域的市场化率百分比平均值表示;政治嵌入(BPE)用属于同一区域各产业联盟所属县域的人均财政支出平均值(万元)表示;经济嵌入(BEE)用属于同一区域各产业联盟所属县域的农村居民家庭人均纯收入平均值(万元)表示。

层一、层二变量的描述性统计量见表9-4、表9-5。从中可以得知,目前香蕉产业组织技术效率、纯技术效率、规模效率、管理人数、技术培训、负债收入比、规模、城市文化嵌入、市场文化嵌入、政治嵌入、经济嵌入、认知嵌入、结构嵌入、关系嵌入差异较大。由此可以初步判断,香蕉产业组织发展不平衡。

表9-4 香蕉产业组织效率影响分析模型的层一变量描述性统计

变量名	样本点数	均值	标准差	最小	最大
$BOTE$	541	0.67	0.11	0.37	0.95

变量名	样本点数	均值	标准差	最小	续表 最大
BOPTE	541	0.67	0.11	0.25	0.95
BOSE	541	1.00	0.10	0.58	2.17
MN	541	2.40	2.65	1.00	33.00
TT	541	69.65	7.98	0	600
DIR	541	0.03	0.16	0	3.01
PS	541	4.97	1.73	2.00	7.00

表 9-5 香蕉产业组织效率影响分析模型的层二变量描述性统计

变量名	组织数	均值	标准差	最小	最大
URB	20	33.45	17.36	6.63	76.23
MAR	20	32.43	16.71	3.34	72.37
BEE	20	0.63	0.26	0.22	1.55
BPE	20	0.40	0.21	0.10	0.83
PY	20	10.75	3.01	6.19	16.92
VC	20	0.26	0.18	0	0.57
PC	20	0.64	0.13	0.39	0.87

二、实证结果分析

（一）技术效率分析

1. 香蕉产业组织技术效率变异（方差）的分解

运用零模型将香蕉产业组织技术效率的变异分解成能由层一（香蕉产业组织内部因素）和层二（社会嵌入性因素）解释的部分，并依据组内相关系数决定是否建立多层统计模型。

层一模型：$BOTE_{ij} = \beta_{0j} + r_{ij}$；

层二模型：$\beta_{0j} = \gamma_{00} + u_{0j}$。

其中，$BOTE_{ij}$ 表示第 j 个地区的第 i 个香蕉产业组织的技术效率值，$j=1,2,\cdots,20$，$i=1,2,\cdots,n_j$，n_j 表示第 j 个地区的组织个数，r 表示一层随机误差，u 表示二层随机误差。

由表 9-6 固定效应部分知，香蕉产业组织的平均技术效率为 0.6568；由随机效应部分知，香蕉产业组织技术效率（TE）的平均值在各地区之间有着显著的差异，这种差异由层二变量来解释的程度，可用技术效率的组内相关系数 $\rho = 0.0079$（0.0046+0.0079）≈62.29%来解释，即各地区香蕉产业组织技术效率平均值的差异约有 62.29% 可以用层二变量解释，从而说明在研究各地区香蕉产业组织技术效率时，必须引入层二变量。本节的层二变量为嵌入性变量。

表 9-6 香蕉产业组织技术效率变异的分解结果

固定效应	回归系数	标准误	T 检验	自由度	P 值
截距 1，β_0					
截距 2，γ_{00}	0.656 8	0.019 6	33.463	19	<0.001
随机效应	标准误	方差成分	自由度	卡方值	P 值
层二效应（地区间）	0.089 0	0.007 9	19	941.488 3	<0.001
层一效应（地区内）	0.067 9	0.004 6			

2. 香蕉产业组织内部变量对技术效率的固定影响结果分析

为了分析香蕉产业组织内部变量对组织技术效率的影响，建立不包括层二解释变量的回归模型。将层一的解释变量引入模型中，得到变量相对接近统计显著的固定系数效应模型如下：

层一模型：$BOTE_{ij} = \beta_{0j} + \beta_{1j}MN_{ij} + \beta_{2j}TT_{ij} + \beta_{3j}DIR_{ij} + \beta_{4j}PS_{ij} + r_{ij}$；

层二模型：$\beta_{0j} = \gamma_{00} + u_{0j}$，$\beta_{1j} = \gamma_{10}$，$\beta_{2j} = \gamma_{20}$，$\beta_{3j} = \gamma_{40}$，$\beta_{4j} = \gamma_{40}$。

其中，层一模型中的解释变量都是用组中心化后的数据运算的。

由表 9-7 知，种植规模为正向显著预期因子，回归系数值为 0.0062，表明种植规模每增加 1 个单位，技术效率会增加 0.0062 个单位，即香蕉产业组织的种植规模增加将促进组织技术效率提高。从种植规模对技术效率作用方向来看，结果与黄胜忠等（2008），以及徐旭初和吴彬（2010）的结果一致。管理人数、技术培训及负债收入比都没达到显著。

表 9-7 香蕉产业组织内部变量对技术效率的固定影响结果

固定效应	回归系数	标准误	T 检验	自由度	P 值
截距 1，β_0					
截距 2，γ_{00}	0.656 7	0.019 6	32.617	19	<0.001
MN	0.002 5	0.002 3	1.503	517	0.275
TT	-0.000 08	0.000 09	-0.842	517	0.400
DIR	-0.009 8	0.009 0	-1.086	517	0.278
PS	0.006 2	0.003 4	3.278	517	<0.001
随机效应	标准误	方差成分	自由度	卡方值	P 值
层二效应（地区间）	0.089 0	0.007 9	19	967.800 1	<0.001
层一效应（地区内）	0.067 0	0.004 4			

3. 香蕉产业组织内部变量对组织效率的随机影响结果分析

为了分析香蕉产业组织内部要素对组织技术效率的影响,建立不包括层二解释变量的回归模型。将层一的解释变量引入模型中,得到变量相对接近统计显著的随机系数效应模型如下:

层一模型:$BOTE_{ij} = \beta_{0j} + \beta_{1j}MN_{ij} + \beta_{2j}TT_{ij} + \beta_{3j}DIR_{ij} + \beta_{4j}PS_{ij} + r_{ij}$;

层二模型:$\beta_{0j} = \gamma_{00} + u_{0j}$,$\beta_{1j} = \gamma_{10} + u_{1j}$,$\beta_{2j} = \gamma_{20} + u_{2j}$,$\beta_{3j} = \gamma_{40} + u_{3j}$,$\beta_{4j} = \gamma_{40} + u_{4j}$。

其中,层一模型中的解释变量都是用组中心化后的数据运算的。

由表 9-8 知,各地区截距,以及管理人数、技术培训、负债收入比、种植规模的系数存在较大差异。

表 9-8　香蕉产业组织层一变量最小二乘回归估计截距与斜率结果

地区	截距	MN 斜率	TT 斜率	DIR 斜率	PS 斜率
1	0.783 0	-0.013 8	0.001 1	0.258 2	-0.009 5
2	0.812 4	-0.127 7	0.001 5	0.120 1	0.041 8
3	0.631 3	0.036 9	-0.000 6	-0.182 9	-0.011 4
4	0.632 5	0.005 7	0.000 2	-0.019 5	-0.016 1
5	0.605 7	-0.013 8	0.000 7	-0.374 6	0.012 5
6	0.627 3	-0.005 9	0.000 2	-0.047 9	0.015 8
7	0.552 6	0.040 4	-0.000 7	-0.325 8	0.022 9
8	0.599 9	0.006 5	-0.000 6	-0.040 2	0.010 5
9	0.565 9	-0.006 1	-0.000 7	-0.046 9	0.053 3
10	0.862 8	0.045 7	0.018 5	0.006 4	0.037 0

香蕉产业组织内部变量对技术效率的随机影响结果见表 9-9。

表 9-9　香蕉产业组织内部变量对技术效率的随机影响结果

固定效应	回归系数	标准误	T 检验	自由度	P 值
截距 1,β_0					
截距 2,γ_{00}	0.656 8	0.019 6	33.453	19	<0.001
MN	0.009 8	0.008 6	1.137	19	0.270
TT	-0.000 1	0.000 1	-1.152	19	0.264
DIR	0.018 6	0.019 4	0.956	19	0.351
PS	0.005 2	0.004 5	1.169	19	0.257

续表

随机效应	标准误	方差成分	自由度	卡方值	P 值
层二效应（地区间）					
平均效率	0.089 4	0.008 0	8	567.328 4	<0.001
MN	0.037 0	0.001 3	8	43.926 5	<0.001
TT	0.000 6	0.000 1	8	36.523 3	<0.001
DIR	0.080 9	0.006 5	8	18.043 1	0.021
PS	0.018 5	0.000 3	8	29.346 3	<0.001
层一效应（地区内）	0.055 1	0.003 0			

由表 9-9 固定效应部分可知，管理人数、技术培训、负债收入比、种植规模的系数与表 9-7 的数值具有一定的差异。这是由于表 9-7 是在管理人数、技术培训、负债收入比、种植规模的系数为固定值时的结果，而表 9-9 是在这些变量系数为随机值时的结果。

同时，由表 9-9 随机效应部分可知，技术效率的平均值（截距 β_0）、管理人数、技术培训、负债收入比、种植规模的系数在各个地区之间存在显著性差异，即香蕉产业组织效率的平均值随着地区的不同而显著不同，管理人数、技术培训、负债收入比、种植规模等变量与技术效率之间的关系随着地区的不同而显著不同。截距与关系的不同，需要引入嵌入性变量解释。

4. 嵌入性变量影响效应结果分析

为了解释变量截距，以及 GLRS 与 FSCE 之间的关系随着地区的不同而显著不同的原因，将嵌入性变量引入 $\beta_{0j}, \beta_{1j}, \beta_{2j}, \beta_{3j}, \beta_{4j}$，得到变量相对接近显著的全模型：

层一模型：$BOTE_{ij} = \beta_{0j} + \beta_{1j}MN_{ij} + \beta_{2j}TT_{ij} + \beta_{3j}DIR_{ij} + \beta_{4j}PS_{ij} + r_{ij}$；

层二模型：
$$\beta_{0j} = \gamma_{00} + \gamma_{01}URB_j + \gamma_{02}MAR_j + \gamma_{03}BPE_j + \gamma_{04}BEE_j + \gamma_{05}PC_j + \gamma_{06}VC_j + \gamma_{07}PY_j + u_{0j};$$

$$\beta_{1j} = \gamma_{10} + \gamma_{11}URB_j + \gamma_{12}MAR_j + \gamma_{13}BPE_j + \gamma_{14}BEE_j + \gamma_{15}PC_j + \gamma_{16}VC_j + \gamma_{17}PY_j + u_{1j}, \cdots,$$

$$\beta_{4j} = \gamma_{40} + \gamma_{41}URB_j + \gamma_{42}MAR_j + \gamma_{43}BPE_j + \gamma_{44}BEE_j + \gamma_{45}PC_j + \gamma_{46}VC_j + \gamma_{47}PY_j + u_{4j}。$$

其中，层一与层二模型中的解释变量都是用组中心化后的数据运算的。表 9-10 给出了嵌入性变量对技术效率影响的结果。

表 9-10 嵌入性影响效应结果

固定效应	回归系数	标准误	T 检验	自由度	P 值
截距 1，β_0					
截距 2，γ_{00}	0.656 7	0.012 3	53.285	12	<0.001
URB	0.000 7	0.001 5	0.458	12	0.655
MAR	-0.001 0	0.001 1	-0.905	12	0.383
BPE	0.242 2	0.076 2	3.178	12	0.008
BEE	-0.036 9	0.085 3	-0.433	12	0.673
PY	-0.014 3	0.005 3	-2.690	12	0.020
VC	0.075 4	0.080 4	0.937	12	0.367
PC	-0.146 9	0.114 8	-1.280	12	0.225
MN					
截距 2，γ_{10}	0.007 1	0.007 4	0.949	12	0.362
URB	-0.000 7	0.000 9	-2.455	12	0.024
MAR	-0.000 3	0.000 6	-0.434	12	0.672
BPE	-0.010 2	0.044 3	-0.232	12	0.820
BEE	0.111 9	0.052 7	3.295	12	<0.001
PY	0.004 3	0.003 3	1.324	12	0.210
PC	0.100 6	0.069 6	2.297	12	0.040
TT					
截距 2，γ_{20}	-0.000 1	0.000 1	-1.103	12	0.292
URB	0.000 01	0.000 01	0.627	12	0.543
MAR	-0.000 002	0.000 01	-0.132	12	0.897
BPE	-0.000 5	0.000 9	-0.491	12	0.632
BEE	-0.001 1	0.001 0	-1.029	12	0.324
PY	-0.000 09	0.000 06	-1.313	12	0.214
VC	0.000 9	0.001 0	0.894	12	0.389
PC	-0.002 0	0.001 4	-2.678	12	0.042
DIR					
截距 2，γ_{30}	0.000 04	0.055 5	0.001	12	0.999
URB	0.010 6	0.006 5	9.563	12	<0.001
MAR	-0.008 0	0.004 5	-5.904	12	<0.001
BPE	0.412 2	0.490 6	0.840	12	0.417
BEE	-0.745 4	0.576 6	-7.459	12	<0.001
PY	-0.001 5	0.029 7	-0.053	12	0.959
VC	-0.044 1	0.412 4	-0.107	12	0.916
PC	0.206 0	0.313 3	0.657	12	0.523
PS					
截距 2，γ_{40}	0.005 7	0.004 2	1.350	12	0.202

固定效应	回归系数	标准误	T检验	自由度	P值
URB	-0.000 002	0.000 5	-0.004	12	0.997
MAR	0.000 09	0.000 3	0.251	12	0.806
BPE	-0.038 7	0.025 7	-4.863	12	<0.001
BEE	-0.033 7	0.031 7	-3.217	12	<0.001
PY	0.000 3	0.001 9	0.206	12	0.840
VC	0.041 6	0.029 6	3.275	12	<0.001
PC	-0.008 7	0.041 0	-0.214	12	0.834
随机效应	标准误	方差成分	自由度	卡方值	P值
层二效应（地区间）					
平均效率	0.054 0	0.002 9	1	48.004 6	<0.001
MN	0.027 9	0.000 3	1	20.748 7	<0.001
TT	0.000 59	0.000 0	1	12.883 8	<0.001
DIR	0.044 8	0.002 0	1	4.784 8	0.027
PS	0.015 6	0.000 1	1	15.845 2	<0.001
层一效应（地区内）	0.054 9	0.003 0			

由表 9-9 与表 9-10 随机效应的方差成分可计算出嵌入性变量对 β_{0j}、β_{1j}、β_{2j}、β_{3j}、β_{4j} 的方差成分解释程度，见表 9-11。

表 9-11 嵌入性变量所解释的方差成分和程度

随机效应	加入嵌入性变量前	加入嵌入性变量后	解释程度/%
平均效率	0.008 0	0.002 9	63.75
MN	0.001 3	0.000 3	76.92
TT	0.000 1	0.000 0	100
DIR	0.006 5	0.002 0	69.23
PS	0.000 3	0.000 1	66.67

由表 9-11 可知，嵌入性变量对效率的变异有较好的解释。具体解释由表 9-10 可知：

1）政治嵌入对地区技术平均效率的影响达到正向显著。从数值上看，回归系数为 0.2422，表明地区人均财政支出每增加 1 万元，即地区人均财政支出每增加 100 元，技术平均效率将增加 0.0024 个单位。这体现了政治嵌入对香蕉产业组织效率的影响。同时，也表明了提高人均财政支出水平有助于地区提高技术平均效率。这是由于人均财政支出水平提高，能促进该地区的教育水平、信息化水平及大众文化素质的提高，有利于香蕉产业组织成员更好地掌握技术，从而促进香蕉产业组织技术提高。从人均财政支出对农业产业组织效率作用方向来看，结果与 Galdeano-Gòmez 等（2006）的结果一致。

认知嵌入对地区技术平均效率影响均达到负向显著。从数值上看，认知嵌入每增加 1 个单位，即产业组织负责人种植年限每增加一年，地区技术平均效率将减少 0.0144 个单位。这体现了认知嵌入对香蕉产业组织效率的影响。同时，也表明了负责人的香蕉种植年限增加能抑制地区技术平均效率的提高。这是因为一方面，种植年限越长负责人的学历越低，而学历越低的人越不愿意采用新技术（夏勇开等，2011），抑制了香蕉产业组织技术与纯技术的提高；另一方面，负责人的香蕉种植年限越长，风险意识越强，阻碍规模扩大。

2）城市文化嵌入对管理人数与技术效率之间关系的调节达到了负向显著。从数值上看，城市文化嵌入每增加 1 个单位，即城市化率增加 1 个单位，管理人数与技术效率之间的正向关系将减少 0.0007 个单位。即城市化率高的地区管理人数的边际技术效率要低于城市化率低的地区。这是由于实际情况是城市化率高的地区，农业产业组织成员的文化素质相对较高，能较好地理解管理者的意图，减少低效的沟通，因而不需要过多的管理者，组织成员就能够较好地完成工作。同时也表明每个管理者能管理更多的人，从而能体现出管理的规模效率。

经济嵌入对管理人数与技术效率之间关系的调节达到了正向显著。从数值上看，回归系数为 0.1119，表明农民人均收入每增加 1 万元，即农民人均收入每增加 100 元，管理人数与技术效率之间的正向关系将增加 0.0011 个单位。即农民人均纯收入高的地区，其管理人数的边际技术效率和纯技术效率要高于农民人均纯收入低的地区。这是由于在香蕉产业组织成员收入还不高的情形下，在农民人均纯收入高的地区的香蕉产业组织成员受周边收入较高的农民的影响，不安心香蕉种植，经常想选择其他收入较高的工作。管理人数的增加有助于与产业组织成员沟通，改变组织成员的思想状态，使之安心工作。从而促使管理人数的边际技术效率和纯技术效率的提高。

关系嵌入对管理人数与技术效率之间关系的调节达到了正向显著。从数值上看，回归系数为 0.1006，表明香蕉产业组织之间交流次数 4 次以上与 3 次以下相比，管理人数与技术效率之间的正向关系将增加 0.1006 个单位。即技术交流次数多的地区管理人数的边际技术效率和纯技术效率要高于技术交流次数少的地区。这是由于交流次数越多，成员获得的信息越多、思想越复杂，需要更多的沟通，因此，管理人数的边际技术效率要高。

3）关系嵌入对技术培训与技术效率之间关系的调节达到了负向显著。从数值上看，回归系数为-0.002，表明香蕉产业组织之间交流次数 4 次以上与 3 次以下相比，技术培训与技术效率之间负向关系将减少 0.002 个单位。即产业组织交流次数高的地区技术培训的边际纯技术效率要低于产业组织交流次数低的地区。这是由于技术交流可以使成员掌握一定的技术培训内容，抑制技术培训的效果，减少培训的次数。

4）城市文化嵌入、市场文化嵌入、经济嵌入对负债收入比与技术效率之间关系的调节达到了显著。从数值上看，城市化率每增加 1 个单位，负债收入比与技术效率之间负向关系将减少 0.0106 个单位；即城市化率高的地区负债收入比的边际技术效率要高于城市化率低的地区。这是由于城市化率高的地区，农业产业组织成员的文化素质相对较高，负债收入比（规模）的扩大能够招到技术更好的员工，从而促进技术效率的提高。市场化率每增加 1 个单位，负债收入比与技术效率之间负向关系将减少 0.008 个单位；即市场化率高的地区负债收入比的边际技术效率要低于市场化率低的地区。这是由于香蕉产业组织还难以适应市场的变化。市场化率高的地区，香蕉产业组织已有一定的规模，规模的进一步扩大不利于技术的提高。地区农民人均纯收入每增加一万元，负债收入比与技术效率之间负向关系将增加-0.7454 个单位。即农民人均纯收入高的地区负债收入比的边际技术效率要低于农民人均纯收入低的地区。这是由于在目前香蕉产业组织人员平均收入还不是很高的情形下，当地农民人均纯收入增加会降低香蕉产业组织人员种植的积极性，有的成员会从事收入更高工作，负债收入比（规模）的扩大难以招到有技术的员工，从而抑制了技术效率的提高。

5）政治嵌入对种植规模与技术效率之间关系的调节达到了显著。从数值上看，回归系数为-0.0387，表明人均财政支出每增加 1 万元，即人均财政支出每增加 100 元，种植规模与技术效率之间正向关系将减少 0.0004 个单位；这表明人均财政支出高的地区种植规模的边际技术效率要低于人均财政支出低的地区。这是由于人均财政支出高的地区香蕉产业组织更倾向于争取政府的资金支持，对提高技术与管理水平缺少动力，从而种植规模的边际技术效率较低。这与"资源诅咒"类似。

经济嵌入对种植规模与技术效率之间关系的调节达到了显著。从数值上看，回归系数为-0.0337，表明地区人均纯收入每增加 1 万元，即地区人均纯收入每增加 100 元，种植规模与技术效率之间正向关系将减少 0.0004 个单位；这是由于在目前香蕉产业组织人员平均收入还不是很高的情形下，当地农民人均纯收入增加会降低香蕉产业组织人员种植的积极性，有的成员会从事收入更高的工作，规模的扩大难以招到有技术的员工，从而抑制了技术效率的提高。

结构嵌入对种植规模与技术效率的调节达到了显著。从数值上看，回归系数为 0.0416，表明香蕉产业组织负责人担任村干部增加 1 个单位，种植规模与技术效率之间正向关系将增加 0.0416 个单位。即香蕉产业组织负责人担任村干部多的地区种植规模的边际技术效率要高于香蕉产业组织负责人担任村干部少的地区。这是由于香蕉产业组织的发展在相当程度上是嵌入当地社会政治体制中的，具有社会职务的负责人比较容易获得当地政府和社会的支持，从而相对容易扩大规模；

并且其经营管理方面能力较强,因而能在规模扩大的情况下,保持技术效率。

(二)纯技术效率分析

1. 香蕉产业组织纯技术效率变异的分解

运用零模型将香蕉产业组织纯技术效率的变异分解成能由层一(香蕉产业组织内部因素)和层二(社会嵌入性因素)解释的部分,并依据组内相关系数决定是否建立多层统计模型。

层一模型:$BOPTE_{ij} = \beta_{0j} + r_{ij}$;

层二模型:$\beta_{0j} = \gamma_{00} + u_{0j}$。

其中,$BOPTE_{ij}$ 表示第 j 个地区的第 i 个香蕉产业组织的纯技术效率值,$j=1,2,\cdots,20$,$i=1,2,\cdots,n_j$,n_j 表示第 j 个地区的组织个数,r 表示一层随机误差,u 表示二层随机误差。

由表 9-12 固定效应部分知,香蕉产业组织的平均纯技术效率为 0.6629;由随机效应部分知,香蕉产业组织纯技术效率(PTE)的平均值在各地区之间有着显著的差异,这种差异由层二变量来解释的程度,可用技术效率的组内相关系数 $\rho =0.0062/(0.0068+0.0062)\approx 47.69\%$ 来解释,即各地区香蕉产业组织技术效率平均值的差异有约 47.69% 可以用层二变量来解释,从而说明在研究各地区香蕉产业组织纯技术效率时,必须引入层二变量。本节的层二变量为嵌入性变量。

表 9-12 香蕉产业组织纯技术效率变异的分解结果

固定效应	回归系数	标准误	T 检验	自由度	P 值
截距 1,β_0					
截距 2,γ_{00}	0.6629	0.0175	37.835	19	<0.001
随机效应	标准误	方差成分	自由度	卡方值	P 值
层二效应(地区间)	0.0787	0.0062	19	502.8047	<0.001
层一效应(地区内)	0.0830	0.0068			

2. 香蕉产业组织内部变量对纯效率的固定影响结果分析

为了分析香蕉产业组织内部要素对组织纯技术效率的影响,建立不包括层二解释变量的回归模型。将层一的解释变量引入模型中,得到变量相对接近统计显著的固定系数效应模型如下:

层一模型:$BOPTE_{ij} = \beta_{0j} + \beta_{1j}MN_{ij} + \beta_{2j}TT_{ij} + \beta_{3j}DIR_{ij} + \beta_{4j}PS_{ij} + r_{ij}$;

层二模型:$\beta_{0j} = \gamma_{00} + u_{0j}$,$\beta_{1j} = \gamma_{10}$,$\beta_{2j} = \gamma_{20}$,$\beta_{3j} = \gamma_{40}$,$\beta_{4j} = \gamma_{40}$。

其中，层一模型中的解释变量都是用组中心化后的数据运算的。

由表 9-13 知，种植规模为正向显著预期因子，回归系数值为 0.0062，表明种植规模每增加 1 个单位，纯技术效率会增加 0.0062 个单位，即香蕉产业组织的种植规模增加将促进组织纯技术效率提高。从种植规模对技术效率作用方向来看，结果与黄胜忠等（2008），以及徐旭初和吴彬（2010）的结果一致。管理人数、技术培训及负债收入比都没达到显著。

表 9-13 组织内部变量对纯技术效率的固定影响结果

固定效应	回归系数	标准误	T 检验	自由度	P 值
截距 1，β_0					
截距 2，γ_{00}	0.6629	0.0175	37.836	19	<0.001
MN	−0.0008	0.0025	−0.343	517	0.732
TT	−0.0001	0.0001	−0.883	517	0.377
DIR	−0.0063	0.0107	−0.592	517	0.554
PS	0.0062	0.0036	2.654	517	<0.001
随机效应	标准误	方差成分	自由度	卡方值	P 值
层二效应（地区间）	0.0787	0.0062	19	510.7302	<0.001
层一效应（地区内）	0.0823	0.0067			

3. 香蕉产业组织内部变量对纯技术效率的随机影响结果分析

为了分析香蕉产业组织内部要素对组织纯技术效率的影响，建立不包括层二解释变量的回归模型。将层一的解释变量引入模型中，得到变量相对接近统计显著的随机系数效应模型如下：

层一模型：$BOPTE_{ij} = \beta_{0j} + \beta_{1j}MN_{ij} + \beta_{2j}TT_{ij} + \beta_{3j}DIR_{ij} + \beta_{4j}PS_{ij} + r_{ij}$；

层二模型：$\beta_{0j} = \gamma_{00} + u_{0j}$，$\beta_{1j} = \gamma_{10} + u_{1j}$，$\beta_{2j} = \gamma_{20} + u_{2j}$，
$\beta_{3j} = \gamma_{40} + u_{3j}$，$\beta_{4j} = \gamma_{40} + u_{4j}$。

其中，层一模型中的解释变量都是用组中心化后的数据运算的。

层一变量最小二乘回归估计截距与斜率结果见表 9-14。

由表 9-14 知，各地区截距及管理人数、技术培训、负债收入比、种植规模的系数存在较大差异。

表 9-14 层一变量最小二乘回归估计截距与斜率结果

地区	截距	MN 斜率	TT 斜率	DIR 斜率	PS 斜率
1	0.7720	−0.0213	0.0017	0.2592	0.0023
2	0.8062	−0.1363	0.0015	0.1615	0.0381
3	0.6407	0.0444	−0.0011	−0.2498	−0.0059

续表

地区	截距	MN 斜率	TT 斜率	DIR 斜率	PS 斜率
4	0.616 7	0.016 0	-0.000 2	-0.016 6	0.000 7
5	0.608 7	0.021 3	0.000 5	-0.569 7	0.012 8
6	0.665 1	-0.034 7	-0.000 2	-0.049 5	0.000 04
7	0.578 0	0.144 4	-0.003 1	-0.543 9	-0.016 7
8	0.646 2	0.279 3	0.003 7	-0.131 3	-0.221 2
9	0.564 7	-0.006 8	-0.000 7	-0.044 8	0.053 8
10	0.762 8	0.035 7	0.019 5	0.003 4	0.027 0

组织内部变量对纯技术效率的随机影响结果见表 9-15。

表 9-15　组织内部变量对纯技术效率的随机影响结果

固定效应	回归系数	标准误	T 检验	自由度	P 值
截距 1, β_0					
截距 2, γ_{00}	0.663 0	0.017 5	37.829	19	<0.001
MN	0.006 5	0.008 7	0.747	19	0.464
TT	-0.000 3	0.000 1	-1.850	19	0.080
DIR	-0.001 5	0.017 5	-0.090	19	0.930
PS	0.004 2	0.003 5	1.219	19	0.238
随机效应	标准误	方差成分	自由度	卡方值	P 值
层二效应（地区间）					
平均效率	0.079 1	0.006 2	8	272.308 6	<0.001
MN	0.035 2	0.001 2	8	46.327 5	<0.001
TT	0.004 6	0.002 8	8	29.149 0	<0.001
DIR	0.062 1	0.003 8	8	15.957 7	0.043
PS	0.030 9	0.000 3	8	19.290 7	0.013
层一效应（地区内）	0.072 7	0.005 2			

由表 9-15 固定效应部分可知，管理人数、技术培训、负债收入比、种植规模的系数与表 9-13 的数据具有一定的差异。这是由于表 9-13 是在管理人数、技术培训、负债收入比、种植规模的系数为固定值时的结果，而表 9-15 是在这些变量系数为随机时的结果。

同时，由表 9-15 随机效应部分可知，纯技术效率的平均值（截距，β_0）、管理人数、技术培训、负债收入比、种植规模的系数在各个地区之间存在显著性差异，即香蕉产业组织纯技术效率的平均值随着地区的不同而显著不同，变量管理人数、技术培训、负债收入比、种植规模与纯技术效率之间的关系随着地区的不同而显著不同。截距与关系的不同,需要引入嵌入性变量解释。

4. 嵌入性影响效应结果分析

为了解释变量截距,以及管理人数、技术培训、负债收入比、种植规模与纯技术效率之间的关系随着地区的不同而显著不同,将引入嵌入性变量 β_{0j}、β_{1j}、β_{2j}、β_{3j}、β_{4j},得到变量相对接近显著的全模型:

层一模型:$BOPTE_{ij} = \beta_{0j} + \beta_{1j}MN_{ij} + \beta_{2j}TT_{ij} + \beta_{3j}DIR_{ij} + \beta_{4j}PS_{ij} + r_{ij}$;

层二模型:$\beta_{0j} = \gamma_{00} + \gamma_{01}URB_j + \gamma_{02}MAR_j + \gamma_{03}BPE_j + \gamma_{04}BEE_j + \gamma_{05}PC_j$
$+ \gamma_{06}VC_j + \gamma_{07}PY_j + u_{0j}$,

$\beta_{1j} = \gamma_{10} + \gamma_{11}URB_j + \gamma_{12}MAR_j + \gamma_{13}BPE_j + \gamma_{14}BEE_j + \gamma_{15}PC_j$
$+ \gamma_{16}VC_j + \gamma_{17}PY_j + u_{1j}$, …,

$\beta_{4j} = \gamma_{40} + \gamma_{41}URB_j + \gamma_{42}MAR_j + \gamma_{43}BPE_j + \gamma_{44}BEE_j + \gamma_{45}PC_j$
$+ \gamma_{46}VC_j + \gamma_{47}PY_j + u_{4j}$。

其中,层一与层二模型中的解释变量都是用组中心化后的数据参与运算的。表 9-16 给出了嵌入性变量对纯技术效率影响的结果。

表 9-16 嵌入性影响效应结果

固定效应	回归系数	标准误	T检验	自由度	P值
截距1,β_0					
截距2,γ_{00}	0.662 8	0.012 1	54.397	12	<0.001
URB	0.001 2	0.001 5	0.835	12	0.420
MAR	-0.001 1	0.001 1	-1.005	12	0.335
BPE	0.205 1	0.075 3	2.723	12	0.018
BEE	-0.047 9	0.084 5	-0.568	12	0.581
PY	-0.011 4	0.005 2	-2.172	12	0.051
VC	0.092 8	0.079 5	1.167	12	0.266
PC	-0.093 8	0.113 5	-0.827	12	0.425
MN					
截距2,γ_{10}	0.001 3	0.008 8	0.154	12	0.880
URB	-0.000 4	0.001 1	-0.415	12	0.686
MAR	-0.000 4	0.000 7	-0.530	12	0.606
BPE	-0.028 0	0.052 3	-0.535	12	0.602
BEE	0.049 7	0.065 7	2.053	12	0.057
PY	0.005 0	0.003 9	1.301	12	0.218
VC	-0.113 5	0.065 2	-1.742	12	0.107

续表

固定效应		回归系数	标准误	T检验	自由度	P值
	PC	0.159 6	0.082 7	1.929	12	0.078
TT						
	截距2，γ_{20}	−0.000 2	0.000 1	−1.510	12	0.157
	URB	0.000 01	0.000 02	2.528	12	0.034
	MAR	−0.000 009	0.000 01	−0.524	12	0.609
	BPE	−0.110 0	0.001 3	−2.477	12	0.047
	BEE	−0.160 0	0.001 3	−2.649	12	0.036
	PY	−0.000 07	0.000 08	−0.863	12	0.405
	VC	0.001 0	0.001 3	0.781	12	0.450
	PC	−0.001 4	0.001 8	−0.788	12	0.446
DIR						
	截距2，γ_{30}	−0.009 9	0.073 8	−0.135	12	0.895
	URB	0.003 5	0.008 6	0.411	12	0.688
	MAR	−0.002 5	0.006 0	−0.418	12	0.684
	BPE	0.631 6	0.644 1	7.445	12	<0.001
	BEE	−0.100 1	0.760 1	−0.132	12	0.897
	PY	0.000 6	0.039 0	0.017	12	0.987
	VC	−0.266 8	0.543 8	−0.491	12	0.633
	PC	−0.002 5	0.423 5	−0.006	12	0.995
PS						
	截距2，γ_{40}	0.005 9	0.004 1	1.444	12	0.174
	URB	−0.000 7	0.000 6	−2.587	12	0.034
	MAR	0.000 3	0.000 3	0.920	12	0.376
	BPE	0.003 0	0.023 6	0.127	12	0.901
	BEE	0.000 3	0.034 3	0.010	12	0.992
	PY	−0.000 5	0.001 8	−0.282	12	0.783
	VC	0.045 2	0.028 7	2.131	12	0.047
	PC	−0.039 2	0.037 7	−1.041	12	0.318
随机效应		标准误	方差成分	自由度	卡方值	P值
层二效应（地区间）		0.052 6	0.002 7	1	32.324 6	<0.001
平均效率		0.015 7	0.000 3	1	35.705 4	<0.001
MN		0.000 7	0.000 0	1	14.715 7	<0.001
TT		0.003 3	0.000 8	1	5.989 8	0.014
DIR		0.010 8	0.001 1	1	15.958 9	<0.001
PS		0.001 7	0.000 1			
层一效应（地区内）		0.052 6	0.002 7	1	32.324 6	<0.001

由表 9-15 与表 9-16 随机效应的方差成分可计算出嵌入性变量对

β_{0j}、β_{1j}、β_{2j}、β_{3j}、β_{4j} 的方差成分解释程度，见表 9-17。

表 9-17　嵌入性变量所解释的方差成分和程度

随机效应	加入嵌入性变量前	加入嵌入性变量后	解释程度/%
平均效率，u_0	0.006 2	0.000 3	95.16
MN	0.001 2	0.000 0	100
TT	0.002 8	0.000 8	71.42
DIR	0.003 8	0.001 1	71.05
PS	0.000 3	0.000 1	66.67

由表 9-17 可知，嵌入性变量对纯技术效率的变异有较好的解释。具体解释由表 9-16 可知：

1）政治嵌入对地区纯技术平均值影响达到正向显著。从数值上看，回归系数为 0.2051，表明地区人均财政支出每增加 1 万元，即地区人均财政支出每增加 100 元，纯技术平均效率将增加 0.002 个单位。这体现了政治嵌入对香蕉产业组织纯技术效率的影响。同时，也表明提高人均财政支出水平有助于地区纯技术效率的提升。这是由于，一方面，人均财政支出水平提高，有利于加强香蕉产业基础设施建设，改善香蕉产业的生产条件，获得更多的技术信息，从而促进香蕉公司纯技术效率提高。另一方面，人均财政支出水平提高，能促进该地区的教育水平、信息化水平及大众文化素质的提高，这有利于香蕉产业组织成员更好地掌握技术，从而促进香蕉产业组织纯技术水平的提高。从人均财政支出对农业公司效率作用方向来看，结果与 Ariyaratne 等（1997）、Galdeano-Gòmez 等（2006）的结果一致。

认知嵌入对地区纯技术效率的平均值影响均达到负向显著。从数值上看，认知嵌入每增加 1 个单位，即产业组织负责人的种植年限每增加 1 年，地区纯技术平均效率将减少 0.0114 个单位。这体现了认知嵌入对香蕉产业组织纯技术效率的影响。同时，也表明负责人的香蕉种植年限增加能抑制地区纯技术平均效率的提高。这是由于，一方面，新成立的公司受传统技术影响较小，会采用最新的技术和更灵活的机制进行经营活动；另一方面，种植年限越长负责人的学历越低，而学历越低的人越不愿意采用新技术（夏勇开等，2011），抑制了香蕉产业组织纯技术的提高。

2）经济嵌入对管理人数与纯技术效率之间关系的调节达到了正向显著。从数值上看，回归系数为 0.0497，表明地区人均财政支出每增加 1 万元，即地区人均财政支出每增加 100 元，管理人数与纯技术效率之间的负向关系将减少 0.0005 个单位。即农民人均纯收入高的地区管理人数的边际纯技术效率要高于农民人均纯收入低的地区。这是由于在香蕉产业组织成员收入还不高的情形下，农民人均纯收入高的地区香蕉产业组织成员受周边有的农民收入较高的影响，不安心香蕉种植，经常想选择其他收入较高的工作。管理人数的增加有助于与产业组织成员沟通，改变组织成员的思想状态，使之安心工作。从而促进管理人数的边际纯技术效率的提高。

关系嵌入对管理人数与纯技术效率之间关系的调节达到了正向显著。从数值上看，回归系数为 0.1596，表明香蕉产业组织之间交流次数 4 次以上与 3 次以下相比，管理人数与纯技术效率之间的负向关系将减少 0.1596 个单位。即技术交流次数多的地区管理人数的边际技术效率和纯技术效率要高于技术交流次数少的地区。这是由于交流次数越多，成员获得的信息越多，成员思想越复杂，需要更多的沟通，因此，管理人数的边际纯技术效率要高。

3）城市文化嵌入、政治嵌入及经济嵌入对技术培训与纯技术效率之间关系的调节达到了显著。从数值上看，回归系数分别为 0.000 01、-0.11、-0.16，表明城市文化嵌入每增加 1 个单位，技术培训与纯技术效率之间负向关系减少 0.000 01 个单位；人均财政支出每增加 1 万元，即人均财政支出每增加 100 元，技术培训与纯技术效率之间负向关系增加 0.0011 个单位；地区人均纯收入每增加 1 万元，即地区人均纯收入每增加 100 元，技术培训与纯技术效率之间负向关系增加 0.0016 个单位。即城市化率、人均财政支出水平及农民人均收入高的地区技术培训的边际纯技术效率要低于城市化率、人均财政支出水平及农民人均收入低的地区。这是由于实际情况是城市化率、人均财政支出水平及农民人均收入高的地区，农业产业组织成员的文化素质相对较高，能较好地掌握技术培训的内容，减少培训的次数。

4）政治嵌入对负债收入比与纯技术效率之间关系的调节达到了显著。回归系数为 0.6316，表明人均财政支出水平每增加 1 万元，即人均财政支出水平每增加 100 元，负债收入比与纯技术效率之间负向关系将减少 0.0063 个单位。即人均财政支出水平高的地区负债收入比的边际纯技术效率要高于人均财政支出水平低的地区。这是由于人均财政支出水平提高，能促进该地区的教育水平、信息化水平及大众文化素质的提高，负债收入比（规模）的扩大能够招到技术更好的员工，从而促进纯技术效率的提高。

5）城市文化嵌入对种植规模与纯技术效率之间关系的调节达到了显著。城市化率每增加 1 个单位，种植规模与纯技术效率之间正向关系将减少 0.0007 个单位；即城市化率高的地区种植规模的边际纯技术效率要低于城市化率低的地区。这是由于，一方面随着城市化率的提高，农村进城打工的人越多，导致农村劳动力流失越严重，香蕉产业组织规模的扩大难以招到有技术的员工，从而导致种植规模的边际纯技术效率低；另一方面随着城市化率的提高，回乡创业的人也越来越多，为农民提供了更多的兼业机会，减少了农民对种植农作物的忠诚度，抑制了香蕉产业组织在种植规模扩大的情形下纯技术效率的提高。

结构嵌入对种植规模与纯技术效率之间关系的调节达到了显著。回归系数为 0.0452，表明香蕉产业组织负责人担任村干部增加 1 个单位，种植规模与纯技术效率之间正向关系将增加 0.0452 个单位。即香蕉产业组织负责人担任村干部多的地区种植规模的边际纯技术效率要高于香蕉产业组织负责人担任村干部少的地区。这是由于香蕉产业组织的发展在相当程度上是嵌入当地社会政治体制中的，具有社会职务的负责人比较容易获得当地政府和社会的支持，从而相对容易扩大规模；并且其经营管理方面能力较强，因而能在规模扩大的情况下，保持技术效率。

（三）规模效率分析

1. 香蕉产业组织规模效率变异的分解

运用零模型将香蕉产业组织规模效率的变异分解成能由层一（香蕉产业组织内部因素）和层二（社会嵌入性因素）解释的部分，并依据组内相关系数决定是否建立多层统计模型。

层一模型：$BOSE_{ij} = \beta_{0j} + r_{ij}$；

层二模型：$\beta_{0j} = \gamma_{00} + u_{0j}$。

其中，$BOSE_{ij}$ 表示第 j 个地区的第 i 个香蕉产业组织规模效率值，$j=1,2,\cdots,20$，$i=1,2,\cdots,n_j$，n_j 表示第 j 个地区的组织个数，r 表示一层随机误差，u 表示二层随机误差。

表 9-18 给出了规模效率变异的分解结果。

表 9-18　规模效率的变异分解结果

固定效应	回归系数	标准误	T 检验	自由度	P 值
截距 1，β_0					
截距 2，γ_{00}	0.997 7	0.005 9	168.394	19	<0.001
随机效应	标准误	方差成分	自由度	卡方值	P 值
层二效应（地区间）	0.019 5	0.000 3	19	39.755 5	0.004
层一效应（地区内）	0.097 1	0.009 4			

由表 9-18 固定效应部分知，香蕉产业组织的平均规模效率为 0.9977；由随机效应部分知，香蕉产业组织规模效率（SE）的平均值在各地区之间有着显著的差异，这种差异由层二变量来解释的程度，可用规模效率的组内相关系数 $\rho = 0.0003/(0.0094+0.0003) \approx 3.09\%$ 解释，即各地区香蕉产业组织规模效率平均值的差异约有 3.09% 可以用层二变量解释。Barcikowski（1981）认为，即使一个很小的 ρ 也会导致较大的第一类错误，从而说明在研究各地区香蕉产业组织规模效率

时，必须引入层二变量。本节的层二变量为嵌入性变量。

2. 香蕉产业组织内部变量对规模效率的固定影响结果分析

为了分析香蕉产业组织内部要素对技术效率的影响，建立不包括层二解释变量的回归模型。将层一的解释变量引入模型中，得到变量相对接近统计显著的固定系数效应模型如下：

层一模型：$BOSE_{ij} = \beta_{0j} + \beta_{1j}MN_{ij} + \beta_{2j}TT_{ij} + \beta_{3j}DIR_{ij} + \beta_{4j}PS_{ij} + r_{ij}$；

层二模型：$\beta_{0j} = \gamma_{00} + u_{0j}$，$\beta_{1j} = \gamma_{10}$，$\beta_{2j} = \gamma_{20}$，$\beta_{3j} = \gamma_{40}$，$\beta_{4j} = \gamma_{40}$。

其中，层一模型中的解释变量都是用组中心化后的数据运算的。表 9-19 给出了规模效率影响的结果。

表 9-19 组织内部变量对规模效率的固定影响结果

固定效应	回归系数	标准误	T 检验	自由度	P 值
截距 1，β_0					
截距 2，γ_{00}	0.9977	0.0059	168.222	19	<0.001
MN	0.0054	0.0024	2.247	517	0.025
TT	0.00004	0.0001	0.362	517	0.718
DIR	−0.0104	0.0081	−1.285	517	0.199
PS	−0.0013	0.0027	−0.475	517	0.635
随机效应	标准误	方差成分	自由度	卡方值	P 值
层二效应（地区间）	0.0197	0.0003	19	40.4673	0.003
层一效应（地区内）	0.0962	0.0092			

由表 9-19 知，管理人数为正向显著预期因子，回归系数值为 0.0054，表明管理人数每增加一个人，纯技术效率会增加 0.0054 个单位，即香蕉产业组织的管理人数增加将促进组织规模效率提高。从管理人数对规模效率作用方向来看，结果与黄胜忠等（2008），以及徐旭初和吴彬（2010）的结果一致。种植规模、技术培训及负债收入比都没达到显著。

3. 香蕉产业组织内部变量对规模效率的随机影响结果分析

为了分析香蕉产业组织内部要素对规模效率的影响，建立不包括层二解释变量的回归模型。将层一的解释变量引入模型中，得到变量相对接近统计显著的固定系数效应模型如下：

层一模型：$BOSE_{ij} = \beta_{0j} + \beta_{1j}MN_{ij} + \beta_{2j}TT_{ij} + \beta_{3j}DIR_{ij} + \beta_{4j}PS_{ij} + r_{ij}$；

层二模型：$\beta_{0j} = \gamma_{00} + u_{0j}$，$\beta_{1j} = \gamma_{10} + u_{1j}$，$\beta_{2j} = \gamma_{20} + u_{2j}$，$\beta_{3j} = \gamma_{40} + u_{3j}$，

$$\beta_{4j} = \gamma_{40} + u_{4j}。$$

其中,层一模型中的解释变量都是用组中心化后的数据运算的。表 9-20 给出了规模效率影响的结果。

由表 9-20 知,各地区截距及管理人数、技术培训、负债收入比、种植规模的系数存在较大差异。

表 9-20　层一变量最小二乘回归估计截距与斜率结果

地区	截距	MN 斜率	TT 斜率	DIR 斜率	PS 斜率
1	1.014 8	0.010 9	−0.000 8	−0.013 1	−0.016 4
2	1.009 1	0.015 6	−0.000 1	−0.057 9	0.003 4
3	0.986 8	−0.007 7	0.000 6	0.093 1	−0.008 6
4	1.033 5	−0.027 7	0.001 1	−0.004 7	−0.037 0
5	0.997 6	−0.047 0	0.000 3	0.263 0	−0.000 7
6	0.953 2	0.036 5	0.000 6	0.013 3	0.018 7
7	0.968 0	−0.124 6	0.003 0	0.268 0	0.047 1
8	0.941 3	−0.287 8	−0.004 5	0.097 7	0.255 4
9	1.002 6	0.001 3	0.000 08	−0.002 3	−0.001 7
10	0.962 8	0.035 7	0.019 5	0.003 4	0.027 0

组织内部变量对规模效率的随机影响结果见表 9-21。

表 9-21　组织内部变量对规模效率的随机影响结果

固定效应	回归系数	标准误	T 检验	自由度	P 值
截距 1,β_0					
截距 2,γ_{00}	0.997 5	0.006 0	163.858	19	<0.001
MN	0.010 5	0.002 8	3.674	19	0.002
TT	0.000 02	0.000 1	0.166	19	0.870
DIR	0.008 1	0.008 7	0.936	19	0.361
PS	−0.002 4	0.002 6	−0.919	19	0.370
随机效应	标准误	方差成分	自由度	卡方值	P 值
层二效应(地区间)					
平均效率	0.022 4	0.000 5	8	19.863 4	0.011
MN	0.012 1	0.000 16	8	15.433 4	0.051
TT	0.000 8	0.000 1	8	20.957 5	0.007
DIR	0.050 9	0.002 5	8	1.883 4	>0.500
PS	0.007 3	0.000 05	8	14.604 6	0.067
层一效应(地区内)	0.091 4	0.008 3			

由表 9-21 固定效应部分可知，管理人数、技术培训、负债收入比、种植规模的系数与表 9-19 的数据具有一定的差异。这是由于表 9-19 是在管理人数、技术培训、负债收入比、种植规模的系数为固定值时的结果，而表 9-21 是在变量系数为随机时的结果。

同时，由表 9-21 随机效应部分可知，规模效率的平均值（截距 β_0）、管理人数、技术培训的系数在各个地区之间存在显著性差异，即香蕉产业组织纯技术效率的平均值随着地区的不同而显著不同，变量管理人数、技术培训与规模效率之间的关系随着地区的不同而显著不同。截距与关系的不同，需要引入嵌入性变量解释。

4. 嵌入性影响效应结果分析

为了解释变量截距，以及管理人数、技术培训与规模效率之间的关系随着地区的不同而显著不同，将引入嵌入性变量 β_{0j}、β_{1j}、β_{2j}、β_{3j}、β_{4j}，得到变量相对接近显著的全模型：

层一模型：$BOSE_{ij} = \beta_{0j} + \beta_{1j}MN_{ij} + \beta_{2j}TT_{ij} + \beta_{3j}DIR_{ij} + \beta_{4j}PS_{ij} + r_{ij}$；

层二模型：$\beta_{0j} = \gamma_{00} + \gamma_{01}URB_j + \gamma_{02}MAR_j + \gamma_{03}BPE_j + \gamma_{04}BEE_j + \gamma_{05}PY_j$
$\qquad + \gamma_{06}VC_j + \gamma_{07}PC_j + u_{0j}$，

$\beta_{1j} = \gamma_{10} + \gamma_{11}URB_j + \gamma_{12}MAR_j + \gamma_{13}BPE_j + \gamma_{14}BEE_j + \gamma_{15}PY_j + \gamma_{16}VC_j$
$\qquad + \gamma_{17}PC_j + u_{1j}$，…，

$\beta_{4j} = \gamma_{40} + \gamma_{41}URB_j + \gamma_{42}MAR_j + \gamma_{43}BPE_j + \gamma_{44}BEE_j + \gamma_{45}PY_j + \gamma_{46}VC_j$
$\qquad + \gamma_{47}PC_j + u_{pj}$。

其中，层一与层二模型中的解释变量都是用组中心化后的数据参与运算的。表 9-22 给出了规模效率影响的结果。

表 9-22 嵌入性影响效应结果

固定效应	回归系数	标准误	T 检验	自由度	P 值
截距 1，β_0					
截距 2，γ_{00}	0.997 0	0.006 0	166.026	12	<0.001
URB	−0.000 7	0.000 7	−0.993	12	0.340
MAR	0.000 2	0.000 5	0.384	12	0.708
BPE	0.038 5	0.036 8	1.047	12	0.316
BEE	0.010 5	0.042 3	0.250	12	0.807
PY	−0.006 2	0.002 5	−4.896	12	<0.001
VC	−0.012 5	0.039 2	−0.320	12	0.755
PC	−0.059 6	0.056 0	−1.065	12	0.308
MN					
截距 2，γ_{10}	0.010 1	0.006 8	1.487	12	0.163
URB	0.000 2	0.000 8	1.897	12	0.076

续表

固定效应		回归系数	标准误	T检验	自由度	P值
	MAR	−0.000 3	0.000 5	−0.414	12	0.686
	BPE	−0.035 8	0.034 7	−1.032	12	0.323
	BEE	−0.035 0	0.049 8	−0.702	12	0.496
	PY	0.000 2	0.002 9	0.079	12	0.938
	VC	0.001 7	0.059 7	0.030	12	0.977
	PC	0.062 0	0.061 9	1.002	12	0.336
TT						
	截距2，γ_{20}	0.000 09	0.000 1	0.574	12	0.577
	URB	−0.000 03	0.000 02	−1.474	12	0.166
	MAR	0.000 01	0.000 01	0.793	12	0.443
	BPE	0.000 6	0.000 9	0.671	12	0.515
	BEE	0.001 3	0.001 1	1.104	12	0.291
	PY	−0.000 03	0.000 07	−0.392	12	0.702
	VC	−0.000 1	0.001 1	−0.129	12	0.899
	PC	−0.002 4	0.001 7	−1.409	12	0.184
DIR						
	截距2，γ_{30}	0.038 40	0.091 7	0.419	12	0.683
	URB	−0.005 6	0.010 6	−0.530	12	0.606
	MAR	0.002 6	0.007 4	0.357	12	0.727
	BPE	0.183 4	0.809 0	0.227	12	0.824
	BEE	0.393 2	0.953 8	0.412	12	0.687
	PY	0.006 0	0.049 3	0.122	12	0.905
	VC	0.020 3	0.680 8	0.030	12	0.977
	PC	0.086 6	0.506 5	0.171	12	0.867
PS						
	截距2，γ_{40}	−0.004 5	0.004 3	−1.048	12	0.315
	URB	0.000 5	0.000 6	0.817	12	0.430
	MAR	−0.000 2	0.000 3	−0.607	12	0.555
	BPE	−0.006 7	0.023 6	−0.288	12	0.778
	BEE	−0.005 6	0.034 5	−0.165	12	0.872
	PY	0.001 8	0.001 9	3.569	12	0.036
	VC	−0.005 6	0.031 3	−0.180	12	0.860
	PC	−0.020 1	0.038 7	−0.521	12	0.612
随机效应		标准误	方差成分	自由度	卡方值	P值
层二效应（地区间）						
	平均效率	0.009 8	0.000 2	1	7.905 4	0.005
	MN	0.007 8	0.000 06	1	13.684 7	<0.001
	TT	0.000 5	0.000 0	1	15.953 6	<0.001
	DIR	0.031 4	0.000 9	1	1.823 0	0.173
	PS	0.002 4	0.000 01	1	12.690 3	<0.001
层一效应（地区内）		0.092 7	0.008 6			

由表 9-21 与表 9-22 随机效应的方差成分部分可计算出嵌入性变量对 β_{0j}、β_{1j}、β_{2j}、β_{3j}、β_{4j} 的方差成分变异释程度，见表 9-23。

表 9-23 嵌入性变量所解释的方差成分和程度

随机效应	加入嵌入性变量前	加入嵌入性变量后	解释程度/%
平均效率，u_0	0.000 5	0.000 2	60.0
MN	0.000 16	0.000 06	62.5
TT	0.000 01	0.000 0	100
DIR	0.002 5	0.000 9	64.0
PS	0.000 05	0.000 01	80.0

由表 9-23 可知，嵌入性变量对效率的变异有较好的解释。具体解释由表 9-22 可知：

1）认知嵌入对地区规模平均效率影响均达到负向显著。从数值上看，认知嵌入每增加 1 个单位，即组织负责人种植年限每增加 1 年，地区规模平均效率将减少 0.0062 个单位。这体现了认知嵌入对香蕉产业组织规模效率的影响。同时，也表明增加负责人的香蕉种植年限能抑制地区规模平均效率的提高。这是因为，一方面，种植年限越长负责人的学历越低，而学历越低的人越不愿意采用新技术（夏勇开等，2011），抑制了香蕉产业组织技术与纯技术的提高；另一方面，负责人的香蕉种植年限越长风险意识越强，阻碍了规模扩大。

2）城市文化嵌入对管理人数与规模效率之间关系的调节达到了正向显著。从数值上看，城市文化嵌入每增加 1 个单位，即城市化率增加 1 个单位，管理人数与规模效率之间的正向关系将增加 0.0002 个单位。即城市化率高的地区管理人数的边际规模效率要高于城市化率低的地区。这是由于实际情况是城市化率高的地区，农业产业组织成员的文化素质相对较高，能较好地理解管理者的意图，减少低效的沟通，因而不需要过多的管理者，组织成员就能够较好地完成工作。同时也表明每个管理者能管理更多的人，从而能体现出管理的规模效率。

3）认知嵌入对种植规模与规模效率之间关系的调节达到了显著。从数值上看，认知嵌入每增加 1 个单位，即产业组织成立年限每增加 1 年，种植规模与规模效率之间负向关系将减少 0.0018。组织负责人种植时间长的地区的种植规模的边际规模效率要高于组织负责人种植时间短的地区。这是由于组织负责人种植时间越长，其经验越丰富，越能感觉到种植规模的作用，从而促进规模的发展。

第三节　香蕉产业分组织效率影响因素的实证分析

一、合作社效率影响因素的实证分析

（一）香蕉合作社数据的合并

多层统计模型对层一与层二数据样本规模都有一定的要求。为了能较好地应用多层统计模型，将各香蕉合作社按地域相邻性，划分 5 省 20 个县域为 10 个区域。每个区域样本点平均为 14.3 个，就可以较好地应用多层统计模型。

层一、层二变量的描述性统计量见表 9-24、表 9-25。从中可以得知，目前香蕉在合作社效率、管理人数、技术培训、负债收入比、规模、城市文化嵌入、市场文化嵌入、政治嵌入、经济嵌入、认知嵌入、结构嵌入、关系嵌入上的差异较大。由此可以初步判断，香蕉合作社发展不平衡。

表 9-24　香蕉合作社效率影响因素分析模型层一变量描述性统计

变量名	样本点数	均值	标准差	最小	最大
COE	143	0.63	0.45	0.03	1.91
MN	143	2.06	0.91	1.00	5.00
TT	143	70.19	66.29	0	389
DIR	143	0.04	0.26	0	3.01
PS	143	3.41	1.38	2.00	7.00

表 9-25　香蕉合作社效率影响因素分析模型层二变量描述性统计

变量名	组织数	均值	标准差	最小	最大
URB	10	33.92	12.86	16.66	55.13
MAR	10	31.71	14.32	10.81	51.80
BEE	10	0.64	0.22	0.37	1.16
BPE	10	0.40	0.19	0.11	0.68
PY	10	10.90	3.61	5.73	18.50
VC	10	0.60	0.33	0.06	1.00
PC	10	0.41	0.18	0.18	0.78

（二）实证结果分析

1. 香蕉合作社效率变异（方差）的分解

运用零模型把香蕉合作社效率的变异分解成能由层一（合作社内部因素）和

层二（社会嵌入性因素）解释的部分，并依据组内相关系数决定是否建立多层统计模型。

层一模型：$COE_{ij} = \beta_{0j} + r_{ij}$；

层二模型：$\beta_{0j} = \gamma_{00} + u_{0j}$。

其中，COE_{ij} 表示合并后的第 j 个地区的第 i 个组织的效率值，$j=1,2,\cdots,10$，$i=1,2,\cdots,n_j$，n_j 表示第 j 个地区的组织个数，r 表示层一随机误差，u 表示层二随机误差。

由表 9-26 知，每个地区香蕉合作社效率（COE）的平均值在各地区之间有着显著的差异，这种差异由香蕉合作社的社会嵌入性因素解释的程度，可用组内相关系数 $\rho = 0.0610/(0.0610+0.1436) \approx 29.81\%$ 解释，而仅有 60.19% 由香蕉合作社内部因素解释。这表明香蕉合作社效率的影响机制较为复杂，仅仅考虑香蕉合作社内部因素是不够的。因此，在研究各地区香蕉合作社效率影响因素时，必须引入层二变量，即社会嵌入性变量。

表 9-26 香蕉合作社效率的随机截距结果

固定效应	回归系数	标准误	T 检验	自由度	P 值
截距 1，β_0					
截距 2，γ_{00}	0.601 9	0.081 2	7.405	9	<0.001
随机效应	标准误	方差成分	自由度	卡方值	P 值
层二效应（地区间）	0.247 1	0.061 0	9	68.127 8	<0.001
层一效应（地区内）	0.379 0	0.143 6			

2. 合作社内部变量对效率固定影响的结果分析

为了分析合作社内部要素对合作社效率的影响，建立不包括层二解释变量的回归模型。将层一的解释变量引入模型中，得到变量相对接近统计显著的固定系数效应模型如下：

层一模型：$COE_{ij} = \beta_{0j} + \beta_{1j}TT_{ij} + \beta_{2j}DIR_{ij} + r_{ij}$；

层二模型：$\beta_{0j} = \gamma_{00} + u_{0j}$，$\beta_{1j} = \gamma_{10}, \beta_{2j} = \gamma_{20}$。

其中，层一模型中的解释变量都是用组中心化后的数据运算的。

由表 9-27 知，技术培训为正向显著影响香蕉合作社效率的变量。即技术培训次数的增加有利于香蕉合作社效率的提高。这是由于香蕉合作社增加对合作社成员技术培训的次数，一方面，能进一步帮助合作社成员掌握灌溉技术、施肥技术等传统技术的要领，促使合作社成员在实际的操作更加合理；另一方面，也能帮助合作社成员获得并应用先进的高品质管理技术、土壤改良技术等先进的生产技术；传统技术与现代技术的综合使用促进效率的提升。从技术培训对农业产业组织效率作用方向来看，结果与黄胜忠等（2008），以及徐旭初和吴彬（2010）的结果一致。负债收入比为负向显著影响香蕉合作社效率。负债收入比对香蕉合作社效率的负向影响说明，在目前阶段，负债的增加对香蕉合作社效率的提高起着阻碍作用。这是因为一方面，不论是通过什么渠道所获取的资金，都需要一定的交易费用，使香蕉合作社经营成本上升，导致效率降低；另一方面，由于香蕉合作社现有经营管理人员的水平不高，对所获取的资金与其他资源的重新配置也存在一定的问题。从负债收入比对农业产业组织效率作用方向来看，结果与黄祖辉等（2011）的结果一致。

表 9-27　合作社内部变量对效率的随机截距结果

固定效应	回归系数	标准误	T 检验	自由度	P 值
截距 1，β_0					
截距 2，γ_{00}	0.601 8	0.081 2	7.407	9	<0.001
TT	0.001 8	0.001 1	1.574	131	0.118
DIR	-0.039 4	0.020 8	-1.895	131	0.060
随机效应	标准误	方差成分	自由度	卡方值	P 值
层二效应（地区间）	0.247 5	0.061 3	9	69.782 7	<0.001
层一效应（地区内）	0.374 5	0.140 2			

3. 合作社内部变量对效率影响的随机结果分析

为了分析合作社内部要素对合作社效率的影响，建立不包括层二解释变量的回归模型。将层一的解释变量引入模型中，得到变量相对接近统计显著的随机系数效应模型如下：

层一模型：$COE_{ij} = \beta_{0j} + \beta_{1j}TT_{ij} + \beta_{2j}DIR_{ij} + r_{ij}$；

层二模型：$\beta_{0j} = \gamma_{00} + u_{0j}$，$\beta_{1j} = \gamma_{10} + u_{1j}$，$\beta_{2j} = \gamma_{20} + u_{2j}$。

组织内部要素对效率影响的随机斜率结果见表 9-28。

表 9-28　组织内部要素对效率影响的随机斜率结果

固定效应	回归系数	标准误	T 检验	自由度	P 值
截距 1，β_0					
截距 2，γ_{00}	0.604 3	0.081 2	7.436	9	<0.001
TT	0.001 6	0.000 8	2.024	9	0.074
DIR	-0.397 9	0.188 0	-2.116	9	0.063
随机效应	标准误	方差成分	自由度	卡方值	P 值
层二效应（地区间）					
平均效率	0.250 0	0.062 5	5	10.352 4	0.065

续表

随机效应	标准误	方差成分	自由度	卡方值	P 值
TT	0.001 8	0.000 0	5	9.444 6	0.092
DIR	0.612 7	0.375 5	5	10.144 1	0.070
层一效应（地区内）	0.365 6	0.133 7			

由表 9-28 固定效应部分可知，技术培训、负债收入比的系数与表 9-27 的数据具有一定的差异。这是由于表 9-27 是管理人数、技术培训、负债收入比、种植规模的系数为固定值时的结果，而表 9-28 是这些变量系数为随机时的结果。

同时，由表 9-28 随机效应部分可知，截距（β_0）与负债收入比的系数（β_2）在各个地区之间存在显著性差异，即各个香蕉合作社效率的平均值，以及变量 DIR 与 COE 之间的关系随着地区的不同而显著不同。嵌入性变量可以对地区不同（变异）给出一定程度上的解释。

4. 嵌入性变量影响效应结果分析

为了解释截距，以及 DIR 与 COE 之间的关系随着地区的不同而显著不同，将嵌入性变量 β_{0j}、β_{2j} 引入，得到变量相对接近显著的全模型：

层一模型：$COE_{ij} = \beta_{0j} + \beta_{1j}TT_{ij} + \beta_{2j}DIR_{ij} + r_{ij}$；

层二模型：$\beta_{0j} = \gamma_{00} + \gamma_{01}BPE_j + \gamma_{02}VC_j + u_{0j}$，

$\beta_{1j} = \gamma_{10}$，$\beta_{2j} = \gamma_{20} + \gamma_{21}BPE_j + u_{3j}$。

其中，层一与层二模型中的解释变量都是用组中心化后的数据运算的。层二模型的结果见表 9-29。

表 9-29 嵌入性变量影响效应结果

固定效应	回归系数	标准误	T 检验	自由度	P 值
截距 1，β_0					
截距 2，γ_{00}	0.615 1	0.043 2	14.242	7	<0.001
BPE，γ_{01}	0.009 2	0.002 1	4.473	7	0.003
VC，γ_{02}	0.341 1	0.144 2	2.364	7	0.050
TT 斜率，β_1					
截距 2，γ_{10}	0.002 3	0.000 8	2.145	122	0.034
DIR 斜率，β_2					
截距 2，γ_{20}	-0.006 2	0.114 1	-4.846	8	0.001
BPE，γ_{21}	-0.055 1	0.016 3	-3.423	8	0.009
随机效应	标准误	方差成分	自由度	卡方值	P 值
层二效应（地区间）					

续表

随机效应	标准误	方差成分	自由度	卡方值	P 值
平均效率	0.108 7	0.011 8	7	14.684 7	0.040
DIR	0.244 9	0.059 9	8	1.603 7	>0.500
层一效应（地区内）	0.374 3	0.140 1			

由表 9-28 与表 9-29 的与嵌入性变量随机影响效应结果，可计算出嵌入性变量对 β_{0j}、β_{2j} 的方差成分解释程度，见表 9-30。

表 9-30 嵌入性变量所解释的方差成分和程度

随机效应	加入嵌入性变量前	加入嵌入性变量后	解释程度/%
平均效率，u_0	0.062 5	0.011 8	81.09
DIR 斜率，u_2	0.375 5	0.059 9	84.03

由表 9-30 可知，由于嵌入性变量对截距，以及 DIR 与 COE 之间关系的变异有较好的解释，因此，层二模型较为合理。层二模型的具体分析由表 9-29 可知：

1）BPE 为正向显著影响 COE 的变量，这体现了政治嵌入对香蕉合作社效率的影响。回归系数为 0.000 092，表明人均财政支出水平增加 1 万元，香蕉合作社效率将增加 0.009 2。同时，也表明了在其他条件不变的情形下，香蕉合作社位于人均财政支出水平高的地区比水平低的地区效率要高。这是由于一方面，人均财政支出水平提高，有利于加强香蕉产业基础设施建设，改善香蕉产业的生产条件，从而促进合作社效率提高。另一方面，实际上人均财政支出水平高的地区，教育水平、信息化水平也相对较高；因此，香蕉合作社成员的文化素质也相对较高，即人力资本水平相对较高，从而促进合作社效率提高。从人均财政支出对合作社效率作用方向来看，结果与 Galdeano-Gòmez 等（2006）的结果一致。

VC 为正向显著影响 COE 的变量，这体现了结构嵌入对香蕉合作社效率的影响。回归系数为 0.341 1，表明香蕉合作社负责人担任村干部增加 1 个单位，香蕉合作社效率将增加 0.341 1。这说明香蕉合作社负责人担任村干部有助于合作社的效率的提高。这是由于担任社会职务的合作社负责人较普通农民负责人而言，一方面，他们在合作社的经营管理方面能力较强，也较有经验；另一方面，他们在获取外部市场信息、利用各种资源、应对各种风险等方面更有优势。此外，合作社发展在相当程度上是嵌入当地社会政治体制中的，具有社会职务的负责人比较容易获得当地政府和社会的支持，从而提高合作社绩效。从是否担任村干部对合作社效率作用方向来看，结果与黄祖辉等（2011）的结果一致。

2）BPE 为负向显著调节 DIR 与 COE 之间关系的变量，这体现了政治嵌入对香蕉合作社的负债收入比与效率之间关系的影响。回归系数为-0.055 1，表明人均财政支出水平每增加 1 万元,即人均财政支出水平每增加 100 元,香蕉合作社的负债收入比与效率之间负向关系将增加 0.0006,这表明人均财政支出水平高的地区负债收入比的边际效率要低于人均财政支出水平低的地区,同时也说明了人均财政支出的提高将加强负债收入比与合作社效率之间的负向关系。实际上,人均财政支出水平高的地区,相对容易得到金融支持,负债收入比更容易扩大;而目前香蕉合作社的负债收入比对效率的影响已经是负向的,负债收入比的提高将进一步抑制效率的提升。

二、家庭农场效率影响因素的实证分析

(一)香蕉家庭农场数据的合并

由于多层统计模型对层一、层二数据样本规模都有一定的要求,为了能较好地应用多层统计模型,将各香蕉家庭农场按地域相邻性,划分 5 省 20 个县域为 10 个区域。每个区域样本点平均为 13 个,可以较好地应用多层统计模型。

层一、层二变量的描述性统计量见表 9-31、表 9-32。从表中可以得知,目前香蕉家庭农场在效率、管理人数、技术培训、负债收入比、规模、城市文化嵌入、市场文化嵌入、政治嵌入、经济嵌入、认知嵌入、结构嵌入、关系嵌入上差异较大。由此可以初步判断,香蕉家庭农场发展不平衡。

表 9-31 香蕉家庭农场效率影响因素分析模型层一变量描述性统计

变量名	样本点数	均值	标准差	最小	最大
FFE	130	0.54	0.55	0.02	1.95
MN	130	1.05	0.26	1.00	3.00
TT	130	11.12	26.16	2.00	250.00
DIR	130	0.02	0.12	0	1.02
PS	130	4.45	0.67	3.00	6.00

表 9-32 香蕉家庭农场效率影响因素分析模型层二变量描述性统计

变量名	组织数	均值	标准差	最小	最大
URB	10	33.92	12.86	16.66	55.13
MAR	10	31.71	14.32	10.81	51.80
BEE	10	0.64	0.22	0.37	1.16
BPE	10	0.40	0.19	0.11	0.68
PY	10	11.58	3.29	6.22	16.5
VC	10	0.29	0.28	0	0.83
PC	10	0.68	0.23	0.33	1.00

（二）实证结果分析

1. 香蕉家庭农场效率变异（方差）的分解

运用零模型把香蕉家庭农场效率的变异分解成能由层一（家庭农场内部因素）和层二（社会嵌入性因素）解释的部分，并依据组内相关系数决定是否建立多层统计模型。

层一模型：$FFE_{ij} = \beta_{0j} + r_{ij}$；

层二模型：$\beta_{0j} = \gamma_{00} + u_{0j}$。

其中，FFE_{ij} 表示合并后的第 j 个地区的第 i 个组织的效率值，$j=1,2,\cdots,10$，$i=1,2,\cdots,n_j$，n_j 表示第 j 个地区的组织个数，r 表示一层随机误差，u 表示二层随机误差。

由表 9-33 知，香蕉家庭农场效率（FFE）的平均值在各地区之间有着显著的差异，这种差异由香蕉家庭农场社会嵌入性因素解释的程度，可用组内相关系数 $\rho=0.1391/(0.1391+0.1744)\approx44.37\%$ 来解释，而仅约有 55.63% 由香蕉家庭农场内部因素来解释。这表明香蕉家庭农场效率的影响机制较为复杂，仅仅考虑香蕉家庭农场内部因素是不够的。因此，在研究各地区香蕉家庭农场效率影响因素时，必须引入层二变量，即社会嵌入性变量。

表 9-33 香蕉家庭农场效率变异分解结果

固定效应	回归系数	标准误	T 检验	自由度	P 值
截距 1，β_0					
截距 2，γ_{00}	0.532 9	0.117 6	4.529	9	0.001
随机效应	标准误	方差成分	自由度	卡方值	P 值
层二效应（地区间）	0.372	0.139 1	9	105.167	<0.001
层一效应（地区内）	0.417	0.174 4			

2. 家庭农场内部变量对效率固定影响结果分析

为了分析家庭农场内部要素对家庭农场效率的影响，建立不包括层二解释变量的回归模型。将层一的解释变量引入模型中，得到变量相对接近统计显著模型如下：

层一模型：$FFE_{ij} = \beta_{0j} + \beta_{1j}MN_{ij} + \beta_{2j}DIR_{ij} + \beta_{3j}PS_j + r_{ij}$；

层二模型：$\beta_{0j} = \gamma_{00} + u_{0j}$，$\beta_{1j} = \gamma_{10}$，$\beta_{2j} = \gamma_{20}$，$\beta_{3j} = \gamma_{30}$。

其中，层一模型中的解释变量都是用组中心化后的数据运算的。

由表 9-34 知，管理人数负向显著影响家庭农场效率。这是由于管理人数增加加大了成员间沟通与协调的难度，使家庭农场难以根据内外部环境的变化及时做出决策部署，影响了决策的科学性与有效性，抑制了家庭农场经营管理水平的改善。从管理人数对效率作用的方向来看，结果与黄祖辉等（2011）的结果一致。负债收入比接近正向显著影响家庭农场效率。这是由于负债收入比的增加能够解决所需资金，而贷款得到的资金相比其他渠道得到的资金的成本低，从而把规模效率发挥出来。

表 9-34　家庭农场内部变量对效率固定影响结果

固定效应	回归系数	标准误	T 检验	自由度	P 值
截距 1，β_0					
截距 2，γ_{00}	0.533 0	0.124 0	4.296	9	0.002
MN	−0.605 2	0.185 0	−3.271	117	0.001
DIR	0.568 2	0.357 5	1.589	117	0.115
PS	−0.075 2	0.069 9	−1.076	117	0.284
随机效应	标准误	方差成分	自由度	卡方值	P 值
层二效应（地区间）	0.374 3	0.140 1	9	112.782 3	<0.001
层一效应（地区内）	0.403 3	0.162 6			

种植规模没显著影响家庭农场效率。由于多层统计模型不仅关注固定效应显著，而且还需关注随机效应的显著，因此将 PS 保留在模型中。

3. 家庭农场内部变量对效率影响的结果分析

为了分析家庭农场内部要素对家庭农场效率的影响，建立不包括层二解释变量的回归模型。将层一的解释变量引入模型中，得到变量相对接近统计显著模型如下：

层一模型：$FFE_{ij} = \beta_{0j} + \beta_{1j}MN_{ij} + \beta_{2j}DIR_{ij} + \beta_{3j}PS_j + r_{ij}$；

层二模型：$\beta_{0j} = \gamma_{00} + u_{0j}$，$\beta_{1j} = \gamma_{10} + u_{1j}$，$\beta_{2j} = \gamma_{20} + u_{2j}$，$\beta_{3j} = \gamma_{30} + u_{3j}$。

其中，层一模型中的解释变量都是用组中心化后的数据运算的。

家庭农场内部变量对效率随机影响的结果见表 9-35。

表 9-35　家庭农场内部变量对效率随机影响结果

固定效应	回归系数	标准误	T 检验	自由度	P 值
截距 1，β_0					
截距 2，γ_{00}	0.529 7	0.123 5	4.289	9	0.002
MN	−0.771 0	0.182 0	−4.235	9	0.002

第九章　香蕉产业组织效率的实证分析

续表

固定效应	回归系数	标准误	T检验	自由度	P值
DIR	0.119 7	0.470 6	0.254	9	0.805
PA	-0.078 3	0.100 3	-0.781	9	0.455
随机效应	标准误	方差成分	自由度	卡方值	P值
层二效应（地区间）					
平均效率	0.374 0	0.139 8	2	64.881 3	<0.001
MN	0.024 7	0.000 6	2	0.000 0	>0.500
DIR	1.009 8	1.019 8	2	10.905 5	0.005
PA	0.218 1	0.047 5	2	10.419 3	0.006
层一效应（地区内）	0.383 1	0.146 7			

由表 9-35 固定效应部分可知，管理人数、负债收入比、种植规模的系数与表 9-34 的数据具有一定的差异。这是由于表 9-34 是在管理人数、负债收入比、种植规模的系数为固定值时的结果，而表 9-35 是在变量系数为随机值时的结果。

同时，由表 9-35 可知，截距（β_0）、技术培训的系数（β_2）、种植规模的系数（β_3）在各个地区之间存在显著性差异，即各个香蕉家庭农场效率的平均值，以及变量 DIR，PA 与 FFE 之间的关系随着地区的不同而显著不同。嵌入性变量可以对地区不同（变异）给出一定程度上的解释。

4．嵌入性变量的影响效应分析

为了解释截距，以及 DIR、PS 与 FFE 之间的地区变异，将嵌入性变量引入 β_{0j}、β_{2j}、β_{3j}，得到变量相对接近显著的全模型：

层一模型：$FFE_{ij} = \beta_{0j} + \beta_{1j}MN_{ij} + \beta_{2j}DIR_{ij} + \beta_{3j}PS_j + r_{ij}$；

层二模型：$\beta_{0j} = \gamma_{00} + \gamma_{01}URB_j + \gamma_{02}MAR_j + \gamma_{03}BEE_j + \gamma_{04}PY_j + u_{0j}$，

$\beta_{1j} = \gamma_{10}$，$\beta_{2j} = \gamma_{20} + \gamma_{21}BEE_j + u_{2j}$，$\beta_{3j} = \gamma_{30} + \gamma_{31}BEE_j + u_{3j}$。

其中，层一与层二模型中的解释变量都是用组中心化后的数据运算的。层二模型的结果见表 9-36。

表 9-36　嵌入性变量的影响效应结果

固定效应	回归系数	标准误	T检验	自由度	P值
地区香蕉家庭农场效率的平均值					
截距 2，γ_{00}	0.527 1	0.051 0	10.327	4	<0.001
URB，γ_{01}	0.045 9	0.006 8	6.760	4	0.002
MAR，γ_{02}	-0.026 8	0.005 2	-5.111	4	0.007
BEE，γ_{03}	-0.016 4	0.413 1	-3.971	4	0.017
PY，γ_{04}	-0.075 8	0.020 8	-3.630	4	0.022

续表

固定效应	回归系数	标准误	T 检验	自由度	P 值
MN 斜率，β_1					
截距 2，γ_{10}	-0.778 1	0.191 4	-4.065	99	<0.001
DIR 斜率，β_2					
截距 2，γ_{20}	1.356 5	0.479 2	2.831	8	0.022
BEE，γ_{21}	0.000 5	2.717 7	1.956	8	0.086
PA 斜率，β_3					
截距 2，γ_{30}	-0.092 7	0.088 2	-1.051	8	0.324
BEE，γ_{31}	0.007 8	0.464 9	1.694	8	0.129
随机效应	标准误	方差成分	自由度	卡方值	P 值
层二效应（地区间）					
平均效率	0.118 4	0.014 0	0	6.206 0	>0.500
DIR	0.207 8	0.043 1	1	1.328 5	0.247
PS	0.167 9	0.028 2	1	8.768 7	0.003
层一效应（地区内）	0.382 0	0.145 9			

由表 9-35 与表 9-36 可计算出嵌入性变量对 β_{0j}, β_{3j} 的方差成分解释程度，见表 9-37。

表 9-37 嵌入性变量所解释的方差成分和程度

随机效应	加入嵌入性变量前	加入嵌入性变量后	解释程度/%
截距 1，u_0	0.139 8	0.014 0	89.98
DIR 斜率，u_2	1.019 8	0.043 1	95.77
PS 斜率，u_3	0.047 5	0.028 2	40.73

由表 9-37 可知，由于嵌入性变量对截距，以及 DIR、PA 与 FFE 之间关系的变异有较好的解释，因此，层二模型较为合理。层二模型的具体分析由表 9-36 可知：

1）URB 为正向显著影响 FFE 的变量，这体现了城市文化嵌入对家庭农场效率的影响。回归系数为 0.0459，表明城市化率每增加 1 个单位，家庭农场效率将增加 0.0459，这说明城市文化嵌入的提高能促进香蕉家庭农场效率增加。这是由于城市化水平越高的地区，对农产品的需求层次越高，需求量越大，为家庭农场的发展提供了优良的外部环境，有利于促进家庭农场效率的提高。

MAR 为负向显著影响 FFE 的变量，这体现了市场文化嵌入对家庭农场效率的影响。回归系数为-0.0268，表明市场化率每增加 1 个单位，家庭农场效率将减少 0.0268，这说明市场文化嵌入的提高能抑制香蕉家庭农场效率增加。这是由于市场化水平越高的地区，市场就越发达。而种植规模相对较小的家庭农场目前难以与大市场对接，从而导致效率的降低。

BEE 为负向显著影响 FFE 的变量，这体现了经济嵌入对家庭农场效率的影响。回归系数为-0.0164，表明农民人均纯收入每增加 1 万元，即农民人均纯收入每增加 100 元，家庭农场效率将减少 0.0002，这说明经济嵌入的提高能抑制香蕉家庭农场效率增加。在目前家庭农场人员平均收入还不是很高的情形下，当地农民人均纯收入增加会降低家庭农场人员种植的积极性，有的成员会从事收入更高工作，从而将降低家庭农场的效率。

PY 为负向显著影响 FFE 的变量，这体现了认知嵌入对家庭农场效率的影响。回归系数为-0.0758，表明香蕉家庭农场负责人香蕉种植年限增加 1 年，家庭农场效率将减少 0.0758，这说明认知嵌入的提高能抑制香蕉家庭农场效率增加，香蕉家庭农场负责人香蕉种植年限的增加对香蕉家庭农场效率的提高起着阻碍作用。这是因为一方面，种植年限越长的负责人学历越低，而学历越低的人越不愿意采用新技术（夏勇开等，2011），抑制了香蕉家庭农场效率的提高；另一方面，负责人的香蕉种植年限较短，说明香蕉家庭农场成立的时间较短，而新成立的家庭农场采取的是灵活的管理机制，使用的是先进的种植技术，从而促使香蕉家庭农场效率的提高。

2）BEE 为正向显著调节 DIR 与 FFE 之间关系的变量，这体现了经济嵌入对香蕉家庭农场的负债收入比与效率之间关系的影响。回归系数为 0.0005，表明农民人均纯收入每增加 1 万元，即农民人均纯收入每增加 100 元，香蕉合作社的负债收入比与效率之间正向关系将增加 0.000 005，这说明农民人均纯收入高的地区负债收入比与种植规模的边际效率要高于农民人均纯收入低的地区。同时也说明了农民人均纯收入的提高将加强负债收入比与组织效率之间的正关系，削弱种植规模与组织效率之间的负关系。这是由于农民人均纯收入的提高有利于改善目前家庭农场资金不足问题，而贷款相比其他渠道，得到资金的成本低，从而能够将规模效率真正发挥出来。提高农民人均纯收入有利于负债收入比和种植规模提高组织效率。

三、产业联盟效率影响因素的实证分析

（一）香蕉产业联盟数据的合并

多层统计模型对层一与层二数据样本规模都有一定的要求，因此，当每个组织样本点都较少时，多层统计模型就难以应用了。为了能较好地应用多层统计模型，将各香蕉产业联盟按地域相邻性，将 5 省 20 个县域划分为 10 个区域。这样每个区域样本点平均为 10.7 个，就可以较好地应用多层统计模型了。

层一、层二变量的描述性统计量见表 9-38、表 9-39。从中可以得知，目前香

蕉产业联盟效率、管理人数、技术培训、负债收入比、规模、城市文化嵌入、市场文化嵌入、政治嵌入、经济嵌入、认知嵌入、结构嵌入、关系嵌入差异较大。由此可以初步判断，香蕉产业联盟发展不平衡。

表9-38 香蕉产业联盟效率影响因素分析模型层一变量描述性统计

变量名	样本点数	均值	标准差	最小	最大
LAE	107	0.78	0.28	0.16	1.27
MN	107	1.57	1.03	1.00	6.00
TT	107	86.07	74.83	4.00	430.00
DIR	107	0.01	0.04	0	0.24
PS	107	5.48	1.50	2.00	7.00

表9-39 香蕉产业联盟效率影响因素分析模型层二变量描述性统计

变量名	组织数	均值	标准差	最小	最大
URB	10	33.92	12.86	16.66	55.13
MAR	10	31.71	14.32	10.81	51.80
BEE	10	6 413.94	2174.11	3 682.67	11 643.68
BPE	10	4 029.54	1888.74	1 092.27	6 760.69
PY	10	11.72	3.61	6.00	19.50
VC	10	0.16	0.24	0	0.67
PC	10	0.69	0.21	0.27	1.00

（二）实证结果分析

1. 香蕉产业联盟效率变异（方差）的分解

运用零模型把香蕉产业联盟效率的变异分解成能由层一（产业联盟内部因素）和层二（社会嵌入性因素）解释的部分，并依据组内相关系数决定是否建立多层统计模型。

层一模型：$IAE_{ij} = \beta_{0j} + r_{ij}$；

层二模型：$\beta_{0j} = \gamma_{00} + u_{0j}$。

其中，IAE_{ij}表示合并后的第j个地区的第i个组织的效率值，$j=1,2,\cdots,10$ $i=1,2,\cdots,n_j$，n_j表示第j个地区的组织个数，IAE为被解释变量，r表示一层随机误差，u表示二层随机误差。

由表9-40知，每个地区香蕉产业联盟效率（LAE）的平均值在各地区之间有着显著的差异，这种差异由香蕉产业联盟社会嵌入性因素解释的程度，可用组内相关系数$\rho=0.048/（0.048+0.039）\approx54.17\%$解释，而仅有约45.83%由香蕉产业联盟内部因素解释。这表明香蕉产业联盟效率的影响机制较为复杂,仅仅考虑香蕉产业联盟内部因素是不够的。这是因为经济行为的主体在进行经济活动时会受到其所处政治环境、文化环境及周边的群体思维意识等社会场景因素的影响。第七章已经定性分析了嵌入性因素对产业联盟效率可能产生影响;本章的嵌入性因素对香蕉产业联盟的实证分析结果表明,嵌入性因素对效率变异的影响程度最高可达到 54.17%。因此,研究香蕉产业联盟效率的影响因素一定要引入社会场景因素。另外,即使一个很小的 ρ 也会导致较大的第一类错误(Barcikowski,1981),而香蕉产业联盟效率的组内相关系数达到了 0.5417。因此,在研究各地区产业联盟效率影响因素时,必须引入层二变量,即社会嵌入性变量。

表 9-40　产业联盟效率变异分解结果

固定效应	回归系数	标准误	T 检验	自由度	P 值
截距 1,β_0					
截距 2,γ_{00}	0.787 2	0.068 5	11.491	9	<0.001
随机效应	标准误	方差成分	自由度	卡方值	P 值
层二效应(地区间)	0.219 1	0.048 0	9	120.036 5	<0.001
层一效应(地区内)	0.198 3	0.039 3			

2. 产业联盟内部要素对效率的固定影响结果分析

为了分析产业联盟内部要素对产业联盟效率的影响,建立不包括第二层自变量的回归模型。将层一的解释变量引入模型中,得到变量相对接近统计显著的固定系数效应模型如下:

层一模型:$IAE_{ij} = \beta_{0j} + \beta_{1j}TT_{ij} + \beta_{2j}DIR_{ij} + r_{ij}$;

层二模型:$\beta_{0j} = \gamma_{00} + u_{0j}$,$\beta_{1j} = \gamma_{10}$,$\beta_{2j} = \gamma_{20}$。

其中,层一模型中的解释变量都是用组中心化后的数据运算的。

从表 9-41 中可以看出,技术培训(TT)与负债收入比(DIR)对地区香蕉产业联盟效率(LAE)的直接影响达到了显著性水平。

表 9-41　产业联盟内部变量对效率的固定影响结果

固定效应	回归系数	标准误	T 检验	自由度	P 值
截距 1,β_0					
截距 2,γ_{00}	0.787 1	0.068 5	11.485	9	<0.001
TT	0.000 8	0.000 5	1.555	95	0.123
DIR	-1.090 8	0.128 3	-8.501	95	<0.001

续表

随机效应	标准误	方差成分	自由度	卡方值	P 值
层二效应（地区间）	0.220 0	0.048 4	9	132.146 1	<0.001
层一效应（地区内）	0.189 0	0.035 7			

技术培训为正向显著影响香蕉产业联盟效率。回归系数 β_1 值为 0.0008，表明 TT 每增加一次，LAE 会增加 0.0008 个单位，即技术培训对地区香蕉产业联盟效率呈现出提高作用。这是由于香蕉产业联盟增加对联盟成员技术培训的次数，一方面，能进一步帮助联盟成员掌握灌溉技术、施肥技术等传统技术的要领，促使联盟成员在实际的操作更加合理；另一方面，也能帮助联盟成员获得并应用先进的高品质管理技术、土壤改良技术等先进的生产技术；传统技术与现代技术的综合使用促进效率的提升。从技术培训对农业产业组织效率作用方向来看，结果与黄胜忠等（2008），以及徐旭初和吴彬（2010）的结果一致。

负债收入比为负向显著影响香蕉产业联盟效率。回归系数 β_2 值为-0.011，表明 DIR 每增加 1 个单位，LAE 会降低 0.011 个单位。负债收入比对香蕉产业联盟效率的负向影响说明，在目前阶段，负债的增加对香蕉产业联盟效率的提高起着阻碍作用。这是因为一方面，不论是通过什么渠道所获取的资金，都需要一定的交易费用，使香蕉产业联盟经营成本上升，导致效率降低；另一方面，由于香蕉产业联盟现有经营管理人员的水平不高，对所获取的资金与其他资源的重新配置也存在一定的问题。从负债收入比对农业产业组织效率作用方向来看，结果与黄祖辉等（2011）的结果一致。

3. 产业联盟内部要素对效率随机影响的结果分析

为了分析产业联盟内部要素对产业联盟效率的影响，建立不包括层二解释变量的回归模型。将层一的解释变量引入模型中，得到变量相对接近统计显著的随机系数效应模型如下：

层一模型：$IAE_{ij} = \beta_{0j} + \beta_{1j}TT_{ij} + \beta_{2j}DIR_{ij} + r_{ij}$；

层二模型：$\beta_{0j} = \gamma_{00} + u_{0j}, \beta_{1j} = \gamma_{10} + u_{1j}, \beta_{2j} = \gamma_{20} + u_{2j}$。

其中，层一模型中的解释变量都是用组中心化后的数据运算的。

产业联盟内部变量对效率的随机影响结果见表 9-42。

表 9-42 产业联盟内部变量对效率的随机影响结果

固定效应	回归系数	标准误	T 检验	自由度	P 值
截距 1，β_0					
截距 2，γ_{00}	0.787 2	0.068 6	11.473	9	<0.001

续表

固定效应	回归系数	标准误	T检验	自由度	P值
TT	-0.000 3	0.001 0	-0.304	9	0.768
DIR	-0.353 6	0.501 1	-0.706	9	0.498
随机效应	标准误	方差成分	自由度	卡方值	P值
层二效应（地区间）					
平均效率	0.221 5	0.049 0	9	155.2547	<0.001
TT	0.002 0	0.000 01	9	31.6948	<0.001
DIR	1.351 6	1.826 8	9	2.7901	>0.500
层一效应（地区内）	0.171 3	0.029 3			

由表 9-42 固定效应部分可知,技术培训与负债收入比的系数与表 9-41 的数据具有一定的差异。这是由于表 9-41 是在技术培训与负债收入比的系数为固定值时的结果,而表 9-42 是在变量系数为随机值时的结果。

同时,由表 9-42 随机效应部分可知,截距（β_0）与技术培训的系数（β_1）在各个地区之间存在显著性差异,即各个香蕉产业联盟效率的平均值,以及变量 JSPX 与 LAE 之间的关系随着地区的不同而显著不同。嵌入性变量可以对地区不同（变异）给出一定程度上的解释。

4. 嵌入性变量影响效应结果分析

为了解释截距,以及 TT 与 LAE 之间关系的地区变异,将嵌入性变量引入 β_{0j}、β_{1j},得到变量相对接近显著的全模型:

层一模型:$IAE_{ij} = \beta_{0j} + \beta_{1j}TT_{ij} + \beta_{2j}DIR_{ij} + r_{ij}$;

层二模型:$\beta_{0j} = \gamma_{00} + \gamma_{01}BPE_j + \gamma_{02}PY_j + u_{0j}$,

$\beta_{1j} = \gamma_{10} + \gamma_{11}MAR_j + u_{1j}$, $\theta_1 = \gamma_{20}$。

其中,层一与层二模型中的解释变量都是用组中心化后的数据运算的。层二模型的结果见表 9-43。

表 9-43 嵌入性变量影响效应结果

固定效应	回归系数	标准误	T检验	自由度	P值
截距1,β_0					
截距2,γ_{00}	0.783 2	0.023	33.491	6	<0.001
BPE,γ_{01}	0.006 1	0.101	6.185	6	<0.001
PY,γ_{02}	-0.028 3	0.004	-6.488	6	<0.001
TT斜率,β_1					
截距2,γ_{10}	-0.000 09	0.000 34	-0.273	8	0.792

续表

固定效应	回归系数	标准误	T 检验	自由度	P 值
MAR, γ_{11}	0.000 09	0.000 03	3.064	8	0.015
DIR 斜率, θ					
截距2, γ_{20}	−0.939 2	0.148	−6.332	86	<0.001
随机效应	标准误	方差成分	自由度	卡方值	P 值
层二效应（地区间）					
平均效率	0.072 9	0.005 3	6	19.178 7	0.004
TT	0.000 8	0.000 0	8	14.168 3	0.077
层一效应（地区内）	0.176 2	0.031 0			

由表 9-42 与 9-43 随机效应的方差成分可计算出嵌入性变量对 β_{0j}、β_{1j} 的方差成分解释程度，见表 9-44。

表 9-44 嵌入性变量所解释的方差成分和程度

随机效应	加入嵌入性变量前	加入嵌入性变量后	解释程度/%
各地区效率的平均值	0.049 0	0.005 3	89.16
TT 斜率, u_1	0.000 01	0.000 00	100

由表 9-44 可知，嵌入性变量对截距及 TT 与 LAE 之间关系的变异有较好的解释，因此，层二模型较为合理。层二模型的具体分析由表 9-43 可知：

1) BPE 为正向显著影响香蕉产业联盟效率的变量，这体现了政治嵌入对香蕉产业联盟效率的影响。回归系数为 0.006 1，表明人均财政支出水平增加 1 万元，香蕉产业联盟效率将增加 0.006 1，这说明政治嵌入水平的提高有助于香蕉产业联盟效率的提高。具体原因见本章第三节第一部分（二）中 BPE 的解释。

PY 负向显著影响产业联盟效率，这体现了认知嵌入对香蕉产业联盟效率的影响。回归系数为−0.028，表明香蕉产业联盟负责人香蕉种植年限增加 1 年，香蕉产业联盟效率将减少 0.028，这说明认知嵌入水平的提高将抑制香蕉产业联盟效率的提高。具体原因见本章第三节第二部分（二）中 PY 的解释。

2) MAR 为正向显著调节 TT 与 LAE 之间关系的变量，这体现了市场文化嵌入对香蕉产业联盟的技术培训与效率之间关系的影响。同时，这说明 MAR 的增加将加强变量 TT 与 LAE 之间的正关系，具体变量之间的精确影响为：市场化率增加 1 个单位时，TT 与 LAE 之间的正关系将增加 0.000 09 个单位。这表明市场化程度高的地区产业联盟技术培训的边际效率要高于市场化程度低的地区。这是由于随着市场化进程的推进，在市场竞争机制的作用下，企业必须尽力去学习、模仿、吸收消化先进技术，不断地提高技术水平，才能在市场竞争中生存（周兴等，2014）。

香蕉产业联盟的实际情况也大致如此，位于市场化程度较高地区的产业联盟更加努力学习、模仿，借助于培训来吸收消化先进技术、提高技术水平。

四、香蕉公司效率影响因素的实证分析

（一）香蕉公司数据的合并

为了能较好地应用多层统计模型，将各香蕉公司按地域相邻性，将5省20个县域划分为10个区域。这样每个区域样本点平均为16.1个，就可以较好地应用多层统计模型了。

层一、层二变量的描述性统计量见表9-45、表9-46。从中可以得知，目前香蕉公司在技术效率、纯技术效率、规模效率、管理人数、技术培训、负债收入比、规模、城市文化嵌入、市场文化嵌入、政治嵌入、经济嵌入、认知嵌入、结构嵌入、关系嵌入上差异较大。由此可以初步判断，香蕉公司发展不平衡。

表9-45 香蕉公司效率影响因素分析模型层一变量描述性统计

变量名	样本点数	均值	标准差	最小	最大
MN	161	4.35	4.04	1.00	33
TT	161	105.53	117.04	8.00	600
DIR	161	0.03	0.10	0	0.73
PS	161	6.43	1.37	2.00	7.00
CTE	161	0.71	0.08	0.49	0.92
CPTE	161	0.72	0.09	0.49	0.97
CSE	161	0.99	0.05	0.68	1.11

表9-46 香蕉公司效率影响因素分析模型层二变量描述性统计

变量名	组织数	均值	标准差	最小	最大
URB	10	33.92	12.86	16.66	55.13
MAR	10	31.71	14.32	10.81	51.80
BEE	10	0.64	0.22	0.37	1.16
BPE	10	0.40	0.19	0.11	0.68
PY	10	9.30	3.36	4.83	13.26
VC	10	0.06	0.16	0	0.50
PC	10	0.70	0.24	0.25	1.00

（二）香蕉公司技术效率分析

1. 香蕉公司技术效率变异的分解

运用零模型将香蕉公司技术效率的变异分解成能由层一（香蕉公司内部因素）

和层二（社会嵌入性因素）解释的部分，并依据组内相关系数决定是否建立多层统计模型。

层一模型：$CTE_{ij} = \beta_{0j} + r_{ij}$；

层二模型：$\beta_{0j} = \gamma_{00} + u_{0j}$。

其中，$PCTE_{ij}$ 表示第 j 个地区的第 i 个香蕉公司的技术效率值，$j=1,2,\cdots,10$，$i=1,2,\cdots,n_j$，n_j 表示第 j 个地区的组织个数，r 表示一层随机误差，u 表示二层随机误差。

由表 9-47 知，每个地区香蕉公司技术效率（TE）的平均值在各地区之间有着显著的差异，这种差异由层二变量来解释的程度，可分别用技术效率的组内相关系数 $\rho =0.0049/（0.0049+0.003）\approx 62.03\%$ 解释，即各地区香蕉公司技术效率平均值的差异有约 62.03% 可以用层二变量解释，从而说明在研究各地区香蕉公司技术效率时，必须引入层二变量。

表 9-47 公司技术效率变异的分解结果

固定效应	回归系数	标准误	T 检验	自由度	P 值
截距 1，β_0					
截距 2，γ_{00}	0.714 7	0.021 5	33.106	9	<0.001
随机效应	标准误	方差成分	自由度	卡方值	P 值
层二效应（地区间）	0.070 5	0.004 9	9	215.708 5	<0.001
层一效应（地区内）	0.054 0	0.003 0			

2. 香蕉公司内部变量对技术效率的固定影响结果分析

为了分析香蕉公司内部变量对技术效率的影响，建立不包括层二解释变量的回归模型。将层一的解释变量引入模型中，得到变量相对接近统计显著的固定系数效应模型如下：

层一模型：$CTE_{ij} = \beta_{0j} + \beta_{1j}MN_{ij} + \beta_{2j}TT_{ij} + \beta_{3j}DIR_{ij} + \beta_{4j}PS_{ij} + r_{ij}$；

层二模型：$\beta_{0j} = \gamma_{00} + u_{0j}$，$\beta_{1j} = \gamma_{10}, \beta_{2j} = \gamma_{20}, \beta_{3j} = \gamma_{40}, \beta_{4j} = \gamma_{40}$。

其中，层一模型中的解释变量都是用组中心化后的数据运算的。

由表 9-48 知，技术培训与负债收入比对技术效率的影响接近显著。其中，技术培训的系数为 0.0001，即技术培训增加一次，技术效率将增加 0.0001；这表明香蕉公司加强技术培训，能使传统技术应用更加合理，能获得并应用先进的生产技术，促进技术效率的提升。从技术培训对公司效率的作用方向来看，结果与黄胜忠等（2008）、徐旭初和吴彬（2010）的结果一致。负债收入比的系数为-0.0556，即负债收入比每增加 1 个单位，技术效率将降低-0.0556；这表明较高的财务杠杆，财务费用会相应增加，使香蕉公司经营成本上升，抑制了公司规模经济效应的发挥；同时，注重规模的扩张，势必影响内涵的发展，从而抑制了技术效率的提高。从负债收入比对农业产业组织效率作用方向来看，结果与黄祖辉等（2011）的结果一致。管理人数与种植规模的作用没达到显著。

表9-48 公司内部变量对技术效率的固定影响结果

固定效应	回归系数	标准误	T检验	自由度	P值
截距1，β_0					
截距2，γ_{00}	0.714 7	0.021 5	33.105	9	<0.001
MN	-0.002 7	0.001 9	-1.445	147	0.151
TT	0.000 1	0.000 06	1.705	147	0.090
DIR	-0.055 6	0.026 2	-2.118	147	0.036
PS	0.005 9	0.010 4	0.565	147	0.573
随机效应	标准误	方差成分	自由度	卡方值	P值
层二效应（地区间）	0.070 5	0.004 9	9	216.266 9	<0.001
层一效应（地区内）	0.054 9	0.003 0			

3. 香蕉公司内部变量对技术效率的随机影响结果分析

为了分析香蕉公司内部变量对公司技术效率的影响，建立不包括层二解释变量的回归模型。将层一的解释变量引入模型中，得到变量相对接近统计显著的随机系数效应模型如下：

层一模型：$CTE_{ij} = \beta_{0j} + \beta_{1j}MN_{ij} + \beta_{2j}TT_{ij} + \beta_{3j}DIR_{ij} + \beta_{4j}PS_{ij} + r_{ij}$；

层二模型：$\beta_{0j} = \gamma_{00} + u_{0j}$，$\beta_{1j} = \gamma_{10} + u_{1j}$，$\beta_{2j} = \gamma_{20} + u_{2j}$，$\beta_{3j} = \gamma_{40} + u_{3j}$，
$\beta_{4j} = \gamma_{40} + u_{4j}$。

其中，层一模型中的解释变量都是用组中心化后的数据运算的。

公司内部变量对技术效率的随机影响结果见表9-49。

表9-49 公司内部变量对技术效率的随机影响结果

固定效应	回归系数	标准误	T检验	自由度	P值
截距1，β_0					
截距2，γ_{00}	0.714 7	0.021 6	33.090	9	<0.001
MN	-0.010 6	0.013 9	-0.760	9	0.467
TT	0.000 1	0.000 2	0.494	9	0.633
DIR	-0.056 0	0.063 0	-0.890	9	0.397
PS	0.010 6	0.009 1	1.160	120	0.248

随机效应	标准误	方差成分	自由度	卡方值	P 值
层二效应（地区间）					
平均效率，u_0	0.071 0	0.005 0	3	80.510 1	<0.001
MN	0.040 3	0.001 6	3	20.364 2	<0.001
TT	0.000 6	0.000 0	3	7.786 3	0.050
DIR	0.183 4	0.033 6	3	10.679 1	0.014
PS	0.071 0	0.005 0	3	80.510 1	<0.001
层一效应（地区内）	0.049 4	0.002 4			

由表 9-48 和表 9-49 知，变量管理人数、技术培训、负债收入比、种植规模的系数存在一定的差异，这是由于表 9-48 中变量管理人数、技术培训、负债收入比、种植规模的系数为固定系数，而表 9-49 中变量的系数为随机系数。

同时，由表 9-49 随机效应部分可知，技术效率的平均效率（截距 β_0）、管理人数、技术培训、负债收入比、种植规模的系数在各个地区之间存在显著性差异，即各个农业产业组织效率的平均值随着地区的不同而显著不同，变量管理人数、技术培训、负债收入比、种植规模与组织效率之间的关系随着地区的不同而显著不同。截距与关系的不同，需要引入嵌入性变量解释。

4. 嵌入性影响效应结果分析

为了解释变量截距，以及变量管理人数、技术培训、负债收入比、种植规模与公司技术效率之间的关系随着地区的不同而显著不同的原因，将嵌入性变量引入 β_{0j}、β_{1j}、β_{2j}、β_{3j}、β_{4j}，得到变量相对接近显著的全模型：

层一模型：$CTE_{ij} = \beta_{0j} + \beta_{1j}MN_{ij} + \beta_{2j}TT_{ij} + \beta_{3j}DIR_{ij} + \beta_{4j}PS_{ij} + r_{ij}$；

层二模型：$\beta_{0j} = \gamma_{00} + \gamma_{01}URB_j + \gamma_{02}MAR_j + \gamma_{03}BPE_j + \gamma_{04}BEE_j + \gamma_{05}PC_j$
$\qquad + \gamma_{06}VC_j + \gamma_{07}PY_j + u_{0j}$，

$\beta_{1j} = \gamma_{10} + \gamma_{11}URB_j + \gamma_{12}MAR_j + \gamma_{13}BPE_j + \gamma_{14}BEE_j + \gamma_{15}PC_j$
$\qquad + \gamma_{16}VC_j + \gamma_{17}PY_j + u_{1j}$，$\cdots$，

$\beta_{4j} = \gamma_{40} + \gamma_{41}URB_j + \gamma_{42}MAR_j + \gamma_{43}BPE_j + \gamma_{44}BEE_j + \gamma_{45}PC_j$
$\qquad + \gamma_{46}VC_j + \gamma_{47}PY_j + u_{pj}$。

其中，层一与层二模型中的解释变量都是用组中心化后的数据运算的。层二模型的结果见表 9-50。

表 9-50 嵌入性影响效应结果

固定效应	回归系数	标准误	T 检验	自由度	P 值
截距 1，β_0					

续表

固定效应		回归系数	标准误	T检验	自由度	P值
	截距 2，γ_{00}	0.714 9	0.023 2	30.734	7	<0.001
	URB	0.002 3	0.002 4	0.989	7	0.356
	MAR	-0.002 7	0.002 1	-1.263	7	0.247
	BPE	0.302 0	0.083 1	3.633	7	0.008
	BEE	-0.038 5	0.071 4	-0.539	7	0.607
	PY	-0.010 1	0.005 1	-1.983	7	0.088
	VC	0.253 3	0.108 9	2.327	7	0.053
	PC	-0.036 9	0.117 2	-0.315	7	0.762
MN						
	截距 2，γ_{10}	0.017 82	0.008 7	2.041	7	0.081
	URB	-0.000 01	0.000 7	-0.022	7	0.983
	MAR	0.000 7	0.000 4	1.601	7	0.154
	BPE	-0.055 5	0.025 5	-2.173	7	0.066
	BEE	0.044 5	0.036 3	1.226	7	0.260
	PY	0.001 8	0.001 2	1.484	7	0.181
	VC	0.078 8	0.185 5	0.425	7	0.684
	PC	0.011 8	0.033 2	0.355	7	0.733
TT						
	截距 2，γ_{20}	-0.000 04	0.000 1	-0.356	129	0.722
DIR						
	截距 2，γ_{30}	-0.053 6	0.046 7	-1.147	129	0.253
PS						
	截距 2，γ_{40}	0.099 5	0.158 9	0.627	7	0.551
	URB	0.007 5	0.010 2	0.737	7	0.485
	MAR	-0.015 7	0.022 6	-0.695	7	0.510
	BPE	0.124 62	0.068 1	1.828	7	0.110
	BEE	0.021 7	0.024 1	0.901	7	0.398
	PY	0.004 6	0.003 8	1.198	7	0.270
	VC	-0.010 4	0.185 3	-0.056	7	0.957
	PC	-0.771 3	0.599 4	-1.287	7	0.239
随机效应		标准误	方差成分	自由度	卡方值	P值
层二效应（地区间）						
	平均效率，u_0	0.021 8	0.001 8	0	63.0420	>0.500
	MN	0.012 0	0.000 1	0	1.6099	>0.500
	PS	0.004 2	0.000 02	0	0.8091	>0.500
层一效应（地区内）		0.051 8	0.002 6			

由表 9-49 与表 9-50 中的随机效应可计算出嵌入性变量对 β_{0j}、β_{1j}、β_{2j}、β_{3j}、β_{4j} 的方差成分解释程度，见表 9-51。

表 9-51　嵌入性变量所解释的方差成分和程度

随机效应	加入嵌入性变量前	加入嵌入性变量后	解释程度/%
平均效率，u_0	0.005 0	0.001 8	64
MN	0.001 6	0.000 1	93.75
PS	0.005 0	0.000 02	99.6

由表 9-51 可知，嵌入性变量对效率的变异有较好的解释。具体解释由表 9-50 可知：

1）BPE 为正向显著影响公司技术效率的变量，这体现了政治嵌入对香蕉公司技术效率的影响。回归系数为 0.3020，表明人均财政支出每增加 1 万元，即人均财政支出每增加 100 元，香蕉公司技术效率将增加 0.0030，这表明政治嵌入的提高将有助于香蕉公司技术效率的提高。具体原因见本章第二节第二部分（一）中政治嵌入的解释。

PY 为负向显著影响公司技术效率的变量，这体现了认知嵌入对香蕉公司技术效率的影响。回归系数为-0.0101，表明香蕉公司负责人种植香蕉年限增加 1 年，香蕉公司技术效率将减少 0.0101，这表明认知嵌入的提高将抑制香蕉公司技术效率的提高。具体原因见本章第二节第二部分（一）中认知嵌入的解释。

VC 为正向显著影响公司技术效率的变量，这体现了结构嵌入对香蕉公司技术效率的影响。回归系数为 0.2533，表明香蕉公司负责人担任村干部的人数增加 1 个单位，香蕉公司技术效率将增加 0.2533，这表明结构嵌入的提高将有助于香蕉公司技术效率的提高。这是由于担任社会职务的公司负责人较普通农民负责人而言，在获取外部市场信息、利用各种资源、应对各种风险等方面更有优势。此外，合作社发展在相当程度上是嵌入当地社会政治体制中的，具有社会职务的负责人比较容易获得当地政府和社会的支持，从而提高公司的技术效率。

2）层二模型变量管理人数的斜率 β_1 方程中，政治嵌入是负向显著调节公司的管理人数与技术效率之间关系的变量，这体现了政治嵌入对香蕉公司的管理人数与技术效率之间关系的影响。回归系数为-0.0555，表明人均财政支出每增加 1 万元，即人均财政支出每增加 100 元，香蕉公司的管理人数与技术效率之间的负向关系将增加 0.0006，这表明人均财政支出水平高的地区管理人数变量的边际技术效率比人均财政支出水平低的地区的边际技术效率要低。这是由于变量人均财政支出高的地区，香蕉产业组织更倾向于争取政府的资金支持，对提高技术与管理水平缺少动力，从而种植规模的边际技术效率较低。这与"资源诅咒"类似。

表 9-50 中其他变量的影响没达到显著。

（三）香蕉公司纯技术效率分析

1. 香蕉公司纯技术效率变异的分解

运用零模型将香蕉公司纯技术效率的变异分解成能由层一（香蕉公司内部因素）和层二（社会嵌入性因素）解释的部分，并依据组内相关系数决定是否建立多层统计模型。

层一模型：$CPTE_{ij} = \beta_{0j} + r_{ij}$；

层二模型：$\beta_{0j} = \gamma_{00} + u_{0j}$。

其中，$PCPTE_{ij}$ 表示第 j 个地区的第 i 个香蕉公司纯技术效率值，$j=1,2,\cdots,10$，$i=1,2,\cdots,n_j$，n_j 表示第 j 个地区的组织个数，r 表示一层随机误差，u 表示二层随机误差。

由表 9-52 知，香蕉种植公司纯技术效率（$PCPTE$）的平均值在各地区之间有着显著的差异，这种差异由层二变量来解释的程度，可分别用纯技术效率的组内相关系数 $\rho = 0.0047/(0.0047+0.0050) \approx 48.45\%$ 来解释，即各地区香蕉种植公司纯技术效率平均值的差异有约 48.45%可以用层二变量来解释，从而说明在研究各地区香蕉种植公司纯技术效率时，必须引入层二变量。

表 9-52 公司纯技术效率变异的分解结果

固定效应	回归系数	标准误	T 检验	自由度	P 值
截距 1，β_0					
截距 2，γ_{00}	0.723 3	0.021 3	33.897	9	<0.001
随机效应	标准误	方差成分	自由度	卡方值	P 值
层二效应（地区间）	0.068 7	0.004 7	9	126.344 9	<0.001
层一效应（地区内）	0.070 9	0.005 0			

2. 香蕉公司内部变量对纯技术效率的固定影响结果分析

为了分析香蕉公司内部变量对纯技术效率的影响，建立不包括层二解释变量的回归模型。将层一的解释变量引入模型中，得到变量相对接近统计显著的固定系数效应模型如下：

层一模型：$CPTE_{ij} = \beta_{0j} + \beta_{1j}MN_{ij} + \beta_{2j}TT_{ij} + \beta_{3j}DIR_{ij} + \beta_{4j}PS_{ij} + r_{ij}$；

层二模型：$\beta_{0j} = \gamma_{00} + u_{0j}, \beta_{1j} = \gamma_{10}, \beta_{2j} = \gamma_{20}, \beta_{3j} = \gamma_{40}, \beta_{4j} = \gamma_{40}$。

其中，层一模型中的解释变量都是用组中心化后的数据运算的。

公司内部变量对纯技术效率的固定影响结果见表 9-53。

表 9-53　公司内部变量对纯技术效率的固定影响结果

固定效应	回归系数	标准误	T 检验	自由度	P 值
截距 1，β_0					
截距 2，γ_{00}	0.723 3	0.021 3	33.880	9	<0.001
MN	−0.005 5	0.003 0	−1.798	147	0.074
TT	0.000 2	0.000 1	1.723	147	0.087
DIR	−0.061 7	0.029 0	−2.128	147	0.035
PS	−0.016 5	0.025 8	−0.640	147	0.523
随机效应	标准误	方差成分	自由度	卡方值	P 值
层二效应（地区间）	0.068 8	0.004 7	9	133.713 2	<0.001
层一效应（地区内）	0.068 9	0.004 6			

由 9-53 知，管理人数、技术培训与负债收入比对纯技术效率的影响接近显著。其中，管理人数的回归系数为−0.0055，即管理人数每增加 1 人，纯技术效率将降低 0.0055；目前的实际情况是公司管理人数增加会加大管理人员之间的协调难度，影响决策的科学性与有效性，从而降低了公司的纯技术效率。

技术培训的回归系数为 0.0002，即技术培训每增加 1 人，纯技术效率将增加 0.0002；这表明香蕉公司加强技术培训，能使传统技术应用更加合理，能获得并应用先进的生产技术，促进纯技术效率的提升。从技术培训对公司效率的作用方向来看，结果与黄胜忠等（2008）、徐旭初和吴彬（2010）的结果一致。

负债收入比的回归系数为−0.0617，即负债收入比每增加 1 个单位，纯技术效率将降低 0.0617；这表明较高的财务杠杆，财务费用会相应增加，使香蕉公司经营成本上升，抑制了公司规模经济效应的发挥；同时，注重规模的扩张，势必影响内涵的发展，从而抑制了纯技术效率的提高。从负债收入比对农业产业组织效率作用方向来看，结果与黄祖辉等（2011）的结果一致。

3. 香蕉公司内部变量对纯技术效率的随机影响结果分析

为了分析香蕉公司内部要素对公司纯技术效率的影响，建立不包括层二解释变量的回归模型。将层一的解释变量引入模型中，得到变量相对接近统计显著的随机系数效应模型如下：

层一模型：$CPTE_{ij} = \beta_{0j} + \beta_{1j}MN_{ij} + \beta_{2j}TT_{ij} + \beta_{3j}DIR_{ij} + \beta_{4j}PS_{ij} + r_{ij}$；

层二模型：$\beta_{0j} = \gamma_{00} + u_{0j}$，$\beta_{1j} = \gamma_{10} + u_{1j}$，$\beta_{2j} = \gamma_{20} + u_{2j}$，$\beta_{3j} = \gamma_{40} + u_{3j}$，$\beta_{4j} = \gamma_{40} + u_{4j}$。

其中，层一模型中的解释变量都是用组中心化后的数据运算的。

公司内部变量对纯技术效率的随机影响结果见表 9-54。

表 9-54　公司内部变量对纯技术效率的随机影响结果

固定效应	回归系数	标准误	T 检验	自由度	P 值
截距 1，β_0					
截距 2，γ_{00}	0.723 3	0.021 4	33.776	9	<0.001
MN	0.020 6	0.011 4	1.808	9	0.104
TT	-0.000 2	0.000 2	-1.034	9	0.328
DIR	-0.048 8	0.034 1	-1.430	9	0.187
PS	-0.028 3	0.016 2	-1.744	9	0.115
随机效应	标准误	方差成分	自由度	卡方值	P 值
层二效应（地区间）					
平均效率	0.070 0	0.008 9	0	65.802 8	<0.001
MN	0.032 9	0.001 0	0	4.238 1	>0.500
TT	0.000 0	0.000 0	0	5.494 8	>0.500
DIR	0.082 8	0.006 8	0	0.129 3	>0.500
PS	0.015 4	0.002 2	0	28.872 5	<0.001
层一效应（地区内）	0.053 9	0.002 9			

由表 9-53 和表 9-54 可知，变量管理人数、技术培训、负债收入比、种植规模的系数存在一定的差异，这是由于表 9-53 中变量管理人数、技术培训、负债收入比、种植规模的系数为固定系数，而表 9-54 中变量的系数为随机系数。

同时，由表 9-54 随机效应部分可知，技术效率的平均效率（截距 β_0）、种植规模的系数在各个地区之间存在显著性差异，即各个香蕉公司效率的平均值随着地区的不同而显著不同，变量种植规模与公司纯效率之间的关系随着地区的不同而显著不同。截距与关系的不同，需要引入嵌入性变量解释。

4．嵌入性影响效应结果分析

为了解释变量截距，以及种植规模与公司纯效率之间的关系随着地区的不同而显著不同的原因，将嵌入性变量引入 β_{0j}、β_{4j}，得到变量相对接近显著的全模型：

层一模型：$CPTE_{ij} = \beta_{0j} + \beta_{1j}MN_{ij} + \beta_{2j}TT_{ij} + \beta_{3j}DIR_{ij} + \beta_{4j}PS_{ij} + r_{ij}$；

层二模型：$\beta_{0j} = \gamma_{00} + \gamma_{01}URB_j + \gamma_{02}MAR_j + \gamma_{03}BPE_j + \gamma_{04}BEE_j + \gamma_{05}PC_j$
$\qquad + \gamma_{06}VC_j + \gamma_{07}PY_j + u_{0j}$，

$\beta_{1j} = \gamma_{10}$，$\beta_{2j} = \gamma_{20}$，$\beta_{3j} = \gamma_{30}$，

$\beta_{4j} = \gamma_{40} + \gamma_{41}URB_j + \gamma_{42}MAR_j + \gamma_{43}BPE_j + \gamma_{44}BEE_j + \gamma_{45}PC_j$
$\qquad + \gamma_{46}VC_j + \gamma_{47}PY_j + u_{4j}$。

其中，层一与层二模型中的解释变量都是用组中心化后的数据运算的。层二模型的结果见表 9-55。

表 9-55　嵌入性影响效应结果

固定效应	回归系数	标准误	T检验	自由度	P值
截距1，β_0					
截距2，γ_{00}	0.723 3	0.023 9	30.214	8	<0.001
URB	0.000 1	0.001 9	0.087	8	0.933
MAR	-0.001 2	0.001 7	-0.743	8	0.479
BPE	0.306 7	0.078 0	3.932	8	0.004
BEE	-0.088 9	0.061 1	-1.455	8	0.184
PY	-0.010 8	0.004 8	-2.222	8	0.057
VC	0.280 5	0.124 9	2.245	8	0.055
PC	-0.131 3	0.090 5	-1.450	8	0.185
MN					
截距2，γ_{10}	-0.006 2	0.002 4	-2.558	138	0.012
TT					
截距2，γ_{20}	0.000 2	0.000 09	2.696	138	0.008
DIR					
截距2，γ_{30}	-0.060 2	0.027 7	-2.176	138	0.031
PS					
截距2，γ_{40}	-0.024 0	0.006 1	-3.932	8	0.004
URB	-0.002 2	0.000 3	-6.267	8	<0.001
MAR	0.004 9	0.000 6	7.282	8	<0.001
BPE	-0.203 3	0.106 8	-1.904	8	0.093
BEE	-0.139 8	0.033 5	-4.169	8	0.003
PY	0.024 0	0.005 6	4.244	8	0.003
VC	0.139 8	0.079 7	1.754	8	0.117
PC	-0.151 9	0.038 7	-3.917	8	0.004
随机效应	标准误	方差成分	自由度	卡方值	P值
层二效应（地区间）					
平均效率	0.066 2	0.004 3	1	55.802 85	<0.001
PS	0.028 6	0.000 8	1	20.872 56	<0.001
层一效应（地区内）	0.058 7	0.003 4			

由表 9-54 与表 9-55 中的随机效应可计算出嵌入性变量对 β_{0j}、β_{4j} 的方差成分解释程度，见表 9-56。

表 9-56　嵌入性变量所解释的方差成分和程度

随机效应	加入嵌入性变量前	加入嵌入性变量后	解释程度/%
平均效率	0.008 9	0.004 3	51.60
PS	0.002 2	0.000 8	63.63

由表 9-56 可知，嵌入性变量对效率的变异有较好的解释。具体解释由表 9-55 可知：

1）BPE 为正向显著影响纯技术效率的变量，这体现了政治嵌入对香蕉公司纯技术效率的影响。回归系数为 0.3067，表明人均财政支出每增加 1 万元，即人均财政支出每增加 100 元，香蕉公司纯技术效率将增加 0.0030，这表明政治嵌入的提高将有助于香蕉公司纯技术效率的增加。具体原因见本章第二节第二部分（二）中政治嵌入的解释。

PY 为负向显著影响纯技术效率的变量，这体现了认知嵌入对香蕉公司纯技术效率的影响。回归系数为-0.0108，表明香蕉公司负责人种植香蕉年限每增加 1 年，香蕉公司纯技术效率将减少 0.0108，这表明认知嵌入的提高将抑制香蕉公司纯技术效率的增加，也说明新成立的香蕉公司效率更高。具体原因见本章第二节第二部分（二）中认知嵌入的解释。

VC 为正向显著影响纯技术效率的变量，这体现了结构嵌入对香蕉公司纯技术效率的影响。回归系数为 0.2805，表明香蕉公司负责人担任村干部的人数每增加 1 个单位，香蕉公司纯技术效率将增加 0.2805，这表明结构嵌入的提高将有助于香蕉公司纯技术效率的增加。这是由于担任社会职务的公司负责人较普通农民负责人而言，在获取外部市场信息、利用各种资源、应对各种风险等方面更有优势。此外，公司发展在相当程度上是嵌入当地社会政治体制中的，具有社会职务的负责人比较容易获得当地政府和社会的支持，从而提高公司的纯技术效率。

2）城市文化嵌入为负向显著调节种植规模与纯技术效率之间关系的变量，这体现了城市文化嵌入对香蕉公司的种植规模与纯技术效率之间关系的影响。回归系数为-0.0022，表明城市化率每增加 1 个单位，种植规模与纯技术效率之间负向关系将增加 0.0022 个单位，这表明城市化率高的地区种植规模的边际纯技术效率要低于城市化率低的地区。具体原因见本章第二节第二部分（二）中城市文化嵌入的解释。

政治嵌入为负向显著调节种植规模与纯技术效率之间关系的变量，这体现了政治嵌入对香蕉公司的种植规模与纯技术效率之间关系的影响。回归系数为-0.2033，表明人均财政支出每增加 1 万元，即人均财政支出每增加 100 元，种植规模与纯技术效率之间的负向关系将增加 0.0020，这说明人均财政支出高的地区种植规模的边际纯技术效率要低于人均财政支出低的地区。这是由于人均财政支出高的地区香蕉产业组织更倾向于争取政府的资金支持，对提高纯技术与管理水平缺少动力，从而种植规模的边际纯技术效率较低。这与"资源诅咒"类似。

经济嵌入为负向显著调节种植规模与纯技术效率之间关系的变量，这体现了经济嵌入对香蕉公司的种植规模与纯技术效率之间关系的影响。回归系数为-0.1398，表明农民人均纯收入每增加 1 万元，即农民人均纯收入每增加 100 元，种植规模与纯技术效率之间负向关系将增加 0.0014，这说明农民人均纯收入高的地区种植规模的边际纯技术效率要低于人均财政支出低的地区。这是由于在目前香蕉产业组织人员平均收入还不是很高的情形下，当地农民人均纯收入增加会降低香蕉产业组织人员种植的积极性，有的成员会从事收入更高的工作，规模的扩大难以招到有技术的员工，从而抑制了纯技术效率的提高。

认知嵌入为正向显著调节种植规模与纯技术效率之间关系的变量，这体现了认知嵌入对香蕉公司的种植规模与纯技术效率之间关系的影响。回归系数为 0.0240，表明香蕉公司负责人香蕉种植年限每增加 1 年，种植规模与纯技术效率之间的负向关系将减少 0.024，这说明组织负责人种植时间长的地区种植规模的边际纯技术效率要高于组织负责人种植时间短的地区。这是由于组织负责人种植时间越长，其经验越丰富，越能感觉到种植规模的作用，从而促进了规模的发展。

关系嵌入为负向显著调节种植规模与纯技术效率之间关系的变量，这体现了关系嵌入对香蕉公司的种植规模与纯技术效率之间关系的影响。回归系数为 -0.1519，表明产业组织与周边交流 4 次以上与交流 3 次以下相比，种植规模与纯技术效率之间的负向关系将增加 0.1519，这说明组织与周边交流 4 次以上地区的种植规模的边际纯技术效率要低于组织与周边交流 3 次以下地区。这是由于组织间交流次数越多，对大规模种植的风险了解得越清楚，从而抑制了规模的发展。

（四）香蕉公司规模效率分析

1. 香蕉公司规模效率变异（方差）的分解

运用零模型将香蕉公司规模效率的变异分解成能由层一（香蕉公司内部因素）和层二（社会嵌入性因素）解释的部分，并依据组内相关系数决定是否建立多层统计模型。

层一模型：$CSE_{ij} = \beta_{0j} + r_{ij}$；

层二模型：$\beta_{0j} = \gamma_{00} + u_{0j}$。

其中，CSE_{ij} 表示第 j 个地区的第 i 个香蕉公司的规模技术效率值，$j=1,2,\cdots,10$，$i=1,2,\cdots,n_j$，n_j 表示第 j 个地区的组织个数，r 表示一层随机误差，u 表示二层随机误差。

由表 9-57 知，每个地区香蕉公司规模效率（$PCSE$）的平均值在各地区之间有着显著的差异，这种差异由层二变量来解释的程度，可分别用规模效率的组内相关系数 $\rho =0.0006/（0.0006+0.0024）=20\%$ 来解释，即各地区香蕉公司规模效率平均值的差异有 20% 可以用层二变量来解释，从而说明在研究各地区香蕉公司规模效率时，必须引入层二变量。

表 9-57 公司规模效率变异的分解结果

固定效应	回归系数	标准误	T 检验	自由度	P 值
截距 1，β_0					
截距 2，γ_{00}	0.990 8	0.008 5	115.276	9	<0.001
随机效应	标准误	方差成分	自由度	卡方值	P 值
层二效应（地区间）	0.025 6	0.000 6	9	47.765 9	<0.001
层一效应（地区内）	0.049 3	0.002 4			

2. 香蕉公司内部变量对规模效率的固定影响结果分析

为了分析香蕉公司内部要素对规模效率的影响，建立不包括层二解释变量的回归模型。将层一的解释变量引入模型中，得到变量相对接近统计显著的固定系数效应模型如下：

层一模型：$CSE_{ij} = \beta_{0j} + \beta_{1j}MN_{ij} + \beta_{2j}TT_{ij} + \beta_{3j}DIR_{ij} + \beta_{4j}PS_{ij} + r_{ij}$；

层二模型：$\beta_{0j} = \gamma_{00} + u_{0j}$，$\beta_{1j} = \gamma_{10}, \beta_{2j} = \gamma_{20}, \beta_{3j} = \gamma_{40}, \beta_{4j} = \gamma_{40}$。

其中，层一模型中的解释变量都是用组中心化后的数据运算的。

由表 9-58 知，管理人数对规模效率的影响接近显著。具体为：管理人数的系数为 0.0036，即管理人数每增加一人，规模效率将增加 0.0036；目前的实际情形是管理人数规模的扩大是与公司规模扩大相匹配的，较大的公司规模有助于发挥其规模经济效应，从而提高了规模效率。技术培训、负债收入比、种植规模的系数没达到显著。

表 9-58 公司内部变量对规模效率的固定影响结果

固定效应	回归系数	标准误	T 检验	自由度	P 值
截距 1，β_0					
截距 2，γ_{00}	0.990 9	0.008 5	115.456	9	<0.001
MN	0.003 6	0.001 8	2.022	147	0.045
TT	-0.000 1	0.000 07	-1.455	147	0.148
DIR	0.009 3	0.013 0	0.718	147	0.474
PS	0.024 9	0.017 2	1.452	147	0.149
随机效应	标准误	方差成分	自由度	卡方值	P 值
层二效应（地区间）	0.026 3	0.000 6	9	62.171 2	<0.001
层一效应（地区内）	0.043 2	0.001 8			

3. 香蕉公司内部变量对规模效率的随机影响结果分析

为了分析香蕉公司内部要素对香蕉种植公司规模效率的影响，建立不包括层二解释变量的回归模型。将层一的解释变量引入模型中，得到变量相对接近统计显著的随机系数效应模型如下：

层一模型：$CSE_{ij} = \beta_{0j} + \beta_{1j}MN + \beta_{2j}TT + \beta_{3j}DIR + \beta_{4j}PS_{ij} + r_{ij}$；

层二模型：$\beta_{0j} = \gamma_{00} + u_{0j}$，$\beta_{1j} = \gamma_{10} + u_{1j}$，$\beta_{2j} = \gamma_{20} + u_{2j}$，$\beta_{3j} = \gamma_{40} + u_{3j}$，$\beta_{4j} = \gamma_{40} + u_{4j}$。

其中，层一模型中的解释变量都是用组中心化后的数据运算的。

公司内部变量对规模效率的随机影响结果见表 9-59。

表 9-59　公司内部变量对规模效率的随机影响结果

固定效应	回归系数	标准误	T检验	自由度	P值
截距1，β_0					
截距2，γ_{00}	0.991 1	0.008 5	115.939	9	<0.001
MN	-0.006 9	0.007 4	-0.939	9	0.372
TT	0.000 2	0.000 1	1.262	9	0.239
DIR	0.028 1	0.013 5	2.074	9	0.068
PS	-0.012 4	0.006 8	-1.811	9	0.104
随机效应	标准误	方差成分	自由度	卡方值	P值
层二效应（地区间）					
平均效率	0.027 6	0.001 7	0	91.023	<0.001
MN	0.019 4	0.000 4	0	14.602	<0.001
TT	0.000 4	0.000 1	0	24.280	<0.001
DIR	0.035 2	0.002 9	0	1.887	>0.500
PS	0.021 0	0.000 4	0	34.403	<0.001
层一效应（地区内）	0.030 9	0.000 9			

由表 9-58 和表 9-59 可知，变量管理人数、技术培训、负债收入比、种植规模的系数存在一定的差异，这是由于表 9-58 中变量管理人数、技术培训、负债收入比、种植规模的系数为固定系数，而表 9-59 中变量的系数为随机系数。

同时，由表 9-59 随机效应部分可知，技术效率的平均效率（截距 β_0）、管理人数、技术培训、种植规模的系数在各个地区之间存在显著性差异，即各个农业产业组织效率的平均值随着地区的不同而显著不同，变量管理人数、技术培训、种植规模与公司规模效率之间的关系随着地区的不同而显著不同。截距与关系的不同，需要引入嵌入性变量解释。

4．嵌入性影响效应结果分析

为了解释变量截距，以及 MN 与 CSE 之间的关系随着地区的不同而显著不同的原因,将嵌入性变量引入 β_{0j}、β_{1j}、β_{2j}、β_{4j},得到变量相对接近显著的全模型:

层一模型: $CSE_{ij} = \beta_{0j} + \beta_{1j}MN_{ij} + \beta_{2j}TT_{ij} + \beta_{3j}DIR_{ij} + \beta_{4j}PS_{ij} + r_{ij}$;

层二模型: $\beta_{0j} = \gamma_{00} + \gamma_{01}URB_j + \gamma_{02}MAR_j + \gamma_{03}BPE_j + \gamma_{04}BEE_j + \gamma_{05}PC_j$
$+ \gamma_{06}VC_j + \gamma_{07}PY_j + u_{0j}$,

$\beta_{1j} = \gamma_{10} + \gamma_{11}URB_j + \gamma_{12}MAR_j + \gamma_{13}BPE_j + \gamma_{14}BEE_j + \gamma_{15}PC_j$
$+ \gamma_{16}VC_j + \gamma_{17}PY_j + u_{1j}, \cdots,$

$\beta_{4j} = \gamma_{40} + \gamma_{41}URB_j + \gamma_{42}MAR_j + \gamma_{43}BPE_j + \gamma_{44}BEE_j + \gamma_{45}PC_j$
$+ \gamma_{46}VC_j + \gamma_{47}PY_j + u_{4j}$。

其中,层一与层二模型中的解释变量都是用组中心化后的数据运算的。层二模型的结果见表 9-60。

表 9-60 嵌入性影响效应结果

固定效应		回归系数	标准误	T 检验	自由度	P 值
	截距 1,β_0					
	截距 2,γ_{00}	0.991 1	0.009 8	100.836	2	<0.001
	URB	0.000 7	0.001 0	0.695	2	0.509
	MAR	−0.000 6	0.000 9	−0.671	2	0.524
	BPE	−0.006 6	0.057 5	−0.115	2	0.912
	BEE	−0.028 5	0.049 6	−0.575	2	0.583
	PY	−0.001 7	0.003 1	−0.553	2	0.597
	VC	−0.003 8	0.067 1	−0.057	2	0.956
	PC	−0.014 1	0.041 7	−0.339	2	0.743
MN						
	截距 2,γ_{10}	−0.009 6	0.007 3	−1.305	2	0.233
	URB	0.001 5	0.000 6	2.231	2	0.061
	MAR	0.000 4	0.000 5	0.867	2	0.414
	BPE	−0.046 9	0.044 6	−1.053	2	0.327
	BEE	−0.073 1	0.036 7	0.987	2	0.287
	PY	−0.004 5	0.003 6	−1.246	2	0.253
	VC	0.184 8	0.147 3	1.353	2	0.195
	PC	0.060 1	0.040 4	1.485	2	0.176
TT						
	截距 2,γ_{20}	0.000 3	0.000 1	3.102	2	0.017
	URB	0.000 03	0.000 01	3.194	2	0.015
	MAR	−0.000 001	0.000 007	−0.095	2	0.927
	BPE	0.051 3	0.061 2	0.851	2	0.423
	BEE	0.242 6	0.061 3	4.035	2	0.005
	PY	0.000 06	0.000 06	0.922	2	0.387

续表

固定效应	回归系数	标准误	T检验	自由度	P值
VC	0.001 5	0.001 5	0.987	2	0.356
PC	−0.000 7	0.000 9	−0.762	2	0.468
DIR					
截距2，γ_{30}	0.020 2	0.028 6	0.706	120	0.482
PS					
截距2，γ_{40}	−0.401 6	0.143 4	−2.800	2	0.027
URB	−0.002 7	0.000 9	−1.219	2	0.192
MAR	0.006 0	0.002 0	1.151	2	0.213
BPE	−0.017 9	0.005 6	−1.387	2	0.154
BEE	−0.003 6	0.001 7	−0.999	2	0.374
PY	0.009 2	0.003 4	2.666	2	0.032
VC	−0.004 9	0.001 2	0.294	2	0.612
PC	0.009 9	0.003 2	1.258	2	0.165
随机效应	标准误	方差成分	自由度	卡方值	P值
层二效应（地区间）					
平均效率	0.028 8	0.000 8	0	85.783	0.011
MN	0.019 4	0.000 1	0	3.761	>0.500
TT	0.000 5	0.000 02	0	6.258	>0.500
PS	0.004 2	0.000 0	0	0.020 4	>0.500
层一效应（地区内）	0.031 0	0.000 9			

由表 9-59 与表 9-60 中的随机效应可计算出嵌入性变量对 β_{0j}、β_{1j}、β_{2j}、β_{4j} 的方差成分解释程度，见表 9-61。

表 9-61　嵌入性变量所解释的方差成分和程度

随机效应	加入嵌入性变量前	加入嵌入性变量后	解释程度/%
平均效率	0.001 7	0.000 8	52.94
MN	0.000 4	0.000 1	75
TT	0.000 1	0.000 02	80
PS	0.000 4	0.000 0	100

由表 9-61 可知，嵌入性变量对效率的变异较好的解释。具体解释由 9-60 可知：

层二模型变量管理人数的斜率 β_1 方程中，城市文化嵌入为正向显著调节管理人数与规模效率之间关系的变量，这体现了城市文化嵌入对香蕉公司的管理人数与规模效率之间关系的影响。从数值上看，城市文化嵌入每增加 1 个单位，即城市化率增加1个单位,管理人数与规模效率之间的正向关系将增加0.0015个单位。即城市化率高的地区管理人数的边际规模效率要高于城市化率低的地区。具体原因见本章第二节第二部分（三）中城市文化嵌入的解释。

城市文化嵌入、经济嵌入为正向显著调节公司的技术培训与规模效率之间关系的变量，这体现了城市文化嵌入、经济嵌入对香蕉公司的技术培训与规模效率之间关系的影响。从数值上看，城市化率每增加1个单位，技术培训与规模效率之间的正向关系将增加0.00003个单位；地区农民人均纯收入每增加1万元，即农民人均纯收入每增加100元，技术培训与规模效率之间的正向关系将增加0.0024个单位。即城市化率、地区农民人均纯收入高的地区技术培训的边际规模效率要高于城市化率、地区农民人均纯收入低的地区。这是由于城市化率、地区农民人均纯收入高的地区，教育水平相对较高，因此公司招募的员工素质较好，从而培训的效果较好。

认知嵌入为正向显著调节种植规模与规模效率之间关系的变量，这体现了认知嵌入对香蕉公司的种植规模与规模效率之间关系的影响。从数值上看，认知嵌入每增加1个单位，即产业组织负责人种植年限每增加1年，种植规模与规模效率之间负向关系将减少0.0092个单位。组织负责人种植时间长的地区种植规模的边际规模效率要高于组织负责人种植时间短的地区。具体原因见本章第二节第二部分（三）中认知嵌入的解释。

第四节 结论与建议

一、结论

（一）总组织结论

1）测算了香蕉产业总组织效率；香蕉产业总组织效率在不同区域之间存在较大的差异；效率的整体差异中，技术效率高达62.29%、纯技术效率高达47.36%的份额是由各区域组织效率的社会嵌入性不同造成的。

2）实证分析了香蕉产业组织效率的影响因素组织效率的作用路径及精确性影响问题。显著性直接影响因素为管理人数、种植规模；显著性间接影响因素为城市文化嵌入、市场文化嵌入、经济嵌入、结构嵌入、关系嵌入；既是显著性直接影响又是显著性间接影响因素为政治嵌入、认知嵌入。

3）嵌入性视角下的香蕉产业组织效率的影响因素实证分析也是建立农业产业组织效率影响因素的嵌入性理论实证分析方法的一种尝试，实证结果有助于改善新经济社会学的嵌入性理论缺乏实证的局面。

（二）分组织结论

1. 香蕉合作社结论

1）测算了香蕉合作社效率的值；香蕉合作社效率在不同区域之间存在较大的差异；效率的整体差异中，29.84%的份额是由各区域香蕉合作社效率的社会嵌入性不同造成的。

2）实证分析了香蕉合作社效率的影响因素，得到了技术培训、结构嵌入为正向显著直接影响效率因素，负债收入比负向显著直接影响效率因素；政治嵌入既能正向显著直接影响效率又能调节负债收入比与效率之间的负向关系。

3）嵌入性视角下的香蕉合作社效率的影响因素实证分析也是建立农业合作社效率影响因素的嵌入性理论实证分析方法的一种尝试。

2. 香蕉家庭农场

1）测算了香蕉家庭农场效率的值，香蕉家庭农场效率在不同区域之间存在较大的差异；效率的整体差异中，44.38%的份额是由各区域香蕉家庭农场效率的社会嵌入性不同造成的。

2）实证分析了香蕉家庭农场效率的影响因素，得到显著直接影响因素为城市文化嵌入、负债收入比、管理人数、市场文化嵌入、认知嵌入；显著间接影响因素为经济嵌入。

3）嵌入性视角下的香蕉家庭农场效率的影响因素实证分析也是建立家庭农场效率影响因素的嵌入性理论实证分析方法的一种尝试。

3. 产业联盟结论

1）测算了香蕉产业联盟效率的值；香蕉产业联盟效率在不同区域之间存在较大的差异；效率的整体差异中，54.96%的份额是由各区域香蕉产业联盟效率的社会嵌入性不同造成的。

2）实证分析了香蕉产业联盟效率的影响因素对香蕉产业联盟效率的作用路径，得到显著直接影响因素为技术培训、负债收入比、政治嵌入、认知嵌入、关系嵌入；显著间接影响因素为市场文化嵌入。

3）嵌入性视角下的香蕉产业联盟效率的影响因素实证分析也是建立农业产业联盟效率影响因素的嵌入性理论实证分析方法的一种尝试。

4. 公司结论

1）测算了香蕉公司效率的值；香蕉公司效率在不同区域之间存在较大的差异；

效率的整体差异中，技术效率高达 62.25%、纯技术效率高达 48.36% 的份额是由各区域香蕉公司效率的社会嵌入性不同造成的。

2）实证分析了香蕉公司效率的影响因素对效率的作用路径；对技术效率的显著直接影响因素为认知嵌入、结构嵌入；政治嵌入既能正向显著直接影响技术效率又能负向显著调节公司的管理人数与技术效率之间的关系；对纯技术效率的显著直接影响因素为认知嵌入、结构嵌入；城市文化嵌入能负向显著调节种植规模与纯技术效率之间关系；政治嵌入既能正向显著直接影响纯技术效率又能负向显著调节种植规模与纯技术效率之间的关系；对规模效率得到了城市文化嵌入为正向显著调节管理人数、技术培训与规模效率之间关系的变量，经济嵌入为正向显著调节公司的技术培训与规模效率之间关系的变量，认知嵌入为正向显著调节种植规模与规模效率之间关系的变量。

3）嵌入性视角下的香蕉公司效率的影响因素实证分析也是建立农业公司效率影响因素的嵌入性理论实证分析方法的一种尝试。

二、建议

（一）总组织建议

关于嵌入性视角下的香蕉产业组织效率的研究结论蕴含以下的政策启示：制定提高香蕉产业组织效率的政策时，既要考虑香蕉产业组织的内部因素，也要考虑社会场景因素，即嵌入性因素；只有优化香蕉产业组织的内部因素，同时合理促进嵌入性因素的发展，才能实现各地区香蕉产业组织效率长期稳定的提高。具体策略为：

1）优化香蕉产业组织内部因素对提高香蕉产业组织效率的影响。香蕉产业组织的管理人数与种植规模要相匹配。

2）优化香蕉产业组织社会嵌入性因素对提高香蕉产业组织效率的影响。适度提高人均财政支出，克服认知中的保守倾向。

3）"两方面协调"，协调好社会场景因素对香蕉产业组织的作用。

管理人数与香蕉产业组织技术效率、技术培训与香蕉产业组织纯技术效率的关系可以通过城市文化嵌入、经济嵌入、关系嵌入调节。为了更好地发挥管理人数对香蕉产业组织技术效率、技术培训对香蕉产业组织纯技术效率的作用，应大力提高农民人均纯收入、加强技术交流、适度推进城市化进程，各项力度应达到优化组合。

负债收入比与香蕉产业组织技术效率的关系可以通过城市文化嵌入、市场文化嵌入、经济嵌入调节。为了更好地发挥负债收入比对香蕉产业组织技术效率的作用，应大力提高农民人均纯收入、加快市场化进程、适度推进城市化进程，各项力度应达到优化组合。

种植规模与香蕉产业组织技术效率的关系可以通过政治嵌入、经济嵌入、结构嵌入调节。为了更好地发挥种植规模对香蕉产业组织技术效率的作用，应鼓励香蕉产业组织负责人担任村干部，适度提高人均财政支出。

（二）分组织建议

1. 香蕉合作社建议

关于嵌入性视角下的农业合作社效率的研究结论蕴含以下的政策启示：制定提高农业合作社效率的政策时，既要考虑农业合作社内部因素，也要考虑社会场景因素，即嵌入性因素；只有优化农业合作社内部因素，同时合理促进嵌入性因素的发展，才能实现各地区农业合作社效率的提高。具体策略为：

1）优化农业合作社内部因素对提高农业合作社效率的影响。加强技术培训，避免盲目扩大生产规模；生产规模的扩大要与技术、管理水平达到优化匹配。

2）优化农业合作社嵌入性因素对提高农业合作社效率的影响。优化人均财政支出，鼓励合作社负责人兼任社会职务。

3）"两方面协调"，协调好社会场景因素对农业合作社的作用。

负债收入比与合作社效率之间的负向关系可以通过政治嵌入调节。因此，避免盲目扩大财政支出规模、加强财政支出的定向管理有助于提高负债收入比对农业合作社效率的影响。

2. 香蕉家庭农场建议

以上关于嵌入性视角下的家庭农场效率的研究结论蕴含以下的政策启示：制定提高家庭农场效率的政策时，既要考虑家庭农场内部因素，也要考虑社会嵌入性因素；只有优化家庭农场内部因素，同时合理促进嵌入性因素的发展，才能实现各地区家庭农场效率的提高。具体策略为：

1）优化家庭农场内部因素对提高家庭农场效率的影响：限制管理人数的增加，适当地提高负债收入比，管理人数应与规模相匹配。

2）优化家庭农场社会嵌入性因素对提高家庭农场效率的影响：加快城市化进程，加强家庭农场与大市场的对接，鼓励家庭农场采用新技术。

3）"两方面协调"，协调好社会场景因素对家庭农场的作用。

负债收入比、种植规模与家庭农场效率的关系可以通过经济嵌入调节。提高农民人均纯收入有利于负债收入比和种植规模对提高组织效率的作用。因此，各级政府可以通过提高当地农民人均纯收入的方式促进家庭农场效率的提高。

3. 产业联盟建议

关于嵌入性视角下的香蕉产业联盟效率的研究结论蕴含以下的政策启示：制定提高农业产业联盟效率的政策时，既要考虑农业产业联盟内部因素，也要考虑社会场景因素，即嵌入性因素；只有优化农业产业联盟内部因素、同时合理促进嵌入性因素的发展，才能实现各地区农业产业联盟效率的提高。具体策略为：

1）优化农业产业联盟内部因素对提高农业产业联盟效率的影响：加强技术培训，避免盲目扩大生产规模；生产规模的扩大要与技术、管理水平达到优化匹配。

2）"两方面协调"，协调好社会场景因素对农业产业联盟的作用。

技术培训对农业产业联盟效率的正向关系可以通过市场文化嵌入调节。因此，加强市场文化的宣传，推进市场化进程就有助于加强技术培训对农业产业联盟效率的影响。

4. 公司建议

关于嵌入性视角下的香蕉公司效率的研究结论蕴含以下的政策启示：制定提高农业公司效率的政策时，既要考虑农业公司内部因素，也要考虑社会场景因素，即嵌入性因素；只有优化农业公司内部因素、同时合理促进嵌入性因素的发展，才能实现各地区农业公司效率的提高。具体策略为：

1）优化农业公司内部因素对提高农业公司效率的影响：加强技术培训，适当控制管理人员的人数，避免盲目扩大生产规模。

2）优化农业公司社会嵌入性因素对提高公司效率的影响：加快公司负责人年轻化的步伐，鼓励公司负责人担任村干部。

3）"两方面协调"，协调好社会场景因素对农业公司的作用。

公司的管理人数与技术效率、种植规模与纯技术效率之间的关系可以通过政治嵌入负向调节；种植规模与纯技术效率之间的关系可以通过城市文化嵌入负向调节；公司的技术培训与规模效率之间的关系可以通过经济嵌入正向调节；种植规模与规模效率之间的关系以通过认知嵌入正向调节。因此，各级政府应尽可能地提高当地农民人均纯收入，适度推进城市化进程，适度增加人均财政支出。

第十章 离散型因变量香蕉产业组织影响因素研究

本章依据第八章第一节第一部分搜集的数据，运用社会嵌入性视角香蕉产业组织两分类结局变量影响因素理论模型、多分类结局变量影响因素理论模型及有序多分类结局变量影响因素理论模型，实证分析香蕉产业组织内部因素，以及社会嵌入性因素对蔬果技术选择、技术需求、灌溉技术选择的作用路径及影响程度，概括了结论并依据实证的结果提出了相应的建议。

第一节 香蕉产业组织蔬果技术选择的影响因素分析

一、变量选择

依据社会嵌入性和农业产业组织技术选择的影响因素理论，层一、层二变量选择如下：

层一变量：香蕉产业组织蔬果（SG）技术的发生比（η_{ij}）为层一被解释变量；香蕉产业组织的负责人学历层次、年收入、种植规模、收入比重、新技术偏好为层一解释变量。

层二变量：香蕉产业组织技术选择的认知嵌入、关系嵌入、结构嵌入、文化嵌入、政治嵌入及经济嵌入为层二解释变量。

其中，层一解释变量：综合运用农民产业组织技术选择的影响因素分析结果。学历层次（ED）用小学及以下＝1、初中＝2、高中＝3、高职及专科＝4、本科及以上＝5表示。年收入（AI）用每个组织的年总收入的等级（2万元及以下＝1；（2，5］万元＝2；（5，10］万元＝3；（10，50］万元＝4；50万元以上＝5）代替。种植规模（PS）用种植面积大小表示（0.333hm² 及以下＝1；（0.333～0.999hm²＝2；0.999～1.665hm²＝3；1.665～3.333hm²＝4；3.333～6.666hm²＝5；6.666～11.651hm²＝6；11.651hm² 以上＝7）。收入比重（SG）用非蕉收入占年总收入的比重表示（大于等于50%＝0；小于50%＝1）。新技术偏好（NTP）用每个组织是否愿意尝试表示（没有风险或风险很低时才采用＝0；喜欢尝试＝1）。

层二解释变量：香蕉产业组织技术选择影响因素的认知嵌入分为经验认知嵌入（PY）与管理认知嵌入（MN），PY、MN 分别用属于同一地区各香蕉产业组织种植年限的平均值、管理人数的平均值表示；关系嵌入分为技术关系嵌入（PC）与资金关系嵌入（FIN），PC、FIN 分别用属于同一区域各香蕉产业组织与周边交流次数（小于等于3次=0；4次及以上=1）的平均值、资金筹措能力（不好筹钱=0；筹钱问题不大=1）的平均值表示；结构嵌入分为管理结构嵌入（VC）（由于管理位置产生的作用）、规模结构嵌入（PA）（由于规模大小产生的作用），VC、PA 分别用属于同一区域各香蕉产业组织负责人是否是村干部（不是=0，是=1）的平均值、种植规模表示；政治嵌入（BPE）、经济嵌入（BEE）分别用属于同一区域各农场所属县域的人均财政支出平均值（万元）、农村居民家庭人均纯收入平均值（万元）表示。文化嵌入分为城市文化嵌入（URB）与市场文化嵌入（MAR），URB、MAR 用属于同一区域各产业组织所属县域城市化率平均值、市场化率平均值表示。

二、层一、层二变量的描述统计

层一、层二指标的描述性统计量见表 10-1、表 10-2。从中可以得知，目前香蕉产业组织的蔬果技术、负责人学历层次、年收入、种植规模、收入比重、新技术偏好、认知嵌入、政治嵌入、经济嵌入等差异较大。由此可以初步判断，香蕉产业组织不同地区技术需求的不平衡性。

表 10-1　香蕉产业组织蔬果技术选择影响因素分析模型层一变量描述性统计

变量名	样本点数	均值	标准差	最小	最大
ED	541	3.80	0.88	2	5
AI	541	3.70	0.89	2	5
PS	541	4.97	1.73	2	7
SR	541	0.92	0.28	0	1
NTP	541	0.75	0.43	0	1
JSXQ	541	3.88	1.47	1	7
GGJS	541	2.55	1.41	1	5
SG	541	0.79	0.41	0	1

表 10-2　香蕉产业组织蔬果技术选择影响因素分析模型层二变量描述性统计

变量名	组织数	均值	标准差	最小	最大
URB	10	33.92	12.86	16.66	55.13
MAR	10	31.71	14.32	10.81	51.80
BEE	10	0.64	0.22	0.37	1.16

续表

变量名	组织数	均值	标准差	最小	最大
BPE	10	0.40	0.19	0.11	0.68
PY	10	10.56	2.51	7.01	14.87
FIN	10	0.59	0.08	0.48	0.69
VC	10	0.26	0.08	0.16	0.40
PC	10	0.63	0.08	0.53	0.77
MN	10	2.42	0.92	1.68	4.56

三、实证结果分析

$prob(SG_{ij} = 1/\beta_j) = \varphi_{ij}$，表示第 j 个地区香蕉产业组织中采用蔬果技术的概率。

层 1 连接函数：$\eta_{ij} = \log[\psi_{ij}/(1-\psi_{ij})]$。

（一）香蕉产业组织蔬果技术的发生比对数变异（方差）的分解

运用零模型将香蕉产业组织蔬果技术的发生比的变异分解成能由层一（香蕉产业组织内部因素）和层二（社会嵌入性因素）解释的部分，并依据组内相关系数决定是否建立多层统计模型。

层一模型：$\eta_{ij} = \beta_{0j}$；

层二模型：$\beta_{0j} = \gamma_{00} + u_{0j}$。

其中，η_{ij} 表示合并后的第 j 个地区的第 i 个组织的蔬果技术发生比对数，$j=1,2,\cdots,10$，$i=1,2,\cdots,n_j$，n_j 表示第 j 个地区的组织个数，u 表示层二随机误差。

蔬果技术的发生比对数变异的分解结果见表 10-3。

表 10-3 蔬果技术的发生比对数变异的分解结果

随机效应	标准误	方差成分	自由度	卡方值	P 值
层二，u_0	0.902 3	0.814 2	9	51.872 4	<0.001
层一，r		3.289			

由表 10-3 知，香蕉产业组织采用蔬果技术发生比对数的平均值在各地区之间有着显著的差异，这种差异由层二变量来解释的程度，可用组内相关系数 ρ =0.81420/（0.81420+3.289）≈19.84%解释，即各地区香蕉产业组织采用蔬果技术发生比对数平均值的差异约有 19.84%可以用层二变量解释，而即使一个很小的 ρ 也会导致较大的第一类错误（Barcikowski, 1981），从而说明在研究各地区香蕉产业组织采用蔬果技术时，必须引入层二变量。本节的层二变量为嵌入性变量。

(二) 具有嵌入性变量解释主效应的随机截距模型结果分析

将嵌入性变量引入零模型层二中，得到变量达到统计显著的模型如下：

层一模型：$\eta_{ij} = \beta_{0j}$；

层二模型：$\beta_{0j} = \gamma_{00} + \gamma_{01}MAR_j + \gamma_{02}BEE_j + \gamma_{03}PY_j + u_{0j}$。

其中，层二模型中的解释变量都是用组中心化后的数据计算的。

随机截距模型固定效应的结果见表10-4。

表10-4 随机截距模型固定效应结果

	回归系数	标准误	T检验	自由度	P值
对于截距1，β_0					
截距2，γ_{00}	1.581 2	0.137 3	11.514	5	<0.001
MAR，γ_{01}	-0.024 5	0.010 5	-2.334	5	0.067
BEE，γ_{02}	0.047 3	0.000 9	5.020	5	0.004
PY，γ_{03}	-0.175 4	0.059 2	-2.959	5	0.032

从表10-4中可以看出，解释变量MAR、PINC及PY对采用蔬果技术对数发生比的直接影响均达到了显著性水平，即市场文化嵌入（市场化率）、经济嵌入（农民人均纯收入）、认知嵌入（种植年限）对各地区采用蔬果技术对数发生比均值的直接影响均达到了显著性水平。

市场化率显著负向影响采用蔬果技术对数发生比，即市场化率的提高抑制蔬果技术的采用。这是由于市场化率的提高能为劳动力提供更广泛的就业机会，导致劳动力成本的增加，从而抑制蔬果技术的采用。

农民人均纯收入显著正向影响采用蔬果技术对数发生比，即农民人均纯收入的增加能促进蔬果技术的采用。农民人均纯收入的增加表明当地人民的生活水平的提高，人民对香蕉的品质要求提高，因此能促进蔬果技术的采用。

种植年限显著负向影响采用蔬果技术对数发生比，即种植年限的增加抑制蔬果技术的采用。这是由于种植年限越长负责人的学历越低，而学历越低的人越不愿意采用新技术（夏勇开等，2011）。

随机截距模型的方差成分结果见表10-5。

表10-5 随机截距模型方差成分结果

随机效应	标准误	方差成分	自由度	卡方值	P值
层二，u_0	0.417 4	0.174 2	5	12.188 6	0.032

由表10-3和表10-5方差成分结果知，解释变量MAR、PINC、PY，即市场文

化嵌入（市场化率）、经济嵌入（农民人均纯收入）、认知嵌入（种植年限）可以解释约78.60%［（0.81420-0.17424）/0.81420］采用蔬果技术对数发生比平均值变异程度。从而表明嵌入性变量对地区香蕉产业组织采用蔬果技术变化具有显著性的解释作用。

（三）固定系数模型结果分析

实证结果分析（二）研究了嵌入性变量在模型未控制各个地区香蕉专业组织具体特征情况下，如何解释各个地区采用蔬果技术对数发生比平均值的变异。下面将层一的解释变量引入模型中，并将所有的层一解释变量的效应看作固定效应，得到变量相对接近统计显著模型如下：

层一模型：$\eta_{ij} = \beta_{0j} + \beta_{1j}AI_{ij} + \beta_{2j}NTP_{ij}$；

层二模型：$\beta_{0j} = \gamma_{00} + \gamma_{01}MAR_j + \gamma_{02}BEE_j + \gamma_{03}PY_j + u_{0j}$，$\beta_{1j} = \gamma_{10}$，$\beta_{2j} = \gamma_{20}$。

其中，层一与层二模型中的解释变量都是用组中心化后的数据运算的。

固定系数模型的结果见表10-6。

表10-6 固定系数模型结果

	回归系数	标准误	T检验	自由度	P值
对于截距1，β_0					
截距2，γ_{00}	2.320 7	0.203 6	11.394	5	<0.001
MAR，γ_{01}	−0.052 7	0.013 5	−3.891	5	0.012
BEE，γ_{02}	0.069 0	0.000 9	7.200	5	<0.001
PY，γ_{03}	−0.223 6	0.076 8	−2.912	5	0.033
对于变量AI斜率，β_1					
截距2，γ_{10}	1.344 0	0.499 9	2.688	455	0.007
对于变量NTP斜率，β_2					
截距2，γ_{20}	2.764 8	0.496 4	5.569	455	<0.001

从表10-4与10-6中可以看出，解释变量MAR、BEE及PY的系数略有不同，这是因为表10-4中的数值是解释各个地区采用蔬果技术对数发生比均值（截距），而表10-6的数值是解释变量AI及NTP取平均值后截距的变化。

对于被解释变量采用蔬果技术对数发生比均值，年收入（AI）与新技术偏好（NTP）对地区采用蔬果技术对数发生比的直接影响达到了显著性水平。

年收入显著正向影响采用蔬果技术对数发生比，具体是年收入每增加一个档次，发生比对数增加1.344，也就是随着年收入的增加，采用蔬果技术的发生比也会增加。即年收入的增加能促进蔬果技术的采用。年收入的增加，表明当地人民的生活水平的提高，人民对香蕉的品质要求提高，因此能促进蔬果技术的采用。

新技术偏好显著正向影响采用蔬果技术对数发生比,即新技术偏好的增强能促进蔬果技术的采用。这是由于喜欢尝试新技术的组织更愿意采用蔬果技术。

(四) 随机系数模型结果分析

实证结果分析(三)是将所有的层一解释变量的效应看作固定效应的结果。实证结果分析(四)研究的是层一解释变量对香蕉专业组织效率的效应是否随地区的不同而不同,即研究层一解释变量的斜率是否在不同地区之间有显著的变化。

层一模型:$\eta_{ij} = \beta_{0j} + \beta_{1j}AI_{ij} + \beta_{2j}NTP_{ij}$;

层二模型:$\beta_{0j} = \gamma_{00} + \gamma_{01}MAR_j + \gamma_{02}BEE_j + \gamma_{03}PY_j + u_{0j}$,

$\beta_{1j} = \gamma_{10} + u_{1j}$,$\beta_{2j} = \gamma_{20} + u_{2j}$。

其中,层一与层二模型中的解释变量都是用组中心化后的数据运算的。

由表10-7可知,各地区截距,以及年收入、新技术偏好的系数之间存在较大差异。

表10-7 层一变量最小二乘回归估计截距与斜率结果

地区	截距	NSR 斜率	FXPH 斜率
1	0.851 3	0.174 0	0.209 7
2	0.894 7	0.092 2	0.448 6
3	0.796 6	0.260 1	0.215 2
4	1.000 0	0.000 0	0.000 0
5	0.640 0	0.298 4	0.554 8
6	0.680 8	0.237 2	0.340 4
7	0.814 8	0.129 1	0.301 1
8	0.958 3	0.061 3	0.212 2
9	0.642 8	-0.125 7	0.910 9
10	0.662 1	0.206 7	0.446 6

由表10-8可知,年收入(AI),新技术偏好(NTP)系数在各个地区之间存在显著性差异,即变量 AI、NTP 与 η 之间的关系随着地区的不同而显著不同,这种关系的不同,需要引入嵌入性变量解释。

表10-8 随机系数模型方差成分结果

随机效应	标准误	方差成分	自由度	卡方值	P 值
截距1,u_0	1.023 0	1.046 5	5	17.325 6	0.004
AI 斜率,u_1	1.632 2	2.664 2	9	54.977 8	<0.001
NTP 斜率,u_2	2.221 8	4.936 4	9	24.620 6	0.004

（五）嵌入性变量影响效应分析

为了解释变量 AI、NTP 与 η 之间的关系随着地区的不同而显著不同，将嵌入性变量引入 β_{1j}、β_{2j}，得到变量相对接近显著的全模型：

层一模型：$\eta_{ij} = \beta_{0j} + \beta_{1j} AI_{ij} + \beta_{2j} NTP_{ij}$；

层二模型：$\beta_{0j} = \gamma_{00} + \gamma_{01} MAR_j + \gamma_{02} BEE_j + \gamma_{03} PY_j + u_{0j}$，

$\beta_{1j} = \gamma_{10} + \gamma_{11} MAR_j + \gamma_{12} PY_j + \gamma_{13} VC_j + \gamma_{14} PC + u_{1j}$，

$\beta_{2j} = \gamma_{20} + \gamma_{21} MAR_j + \gamma_{22} PCE_j + \gamma_{23} PY_j + \gamma_{24} PC_j + u_{2j}$。

其中，层一与层二模型中的解释变量都是用组中心化后的数据运算的。层二模型的结果见表 10-9。

表 10-9　嵌入性变量影响固定效应结果

固定效应	回归系数	标准误	T 检验	自由度	P 值
截距 1，β_0					
截距 2，γ_{00}	3.623 6	0.794 0	4.564	5	0.006
MAR，γ_{01}	-0.034 8	0.065 5	-0.531	5	0.618
BEE，γ_{02}	0.107 3	0.037 9	2.826	5	0.037
PY，γ_{03}	-0.822 5	0.379 9	-2.165	5	0.083
变量 AI 斜率，β_1					
截距 2，γ_{10}	2.404 6	0.390 8	6.152	4	0.004
MAR，γ_{11}	0.081 9	0.034 0	2.405	4	0.074
PY，γ_{12}	-1.479 6	0.287 5	-5.145	4	0.007
VC，γ_{13}	27.771 2	7.155 8	3.881	4	0.018
PC，γ_{14}	-0.180 9	0.058 7	-3.079	4	0.037
变量 NTP 斜率，β_2					
截距 2，γ_{40}	4.510 1	0.975 6	4.623	5	0.006
MAR，γ_{21}	-0.101 9	0.068 8	-1.482	5	0.198
BPE，γ_{22}	-0.084 7	0.032 8	-2.579	5	0.050
PY，γ_{23}	0.899 8	0.538 8	1.670	5	0.156
PC，γ_{24}	50.297 5	17.778 3	2.829	5	0.037

从表 10-6 与表 10-9 中可以看出，解释变量 MAR、BEE 及 PY 的系数略有不同，这是因为表 10-6 的数值是解释确定系数变量 AI、NTP 取平均值后截距的变化；而表 10-9 的数值是解释随机系数变量 AI、NTP 取平均值后截距的变化。

嵌入性变量影响随机效应结果见表 10-10。

表 10-10　嵌入性变量影响随机效应结果

随机效应	标准误	方差成分	自由度	卡方检验	P 值
截距 1，u_0	0.057 9	0.235 0	5	42.136 7	<0.001
AI 斜率，u_1	0.037 3	0.001 3	4	3.159 3	>0.500
NTP 斜率，u_2	1.325 7	2.333 2	5	9.741 4	0.082

由表 10-3、表 10-8 及表 10-10 可计算出嵌入性变量对 β_{0j}、β_{1j}、β_{2j} 的方差成分解释程度，见表 10-11。

表 10-11　嵌入性变量方差成分的解释程度

随机效应	加入嵌入性变量前	加入嵌入性变量后	解释程度/%
截距 1，u_0	0.814 2	0.235 0	71.13
AI 斜率，u_1	2.664 2	0.001 3	99.95
NTP 斜率，u_2	4.936 4	2.333 2	52.73

由表 10-11 可知，嵌入性变量（认知嵌入、关系嵌入、结构嵌入及政治嵌入）对各地区的截距，变量 AI、NTP 与 η 之间关系的差异程度有较好的解释，说明二层模型较为合理。

1. 在 AI 斜率，β_1 方程中

1）市场文化嵌入（市场化率）能显著正向调节 AI 与 η 之间的关系，即市场化率高的地区年收入的边际对数发生比要高于市场化率低的地区。这是由于市场化率高的地区，竞争意识越强，蕉农越懂得香蕉品质的重要，而收入越高对品质的要求越高，从而促进了年收入的边际对数发生比的提高。

2）认知嵌入（种植年限）能显著负向调节 AI 与 η 之间的关系，即香蕉产业组织负责人种植香蕉年限短的地区年收入的边际对数发生比要高于种植年限长的地区。由于香蕉产业组织负责香蕉种植年限较短，传统的种植和管理方法不会对其产生太深的影响。因而可根据实际情况，采取灵活的管理机制，使用先进的管理与种植技术，从而有效发挥资本与技术的效应。

3）结构嵌入（担任村干部）能显著正向调节 AI 与 η 之间的关系，即香蕉产业组织负责人担任村干部多的地区年收入的边际对数发生比要高于任村干部比率低的地区。这是因为担任村干部人的香蕉产业组织负责人沟通能力、资金筹措能力、管理水平比较高，从而促进了资本与技术效应的发挥。

4）关系嵌入（交流次数）能显著负向调节 AI 与 η 之间的关系，即香蕉产业组织与周边组织交流次数多的地区年收入的边际对数发生比要低于与周边组织技术交流次数少的地区。这是由于香蕉产业组织与周边组织技术交流次数越多，对种植风险了解得越多，越会阻碍规模的扩大，抑制年收入的增加，从而限制了年收入的边际对数发生比的提高。

2. 在 NTP 斜率，β_2 方程中

1）市场文化嵌入（市场化率）能显著负向调节 FXPH 与 η 之间的关系，即市场化率高的新技术偏好的边际对数发生比要低于市场化率低的地区。这是因为市场化率越高的地区，蕉农的风险意识越强，喜欢尝试新技术的行为越收敛。

2）政治嵌入（人均财政支出）能显著负向调节 FXPH 与 η 之间的关系，即人均财政支出高的新技术偏好的边际对数发生比要低于人均财政支出低的地区。这是由于人均财政支出高的地区香蕉产业组织更倾向于争取政府的资金支持，对尝试新技术缺少动力，从而新技术偏好的边际对数发生比较低。这与"资源诅咒"类似。

3）认知嵌入（种植年限）、关系嵌入（交流次数）能显著正向调节 FXPH 与 η 之间的关系，即香蕉产业组织负责人种植香蕉年限长、香蕉产业组织与周边组织交流次数多的地区新技术偏好的边际对数发生比要高于种植年限短、与周边组织技术交流次数少的地区。这是由于香蕉产业组织负责人种植年限越长、香蕉产业组织与周边组织交流次数越多，越能清楚地了解采用蔬果技术较不采用蔬果技术的优势，从而促使技术偏好的边际对数发生比的提高。

第二节　香蕉产业组织技术需求影响因素研究

一、技术需求变量界定

技术需求（JSXQ）分 7 类，分别为：新品种用 1 表示、施肥技术用 2 表示、灌溉技术用 3 表示、病虫害防治技术用 4 表示、高品质管理技术用 5 表示、土壤改良技术用 6 表示、防风抗寒技术用 7 表示，其描述性统计见表 10-1。

当第 j 个地区第 i 个组织的 JSXQ 取 m 值时概率为

$$prob(JSXQ_{ij} = m) = \varphi_{mij}, \quad m = 1, 2, \cdots, 6 ;$$

$$prob(JSXQ_{ij} = 7) = \varphi_{7ij} = 1 - \varphi_{1ij} - \varphi_{2ij} - \cdots \varphi_{6ij} 。$$

层一的连接函数为：$\eta_{mij} = \log(\varphi_{mij} / \varphi_{7ij})$, $m = 1, 2, \cdots, 6$。

层一被解释变量为 η_{mij}，层一解释变量及层二解释变量与本章第一节的变量选择相同。

二、实证结果分析

（一）香蕉产业组织技术需求变异（方差）的分解

运用零模型将香蕉产业组织技术需求的变异分解成能由层一（香蕉产业组织内部因素）和层二（社会嵌入性因素）解释的部分，并依据组内相关系数决定是否建立多层统计模型。

层一模型：$\eta_{mij} = \beta_{0j(m)}$，$m=1,2,\cdots,6$。

层二模型：$\beta_{0j(m)} = \gamma_{00(m)} + u_{0j(m)}$，$m=1,2,\cdots,6$。

其中，η_{mij} 表示合并后的第 j 个地区的第 i 个组织的对数发生比，$j=1,2,\cdots,10$，$i=1,2,\cdots,n_j$，n_j 表示第 j 个地区的组织个数，u 表示二层随机误差。

香蕉产业组织技术需求变异的分解结果见表 10-12。

表 10-12 香蕉产业组织技术需求变异的分解结果

随机效应	标准误	方差成分	自由度	卡方值	P 值
截距 1（1），$u_{0(1)}$	2.311 2	5.341 8	9	30.962 9	<0.001
截距 1（2），$u_{0(2)}$	1.541 3	2.375 5	9	13.737 4	0.131
截距 1（3），$u_{0(3)}$	1.331 8	1.773 6	9	5.035 4	>0.500
截距 1（4），$u_{0(4)}$	1.566 1	2.452 9	9	26.057 4	0.002
截距 1（5），$u_{0(5)}$	1.294 6	1.676 0	9	16.856 1	0.051
截距 1（6），$u_{0(6)}$	1.786 0	3.189 8	9	12.686 7	0.177

由表 10-12 可知，截距 1（1）、截距 1（4）在不同地区之间存在显著差异，这种差异由层二变量来解释的程度，可用组内相关系数表示。其中，截距 1（1）组内相关系数 ρ=5.3418/（5.3418+3.289）≈61.88%，即各地区香蕉产业组织采用新品种与防风抗寒技术比对数平均值的差异约有 61.88%可以用层二变量解释；截距 1（4）组内相关系数 ρ=2.45295/（2.45295+3.289）≈42.68%，即各地区香蕉产业组织采用病虫害防治技术与防风抗寒技术比对数平均值的差异约有 42.68% 可以用层二变量解释。

（二）随机截距模型结果分析

将层一解释变量引入层一模型，得到相对显著变量的模型为：

层一模型：$\eta_{mij} = \beta_{0j(m)} + \beta_{1j(m)}ED_{ij} + \beta_{2j(m)}AI_{ij} + \beta_{3j(m)}NTP_{ij}$，$m=1,\cdots,6$；

层二模型：$\beta_{0j(m)} = \gamma_{00(m)} + u_{0j(m)}$，$\beta_{qj(m)} = \gamma_{q0(m)}$，$q=1,\cdots,5$。

其中，层一模型中的解释变量都是用组中心化后的数据运算的。

随机截距模型固定效应结果见 10-13。

表 10-13　随机截距模型固定效应结果

固定效应	回归系数	标准误	T 检验	自由度	P 值
对于分类 1					
对于截距 1，$\beta_{0(1)}$					
截距 2，$\gamma_{00(1)}$	3.976 6	1.344 1	2.958	9	0.016
ED 斜率，$\beta_{1(1)}$					
截距 2，$\gamma_{10(1)}$	-2.341 7	0.885 9	-2.643	463	0.008
AI 斜率，$\beta_{2(1)}$					
截距 2，$\gamma_{20(1)}$	-1.703 7	0.912 1	-1.868	463	0.062
NTP 斜率，$\beta_{3(1)}$					
截距 2，$\gamma_{30(1)}$	6.170 5	1.912 3	3.227	463	0.001
对于分类 2					
对于截距 1，$\beta_{0(2)}$					
截距 2，$\gamma_{00(2)}$	3.806 0	1.198 2	3.176	9	0.011
ED 斜率，$\beta_{1(2)}$					
截距 2，$\gamma_{10(2)}$	-1.610 4	0.897 2	-1.795	463	0.073
AI 斜率，$\beta_{2(2)}$					
截距 2，$\gamma_{20(2)}$	-1.168 7	0.920 2	-1.270	463	0.205
NTP 斜率，$\beta_{3(2)}$					
截距 2，$\gamma_{30(2)}$	4.178 6	1.913 7	2.184	463	0.029
对于分类 3					
对于截距 1，$\beta_{0(3)}$					
截距 2，$\gamma_{00(3)}$	1.342 5	1.217 8	1.102	9	0.299
ED 斜率，$\beta_{1(3)}$					
截距 2，$\gamma_{10(3)}$	-1.441 6	1.078 1	-1.337	463	0.182
AI 斜率，$\beta_{2(3)}$					
截距 2，$\gamma_{20(3)}$	-1.555 1	1.082 1	-1.437	463	0.151
NTP 斜率，$\beta_{3(3)}$					
截距 2，$\gamma_{30(3)}$	5.780 2	2.295 2	2.518	463	0.012
对于分类 4					
对于截距 1，$\beta_{0(4)}$					
截距 2，$\gamma_{00(4)}$	5.577 0	1.196 7	4.660	9	0.001
ED 斜率，$\beta_{1(4)}$					
截距 2，$\gamma_{10(4)}$	-1.747 4	0.873 7	-2.000	463	0.046
AI 斜率，$\beta_{2(4)}$					
截距 2，$\gamma_{20(4)}$	-1.303 1	0.900 0	-1.448	463	0.148
NTP 斜率，$\beta_{3(4)}$					
截距 2，$\gamma_{30(4)}$	4.174 0	1.879 4	2.221	463	0.027
对于分类 5					

续表

固定效应	回归系数	标准误	T 检验	自由度	P 值
对于截距 1，$\beta_{0(5)}$					
截距 2，$\gamma_{00(5)}$	5.446 4	1.158 5	4.701	9	0.001
ED 斜率，$\beta_{1(5)}$					
截距 2，$\gamma_{10(5)}$	−1.537 7	0.874 7	−1.758	463	0.079
AI 斜率，$\beta_{2(5)}$					
截距 2，$\gamma_{20(5)}$	−0.843 1	0.899 7	−0.937	463	0.349
NTP 斜率，$\beta_{3(5)}$					
截距 2，$\gamma_{30(5)}$	5.625 1	1.889 2	2.977	463	0.003
对于分类 6					
对于截距 1，$\beta_{0(6)}$					
截距 2，$\gamma_{00(6)}$	2.010 3	1.426 8	1.409	9	0.192
ED 斜率，$\beta_{1(6)}$					
截距 2，$\gamma_{10(6)}$	−1.251 7	0.933 4	−1.341	463	0.181
AI 斜率，$\beta_{2(6)}$					
截距 2，$\gamma_{20(6)}$	−1.794 4	0.959 5	−1.870	463	0.062
NTP 斜率，$\beta_{3(6)}$					
截距 2，$\gamma_{30(6)}$	10.418 6	3.075 6	3.387	463	<0.001

由表 10-13 可知，对于分类 1，学历负向显著影响新品种与防风抗寒技术概率比对数，即高学历组织不愿意选择新品种；对于分类 2，学历负向显著影响施肥技术与防风抗寒技术概率比对数，即学历的提高能抑制施肥技术的需求；对于分类 4，学历负向显著影响病虫害防治技术与防风抗寒技术概率比对数，即学历的提高能抑制病虫害防治技术的选择；对于分类 5，学历负向显著影响高品质管理技术与防风抗寒技术概率比对数，即学历的提高能抑制高品质管理技术的选择。这是由于学历高的人自学能力相对较强，经营过程中需要的技术其早已掌握。另外，由于香蕉产业组织在种植某种蕉苗后，在无重灾害情形下，常常会选择在以后的 6 年里继续种植该蕉苗，因为从第二代蕉到第六代蕉的蕉苗成本基本接近零。因此，学历越高的香蕉产业组织负责人不会因为蕉苗的优劣轻易选择更换新的蕉苗品种。香蕉在种植过程中，主要受香蕉"巴拿马"病毒影响，现在还未能对该病毒在根本上形成治愈能力，所以无论香蕉产业组织负责人的学历处于什么层次，都难以对病虫害技术进行选择。

对于分类 1，年收入负向显著影响新品种与防风抗寒技术概率比对数，即年收入高的不愿意选择新品种；对于分类 6，年收入负向显著影响土壤改良技术与防风抗寒技术概率比对数，即年收入的增加能抑制土壤改良技术的选择。这是由于年收入较高的组织已经基本上掌握了蕉苗的种植规律和土壤改良技术。

新技术偏好正向显著影响新品种、施肥技术、灌溉技术、病虫害防治技术、高品质管理技术，以及与土壤改良技术、防风抗寒技术概率比对数，即喜欢尝试新技术的香蕉产业组织负责人愿意选择新品种施肥技术、灌溉技术、病虫害防治技术、高品质管理技术，以及与土壤改良技术、防风抗寒技术。这是由于喜欢尝试新技术的人往往认为新的就是好的，尝试的动机非常强烈，促使其产生了尝试行动。

随机截距模型的随机效应结果见表 10-14。

表 10-14 随机截距模型随机效应结果

随机效应		标准误	方差成分	自由度	卡方值	P 值
截距 1（1），	$u_{0(1)}$	2.604 8	6.785 3	9	34.750 2	<0.001
截距 1（2），	$u_{0(2)}$	1.722 7	2.967 9	9	15.577 1	0.076
截距 1（3），	$u_{0(3)}$	1.310 2	1.716 6	9	4.589 6	>0.500
截距 1（4），	$u_{0(4)}$	1.797 4	3.230 6	9	28.364 9	0.001
截距 1（5），	$u_{0(5)}$	1.521 4	2.314 7	9	18.002 0	0.035
截距 1（6），	$u_{0(6)}$	2.197 3	4.828 4	9	15.716 7	0.073

由表 10-14 可知，新品种、病虫害防治技术、高品质管理技术与防风抗寒技术概率比对数平均值在不同地区存在显著性差异。说明在研究各地区香蕉产业组织技术需求时，必须引入层二变量。本节的层二变量为嵌入性变量。

（三）全模型结果分析

层一模型：$\eta_{mij} = \beta_{0j(m)} + \beta_{1j(m)}ED_{ij} + \beta_{2j(m)}AI_{ij} + \beta_{3j(m)}NTP_{ij}$；

层二模型：$\beta_{qj(m)} = \gamma_{q0(m)} + \gamma_{q1(m)}URB_j + \gamma_{q2(m)}MAR_j + \gamma_{q3(m)}BEE_j + \gamma_{q4(m)}BPE_j$
$+ \gamma_{q5(m)}PC_j + \gamma_{q6(m)}FIN_j + \gamma_{q7(m)}VC_j + \gamma_{q8(m)}PA_j + \gamma_{q9(m)}PY_j$
$+ \gamma_{q10(m)}MN_j + u_{1j}, \quad q = 0,1,\cdots,5$。

其中，层一、层二模型中的解释变量都是用组中心化后的数据参与运算的。

全模型的固定效应和随机效应结果分别见表 10-15、表 10-16。

表 10-15 全模型固定效应结果

固定效应	回归系数	标准误	T 检验	自由度	P 值
对于分类 1					
对于截距 1，$\beta_{0(1)}$					
截距 2，$\gamma_{00(1)}$	3.009 4	1.170 1	2.572	7	0.037

续表

固定效应	回归系数	标准误	T 检验	自由度	P 值
BPE, $\gamma_{01(1)}$	0.062 7	0.018 7	3.353	7	0.012
PC, $\gamma_{02(1)}$	−23.718 7	6.308 0	−3.760	7	0.007
ED 斜率，$\beta_{1(1)}$					
截距 2，$\gamma_{10(1)}$	−2.337 6	0.858 2	−2.724	463	0.007
AI 斜率，$\beta_{2(1)}$					
截距 2，$\gamma_{20(1)}$	−1.438 4	0.814 2	−1.767	463	0.078
NTP 斜率，$\beta_{3(1)}$					
截距 2，$\gamma_{30(1)}$	5.770 3	1.657 8	3.481	463	<0.001
对于分类 2					
对于截距 1，$\beta_{0(2)}$					
截距 2，$\gamma_{00(2)}$	3.330 0	1.026 0	3.245	9	0.010
ED 斜率，$\beta_{1(2)}$					
截距 2，$\gamma_{10(2)}$	−1.604 5	0.868 8	−1.847	463	0.065
AI 斜率，$\beta_{2(2)}$					
截距 2，$\gamma_{20(2)}$	−0.875 0	0.825 1	−1.060	463	0.289
NTP 斜率，$\beta_{3(2)}$					
截距 2，$\gamma_{30(2)}$	3.761 0	1.661 3	2.264	463	0.024
对于分类 3					
对于截距 1，$\beta_{0(3)}$					
截距 2，$\gamma_{00(3)}$	1.066 8	1.111 7	0.960	9	0.362
ED 斜率，$\beta_{1(3)}$					
截距 2，$\gamma_{10(3)}$	−1.398 1	1.050 3	−1.331	463	0.184
AI 斜率，$\beta_{2(3)}$					
截距 2，$\gamma_{20(3)}$	−1.275 6	0.996 1	−1.281	463	0.201
NTP 斜率，$\beta_{3(3)}$					
截距 2，$\gamma_{30(3)}$	5.429 9	2.094 1	2.593	463	0.010
对于分类 4					
对于截距 1，$\beta_{0(4)}$					
截距 2，$\gamma_{00(4)}$	5.096 9	0.979 3	5.205	7	0.001
PE, $\gamma_{01(4)}$	0.031 4	0.008 8	3.549	7	0.009
PY, $\gamma_{02(4)}$	0.188 7	0.065 4	2.883	7	0.024
ED 斜率，$\beta_{1(4)}$					
截距 2，$\gamma_{10(4)}$	−1.738 0	0.846 1	−2.054	463	0.041
AI 斜率，$\beta_{2(4)}$					
截距 2，$\gamma_{20(4)}$	−1.028 9	0.800 7	−1.285	463	0.199
NTP 斜率，$\beta_{3(4)}$					
截距 2，$\gamma_{30(4)}$	3.757 7	1.618 9	2.321	463	0.021
对于分类 5					
对于截距 1，$\beta_{0(5)}$					

续表

固定效应	回归系数	标准误	T检验	自由度	P值
截距2，$\gamma_{00(5)}$	4.977 4	1.004 3	4.956	8	0.001
URB，$\gamma_{01(5)}$	4.114 0	1.864 7	2.206	8	0.058
ED 斜率，$\beta_{1(5)}$					
截距2，$\gamma_{10(5)}$	-1.523 6	0.846 8	-1.799	463	0.073
AI 斜率，$\beta_{2(5)}$					
截距2，$\gamma_{20(5)}$	-0.561 0	0.803 2	-0.699	463	0.485
NTP 斜率，$\beta_{3(5)}$					
截距2，$\gamma_{30(5)}$	5.262 9	1.634 7	3.219	463	0.001
对于分类 6					
对于截距1，$\beta_{0(6)}$					
截距2，$\gamma_{00(6)}$	1.796 2	1.208 9	1.486	9	0.171
ED 斜率，$\beta_{1(6)}$					
截距2，$\gamma_{10(6)}$	-1.241 9	0.908 1	-1.368	463	0.172
AI 斜率，$\beta_{2(6)}$					
截距2，$\gamma_{20(6)}$	-1.536 6	0.870 1	-1.766	463	0.078
NTP 斜率，$\beta_{3(6)}$					
截距2，$\gamma_{30(6)}$	8.801 9	2.572 7	3.421	463	<0.001

表 10-16 全模型随机效应结果

随机效应	标准误	方差成分	自由度	卡方值	P值
截距1（1），$u_{0(1)}$	1.078 1	2.318 7	7	11.519 5	0.117
截距1（2），$u_{0(2)}$	1.204 1	1.449 9	9	12.879 0	0.168
截距1（3），$u_{0(3)}$	0.466 4	0.803 8	9	5.199 1	>0.500
截距1（4），$u_{0(4)}$	0.885 9	0.784 9	7	11.315 2	0.125
截距1（5），$u_{0(5)}$	1.124 7	1.264 9	8	16.573 8	0.035
截距1（6），$u_{0(6)}$	0.681 9	1.828 9	9	14.478 7	0.106

由表 10-14、表 10-16 可计算出嵌入性变量对 β_{0j}、β_{1j}、β_{2j} 的方差成分解释程度，见表 10-17。

由表 10-17 可知，嵌入性变量（认知嵌入、关系嵌入、结构嵌入及政治嵌入）对各地区的截距，变量 AI、NTP 与 η 之间关系的差异程度有较好的解释，说明二层模型较为合理。

表 10-17 嵌入性变量方差成分的解释程度

随机效应	加入嵌入性变量前	加入嵌入性变量后	解释程度/%
截距1（1），$u_{0(1)}$	6.785 3	2.318 7	65.83
截距1（2），$u_{0(2)}$	2.967 9	1.449 9	51.15

续表

随机效应	加入嵌入性变量前	加入嵌入性变量后	解释程度/%
截距1（3），$u_{0(3)}$	1.716 6	0.803 8	53.17
截距1（4），$u_{0(4)}$	3.230 6	0.784 9	75.70
截距1（5），$u_{0(5)}$	2.314 7	1.264 9	45.35
截距1（6），$u_{0(6)}$	4.828 4	1.828 9	62.12

由表10-15可知，对于分类1，政治嵌入、关系嵌入、学历、年收入、新技术偏好显著影响新品种与防风抗寒技术概率比对数。其中，政治嵌入（人均财政支出）是正向显著影响，即人均财政支出的增加能促进新品种选择。这是由于政府在香蕉种苗研发中给予了一定的支持，并在新技术的推广中对施用新技术者给予一定的补贴。因此，人均财政支出的增加能促进新品种选择。

关系嵌入（与周边技术交流次数）负向显著影响新品种的选择，即与周边技术交流次数的增加能抑制新品种的选择，这是由于交流使蕉农更清楚地了解了香蕉的种植规律，在种植某种蕉苗后，在无重灾害情形下，常常会选择在以后的6年里继续种植该蕉苗。因此，与周边技术交流次数的增加能抑制新品种的选择。

对于分类4，政治嵌入、认知嵌入、学历、新技术偏好显著影响病虫害防治技术与防风抗寒技术概率比对数。其中，政治嵌入（人均财政支出）是正向显著影响，即人均财政支出的增加能促进病虫害防治技术的选择。这是由于政府每年都会投入一定量的经费研究香蕉病虫害的防治，尽管效果不理想，但还是有利于病虫害防治的。认知嵌入（香蕉产业组织负责人的种植年限）是正向显著影响，即香蕉产业组织负责人的种植年限的增加能促进病虫害防治技术的需求。这是由于香蕉产业组织负责人的种植年限越长越能清楚地了解香蕉病虫害的防治技术的进步，因此，其希望有更先进的防治技术的出现。学历是负向显著影响，即学历的提高能抑制病虫害防治技术的选择；新技术偏好是正向显著影响，即新技术偏好的增强能促进病虫害防治选择。

对于分类5，城市文化嵌入、学历、新技术偏好显著影响高品质管理技术与防风抗寒技术概率比对数。其中，城市文化嵌入（城市化率）正向显著影响，即城市化率的提高能促进高品质管理技术选择。这是由于城市化率越高的地区，对香蕉品质的需求层次越高，促进了高品质管理技术需求。学历是负向显著影响，即学历的提高能抑制高品质管理技术的选择；新技术偏好是正向显著影响，即新技术偏好的增强能促进高品质管理技术选择。

表10-15中的其他解释变量，本节（二）中已做过解释。

第三节　香蕉产业组织灌溉技术选择影响因素分析

一、灌溉技术变量界定

灌溉技术（GGJS）分 4 类，当组织选取高垄漫灌技术用 1 表示，组织选取软管喷带技术用 2 表示，组织选取喷头微喷灌技术用 3 表示，组织选取小管流出或滴灌技术用 4 表示。

当第 j 个地区第 i 个组织的 $GGJS$ 取 m 值时概率为

$$\varphi_{mij} = prob(GGJS_{ij} = m), \quad m = 1,2,3,4。$$

$$\phi_{mij} = prob(GGJS_{ij} \leq m) = \varphi_{1ij} + \cdots + \varphi_{mij}。$$

令

$$\eta_{mij} = \log[\varphi_{mij}/(1-\varphi_{mij})]，$$

层一被解释变量为 η_{mij}，层一解释变量及层二解释变量与本章第一节的变量选择相同。

二、实证结果分析

（一）香蕉产业组织灌溉技术变异（方差）的估计

运用零模型估计香蕉产业组织灌溉技术变异，并依据变异的统计显著与否决定是否建立多层统计模型。

层一模型：$\eta_{mij} = \beta_{0j}$，$\log[\varphi_{2ij}/(1-\varphi_{2ij})] = \beta_{0j} + \delta_2$，$\log[\varphi_{3ij}/(1-\varphi_{3ij})] = \beta_{0j} + \delta_3$；
层二模型：$\beta_{0j} = \gamma_{00} + u_{0j}$，$\delta_2, \delta_3$。

其中，η_{mij} 表示合并后的第 j 个地区的第 i 个组织灌溉技术累计发生比对数值，$j=1,2,\cdots,10$，$i=1,2,\cdots,n_j$，n_j 表示第 j 个地区的组织个数，δ_2、δ_3 为阈值，u 表示层二随机误差。

由表 10-18 可知，香蕉产业组织选取高垄漫灌技术、软管喷带技术、喷头微喷灌技术及小管流出或滴灌技术的发生比对数的平均值在各地区之间有着显著的差异。说明在研究各地区香蕉产业组织在选取灌溉技术时，必须引入层二变量。本节的层二变量为嵌入性变量。

表 10-18　香蕉产业组织灌溉技术方差成分估计结果

随机效应	标准误	方差成分	自由度	卡方值	P 值
层二，u_0	0.953 8	0.909 7	9	110.123 4	<0.001

（二）固定效应模型

将层一的解释变量引入模型中，并将所有的层一解释变量的效应看作固定效应，得到变量相对接近统计显著模型如下：

层一模型：$\eta_{mij} = \beta_{0j} + \beta_{1j}ED_{ij} + \beta_{2j}AI_{ij} + \beta_{3j}PS_{ij} + \beta_{4j}NTP_{ij} + \delta_m$，

$m = 1,2,3$，$\delta_1 = 0$；

层二模型：$\beta_{0j} = \gamma_{00} + u_{0j}$，$\beta_{pj} = \gamma_{p0}$，$p = 1,2,3,4, \delta_2, \delta_3$。

固定效应模型的结果见表 10-19。

表 10-19　固定效应模型结果

固定效应	回归系数	标准误	T 检验	自由度	P 值
对于截距 1，β_0					
截距 2，γ_{00}	-2.304 3	0.309 3	-7.449	9	<0.001
ED 斜率，β_1					
截距 2，γ_{10}	0.316 2	0.238 2	2.472	455	0.014
AI 斜率，β_2					
截距 2，γ_{20}	-0.453 9	0.208 1	-2.181	455	0.030
PS 斜率，β_2					
截距 2，γ_{20}	-0.335 6	0.130 3	-2.576	455	0.010
NTP 斜率，β_2					
截距 2，γ_{20}	-1.200 7	0.247 0	-4.860	455	<0.001
For 阈值 2，δ_2	3.492 2	0.820 8	4.254	455	<0.001
For 阈值 3，δ_3	3.937 9	0.962 4	4.091	455	<0.001

由表 10-19 知，学历、年收入、种植规模、新技术偏好显著影响高垄漫灌技术、软管喷带技术、喷头微喷灌技术及小管流出或滴灌技术的发生比对数的平均值。其中，学历正向显著影响，即学历高的组织选择高级灌溉技术。这是由于高学历的人往往考虑的较为长远（以长期利益为目标）。年收入、种植规模、新技术偏好是负向显著影响，即年收入的增加、种植规模的扩大、新技术偏好的加强能抑制高级灌溉技术的选择。这是由于灌溉技术类型中高级灌溉技术的成本高，而实际中年收入的增加、种植规模的扩大是以短期利益为目标；喜欢尝试新技术比没有风险才采用的组织选择某种灌溉技术的可能性发生比对数平均低 1.2，即选择某种高级灌溉技术的组织比没选这种高级灌溉技术的组织要少。这是由于组织在尝试采用某种灌溉技术时成本也是重点考虑的因素，通常选择成本相对较低的灌溉技术。

选择高垄漫灌技术与软管喷带技术发生比对数的平均值比选择高垄漫灌技术发生比对数的平均值大 3.4922。即选择软管喷带技术的产业组织比选择高垄漫灌技术的组织多。

选择高垄漫灌技术与软管喷带技术及喷头微喷灌技术发生比对数的平均值比选择高垄漫灌技术发生比对数的平均值大 3.9379，即软管喷带技术及喷头微喷灌技术的产业组织比选择高垄漫灌技术的组织多。

（三）随机效应模型

实证结果分析（二）是将所有的层一解释变量的效应看作固定效应的结果。实证结果分析（三）研究的是层一解释变量对香蕉产业组织灌溉技术的选择是否随地区的不同而不同，即研究层一解释变量的斜率是否在不同地区之间有显著的变化。

层一模型：$\eta_{mij} = \beta_{0j} + \beta_{1j}ED_{ij} + \beta_{2j}AI_{ij} + \beta_{3j}PS_{ij} + \beta_{4j}NTP_{ij} + \delta_m$, $m=1,2,3$, $\delta_1=0$;

层二模型：$\beta_{pj} = \gamma_{p0} + u_{pj}$, $p=0,1,2,3,4$, δ_2,δ_3。

其中，层一与层二模型中的解释变量都是用组中心化后的数据运算的。

由表 10-20 可知，学历、年收入、种植规模、新技术偏好系数在各地区之间存在显著性差异，即变量 ED、AI、PS、NTP 与 η 之间的关系随着地区的不同而显著不同，这种关系的不同，需要引入嵌入性变量解释。

表 10-20　随机效应模型方差成分结果

随机效应	标准误	方差成分	自由度	卡方值	P 值
截距 1, u_0	1.414 1	1.999 7	9	142.514 9	<0.001
ED 斜率, u_1	1.937 4	3.753 6	9	68.766 0	<0.001
AI 斜率, u_2	0.722 3	0.521 7	10	21.468 1	0.018
PS 斜率, u_3	0.633 1	0.400 8	10	49.776 6	<0.001
NTP 斜率, u_4	1.284 1	1.649 0	10	18.912 0	0.041

（四）全模型结果分析

为了解释变量截距，变量 ED、AI、PS、NTP 与 η 之间的关系随着地区的不同而显著不同的原因，将嵌入性变量 $\beta_{0j}, \beta_{1j}, \cdots, \beta_{4j}$ 引入，得到变量相对接近显著的全模型：

层一模型：$\eta_{mij} = \beta_{0j} + \beta_{1j}ED_{ij} + \beta_{2j}AI_{ij} + \beta_{3j}PS_{ij} + \beta_{4j}NTP_{ij} + \delta_m$,
　　　　　$m=1,2,3$, $\delta_1=0$;

层二模型：$\beta_{0j} = \gamma_{10} + \gamma_{11}BEE_j + \gamma_{12}BPE_j + \gamma_{13}PY_j + \gamma_{14}VC_j + \gamma_{05}PC_j + \gamma_{16}MN_j + u_{1j}$,

第十章 离散型因变量香蕉产业组织影响因素研究

$$\beta_{1j} = \gamma_{20} + \gamma_{21}BEE_j + \gamma_{22}BPE_j + \gamma_{23}PY_j + u_{2j}, \beta_{2J} = \gamma_{20} + \gamma_{21}URB_j + \gamma_{22}MAR_j$$
$$+ \gamma_{23}PY_j + \gamma_{24}VC_j + \gamma_{25}MN_j + u_{2j},$$
$$\beta_{3j} = \gamma_{30} + \gamma_{31}MAR_j + \gamma_{32}BPE_j + \gamma_{33}PY_j + \gamma_{34}VC_j + u_{3j},$$
$$\beta_{4j} = \gamma_{40} + \gamma_{41}BPE_j + u_{4j}, \quad \delta_2, \delta_3。$$

其中，层一与层二模型中的解释变量都是用组中心化后的数据运算的。层二模型的结果见表 10-21，全模型随机效应结果见表 10-22。

表 10-21 全模型固定效应结果

固定效应	回归系数	标准误	T 检验	自由度	P 值
截距 1，β_0					
截距 2，γ_{00}	-2.960 2	0.195 0	-15.181	3	<0.001
BEE，γ_{01}	0.025 3	0.007 1	3.577	3	0.037
BPE，γ_{02}	0.018 5	0.000 6	2.725	3	0.072
PY，γ_{03}	-0.658 8	0.089 3	-7.372	3	0.005
VC，γ_{04}	13.777 9	2.952 1	4.667	3	0.019
PC，γ_{05}	-9.180 4	1.764 7	-5.202	3	0.014
MN，γ_{06}	0.510 8	0.163 9	3.116	3	0.053
ED 斜率，β_1					
截距 2，γ_{10}	1.242 6	0.348 7	3.563	6	0.012
BEE，γ_{11}	-0.045 8	0.015 6	-2.932	6	0.026
BPE，γ_{12}	-0.040 9	0.019 5	-2.552	6	0.043
PY，γ_{13}	0.293 7	0.137 7	2.132	6	0.077
AI 斜率，β_2					
截距 2，γ_{40}	-1.049 9	0.184 6	-5.685	4	0.005
URB，γ_{21}	0.125 7	0.022 8	5.513	4	0.005
MAR，γ_{22}	-0.103 7	0.021 0	-4.934	4	0.008
PY，γ_{23}	0.312 8	0.130 6	2.395	4	0.075
VC，γ_{24}	-15.952 6	4.952 6	-3.221	4	0.032
MN，γ_{25}	-0.768 3	0.273 5	-2.809	4	0.048
PS 斜率，β_2					
截距 2，γ_{40}	-0.596 5	0.101 8	-5.855	5	0.002
MAR，γ_{31}	-0.019 3	0.007 5	-2.564	5	0.050
BPE，γ_{32}	0.010 6	0.000 5	2.995	5	0.030
PY，γ_{33}	-0.185 6	0.071 4	-2.599	5	0.048
VC，γ_{34}	8.246 8	2.482 4	3.322	5	0.021
NTP 斜率，β_2					
截距 2，γ_{40}	-1.730 6	0.352 1	-4.915	8	0.001
BPE，γ_{41}	0.039 6	0.017 9	2.205	8	0.058
For 阈值 2，δ_2	4.395 8	0.256 7	17.121	417	<0.001
For 阈值 3，δ_3	5.058 5	0.280 1	18.059	417	<0.001

表 10-22　全模型随机效应结果

随机效应	标准误	方差成分	自由度	卡方值	P 值
截距 1，u_0	0.138 7	0.019 2	3	3.931 7	0.268
ED 斜率，u_1	0.879 6	0.773 7	6	27.396 1	<0.001
AI 斜率，u_2	0.108 5	0.011 7	10	2.542 1	>0.500
PS 斜率，u_3	0.105 3	0.011 1	10	6.155 2	>0.500
NTP 斜率，u_4	0.420 2	0.176 5	10	9.786 3	>0.500

由表 10-20、表 10-22 可计算出嵌入性变量对 β_{0j}、β_{1j} 的方差成分解释程度，见表 10-23。

表 10-23　嵌入性变量方差成分的解释程度

随机效应	加入嵌入性变量前	加入嵌入性变量后	解释程度/%
截距 1，u_0	1.999 7	0.019 2	99.03
ED 斜率，u_1	3.753 6	0.773 7	79.30
AI 斜率，u_2	0.521 7	0.011 7	97.74
PS 斜率，u_3	0.400 8	0.011 1	97.23
NTP 斜率，u_4	1.649 0	0.176 5	89.31

由表 10-23 可知，嵌入性变量（认知嵌入、关系嵌入、结构嵌入及政治嵌入）对各地区的截距，变量 ED、AI、PS、NTP 与 η 之间关系的差异程度有较好的解释，说明二层模型较为合理。

1. 截距 1，β_0 方程

经济嵌入、政治嵌入、认知嵌入、结构嵌入、关系嵌入对高垄漫灌技术与软管喷带技术及喷头微喷灌技术的发生比对数的平均值有显著影响。其中，经济嵌入、政治嵌入、结构嵌入是正向显著影响，即灌溉方式的选择与经济嵌入（农民人均纯收入）、政治嵌入（人均财政支出）呈正比；这是由于农民人均纯收入的增加，香蕉产业组织会注重长期效率，选择高级的灌溉方式。人均财政支出越多对农业技术推广的补助越多，即对高级的灌溉方式应用的补助较高，促进了高级的灌溉方式的选择。结构嵌入（组织负责人担任村干部）的比例增加能促进发生比对数的平均值的增加，这是由于村干部代表村委会可以争取更多的政府资源，并且将产业组织作为项目实施的主体，补助也很容易到位，促进了高级的灌溉方式的选择。

认知嵌入、关系嵌入是负向显著影响，即认知嵌入（负责人香蕉种植年限）的延长、关系嵌入（与周边组织交流次数）的增加抑制发生比对数的平均值。这是由于负责人香蕉种植年限越长、与周边组织交流次数越多，对香蕉种植的风险意识越强，促使产业组织更加注重短期效率，选择成本较低的灌溉方式。

2. ED 斜率，β_1 方程

经济嵌入、政治嵌入负向显著调节 ED 与 η 之间的关系，即经济嵌入（农民人均纯收入）、政治嵌入（人均财政支出）高的地区学历边际发生比要低于农民人均纯收入和人均财政支出低的地区。这是由于从逻辑方面（符号规则）：当层二变量的系数符号和相应层一的系数符号相同时，层二变量就加强了层一系数所表示的关联强度；当二者的符号相反时，层二变量就减弱层一系数所示的关联强度（张雷等，2005）。从实际方面：农民人均纯收入、人均财政支出高的地区学历高的香蕉产业组织多数已经采用较为高级的灌溉方式，因而学历边际发生比要低。认知嵌入正向显著调节 ED 与 η 之间的关系，即认知嵌入（负责人香蕉种植年限）长的地区学历边际发生比高于认识嵌入短的地区。这是由于认知嵌入与学历系数符号相同，解释符合符号规则；从实际方面，负责人香蕉种植年限越长，香蕉种植的风险意识越强，促使产业组织更加注重短期效率，选择暂时成本较低的灌溉方式。而高学历的人注重长期利益，愿意选择高级灌溉方式。因此学历边际发生比高。

3. AI 斜率，β_{21} 方程

城市文化嵌入正向显著调节 AI 与 η 之间的关系，即城市文化嵌入（城市化率）高的地区年收入边际发生比高于市场化率低的地区。这是由于城市文化嵌入与年收入系数符号相反，按符号规则知，城市文化嵌入减弱了年收入的负向作用；从实际方面，城市化率高的地区，民众的文化水平较高，能够从长远角度考虑问题，愿意选择高级灌溉方式，因此导致年收入边际发生比的提高。市场文化嵌入负向显著调节 AI 与 η 之间的关系，即市场文化嵌入（市场化率）高的地区年收入边际发生比低于市场化率低的地区。这是由于市场文化嵌入与年收入系数符号相同（都为负号），按符号规则，市场文化嵌入加强了年收入的负向作用；从实际方面，市场化率越高的地区产业组织的风险意识越强，促使产业组织更加注重短期效率，选择成本较低的灌溉方式，因此导致市场化率高的地区年收入边际发生比降低。认知嵌入正向显著调节 AI 与 η 之间的关系，即认知嵌入（负责人香蕉种植年限）长的地区年收入边际发生比高于负责人香蕉种植年限短的地区。这是由于认知嵌入与年收入系数符号相反，符合符号规则；从实际方面，负责人香蕉种植年限越长，香蕉种植的风险意识越强，促使产业组织更加注重短期效率，选择成本较低的灌溉方式，而年收入的增加，会促使组织按一定比例选择成本较低的灌溉方式。

结构嵌入负向显著调节 AI 与 η 之间的关系，即结构嵌入（组织负责人担任村

干部）比例高的地区年收入边际发生比低于组织负责人担任村干部比例低的地区。这是由于结构嵌入与年收入系数符号相同，符合符号规则；从实际方面，村干部代表村委会可以争取更多的政府资源，并且将产业组织作为项目实施的主体，补助也很容易到位，促使选择高级的灌溉方式。即组织负责人担任村干部比例高的地区产业组织选择高级灌溉方式的比例要高于比例低的地区。而年收入的增加，会促使组织选择高级灌溉方式按一定比例降低。因此，年收入增加一个档次，组织负责人担任村干部比例高的地区降低得多。从而，组织负责人担任村干部比例高的地区年收入边际发生比低于比例低的地区。

4. PS 斜率，β_2 方程

市场文化嵌入负向显著调节 PS 与 η 之间的关系，即市场文化嵌入（市场化率）高的地区种植规模边际发生比低于市场化率低的地区。这是由于市场文化嵌入与种植规模系数符号相同（都为负号），符合符号规则；从实际方面，市场化率越高的地区产业组织的风险的意识越强，抑制了种植规模的进一步扩大，导致种植规模边际发生比低。政治嵌入正向显著调节 PS 与 η 之间的关系，即政治嵌入（人均财政支出）高的地区种植规模边际发生比要高于人均财政支出低的地区。这是由于政治嵌入与种植规模系数符号相反，符合符号规则；从实际方面，人均财政支出越多对农业技术推广的补助越多，即对高级的灌溉方式应用的补助较高。因此促进人均财政支出高的地区种植规模边际发生比要高。认知嵌入负向显著调节 PS 与 η 之间的关系，即认知嵌入（负责人香蕉种植年限）长的地区种植规模边际发生比低于负责人香蕉种植年限短的地区。这是由于认知嵌入与种植规模系数符号相同，符合符号规则；从实际方面，负责人香蕉种植年限越长，香蕉种植的风险意识越强，促使产业组织更加注重短期效率，选择成本较低的灌溉方式。因此促进负责人香蕉种植年限长的地区种植规模边际发生比降低。结构嵌入正向显著调节 PS 与 η 之间的关系，即结构嵌入（组织负责人担任村干部）比例高的地区种植规模边际发生比高于组织负责人担任村干部比例低的地区。这是由于结构嵌入与种植规模系数符号相反，符合符号规则；从实际方面，村干部代表村委会可以争取更多的政府资源，并且将产业组织作为项目实施的主体，补助也很容易到位，促使选择高级的灌溉方式。因此促进组织负责人担任村干部比例高的地区种植规模边际发生比增加。

5. NTP 斜率，β_2 方程

政治嵌入正向显著调节 NTP 与 η 之间的关系，即政治嵌入（人均财政支出）高的地区新技术偏好边际发生比要高于人均财政支出低的地区。这是由于政治嵌入与新技术偏好系数符号相反，符合符号规则；从实际方面，人均财政支出越高

对农业技术推广的补助越多,即对高级的灌溉方式应用的补助较高,进一步促进了喜欢尝试的组织负责人对高级的灌溉方式的选择。

第四节 结论与启示

一、结论

(一)蔬果技术选择结论

首次利用嵌入性视角香蕉产业组织两分类结局变量影响因素理论模型对香蕉产业组织采用蔬果技术影响因素进行研究,得到与实际基本相符的结论,从而可以看出此模型有较强的实用性;实证结果将有助于改善新经济社会学嵌入性理论缺乏实证的局面。

香蕉产业组织采用蔬果技术在地区之间存在较大的差异;采用蔬果技术的整体差异中,19.84%的份额是由各地区香蕉产业组织蔬果技术的社会嵌入性不同造成的。

实证分析了香蕉产业组织蔬果技术的影响因素对香蕉产业组织采用蔬果技术的作用路径及精确性影响。显著直接影响因素为年收入、新技术偏好、经济嵌入;显著间接影响因素为政治嵌入、结构嵌入、关系嵌入;既是显著直接影响又是显著间接影响因素为市场文化嵌入、认知嵌入。

(二)产业组织技术需求结论

首次利用嵌入性视角香蕉产业组织多分类结局变量影响因素理论模型对香蕉产业组织技术需求影响因素进行研究,得到与实际基本相符的结论,从而可以看出此模型有较强的实用性。

新品种、病虫害防治技术、高品质管理技术与防风抗寒技术概率比平均值在不同地区存在显著性差异。

实证分析了影响因素对香蕉产业组织技术需求的影响,显著影响因素为学历、年收入、新技术偏好、关系嵌入、城市文化嵌入、政治嵌入。

(三)灌溉技术选择结论

首次利用嵌入性视角香蕉产业组织有序多分类结局变量影响因素理论模型对香蕉产业组织灌溉技术选择影响因素进行研究,得到与实际基本相符的结论,从而可以看出此模型有较强的实用性。

香蕉产业组织选取高垄漫灌技术与软管喷带技术及喷头微喷灌技术的发生比对数的平均值在各地区之间有着显著的差异。

实证分析了香蕉产业组织灌溉技术的影响因素对香蕉产业组织采用灌溉技术的作用路径及精确性影响。显著直接影响因素为学历、年收入、种植规模、新技术偏好、关系嵌入；显著间接影响因素为城市文化嵌入、市场文化嵌入；既是显著直接影响又是显著间接影响因素为政治嵌入、经济嵌入、认知嵌入、结构嵌入、关系嵌入。

二、建议

（一）蔬果技术选择建议

以上关于嵌入性视角下的香蕉产业组织蔬果技术选择的研究结论蕴含以下的政策启示：提高香蕉产业组织蔬果技术选择比例的政策制定时，既要考虑香蕉产业组织内部因素，也要考虑社会场景因素，即嵌入性因素；只有优化香蕉产业组织内部因素，同时合理促进嵌入性因素的发展，才能实现各地区香蕉产业组织蔬果技术选择比例长期稳定地提高。具体策略为：

1) 优化香蕉产业组织内部因素对提高香蕉产业组织蔬果技术选择比例的影响。提高香蕉产业组织的年收入，加大宣传采用高档次灌溉技术的优势。

2) 优化香蕉产业组织社会嵌入性因素对提高香蕉产业组织蔬果技术选择比例的影响。各级政府应通过美丽与特色乡村建设增加农民人均收入，加强市场文化的宣传，鼓励创业，培育市场，推进市场化进程。

3) "两方面协调"，协调好社会场景因素对香蕉产业组织蔬果技术选择的作用。①市场文化嵌入、结构嵌入能正向调节年收入对香蕉产业组织蔬果技术的选择，而认知嵌入、关系嵌入起负向调节作用。针对此点的政策方向为：加快市场化进程，鼓励香蕉产业组织负责人担任村干部，抑制认知嵌入（鼓励年轻人担任香蕉产业组织负责人），减少不必要的交流。加强与抑制的力度应依据各地区实际情况测算。②关系嵌入能正向显著调节新技术偏好对香蕉产业组织蔬果技术的选择，而政治嵌入起负向调节作用。针对此点的政策方向为：加强关系嵌入，抑制政治嵌入。

综合①与②可得"两方面协调"的对策：加快市场化进程，鼓励香蕉产业组织负责人担任村干部，减少不必要的交流，人均财政支出投向要科学化。

（二）产业组织技术需求建议

以上关于香蕉产业组织技术需求影响因素的研究结论蕴含以下的政策启示：促进香蕉产业组织技术需求改善的政策制定时，既要考虑香蕉产业组织内部因素，也要考虑社会嵌入性因素；只有优化香蕉产业组织内部因素，同时合理促进嵌入性因素的发展，才能实现各地区香蕉产业组织技术需求的改善。具体策略为：

1) 优化香蕉产业组织内部因素促进香蕉产业组织技术需求改善：对学历低、

收入少的香蕉产业组织进行技术支持、加大宣传采用新技术的优势。

2）优化香蕉产业组织的社会嵌入性因素对改善香蕉产业组织技术需求的影响：增加人均财政支出。

（三）灌溉技术选择建议

以上关于嵌入性视角下的香蕉产业组织灌溉技术选择的研究结论蕴含以下的政策启示：提高香蕉产业组织灌溉技术档次选择的政策制定时，既要考虑香蕉产业组织内部因素，也要考虑社会场景因素，即嵌入性因素；只有优化香蕉产业组织内部因素、同时合理促进嵌入性因素的发展，才能实现各地区香蕉产业组织灌溉技术选择档次长期稳定地提高。具体策略为：

1）优化香蕉产业组织内部因素对提高香蕉产业组织灌溉技术选择档次的影响。加大香蕉产业组织负责任的培训力度，提高其学历层次；对香蕉产业组织加大宣传采用高档次灌溉技术的优势。

2）优化香蕉产业组织社会嵌入性因素对提高香蕉产业组织灌溉技术档次的影响。加快推进城市化进程；通过风险知识培训使产业组织负责人认识、分析市场风险，如何采取正确的决策控制和驾驭风险，达到减少风险并获得风险收益。

3）"两方面协调"，协调好社会场景因素对香蕉产业组织的作用。①经济嵌入、政治嵌入负向调节学历与对香蕉产业组织灌溉技术选择的关系，而认知嵌入正向调节后两者的关系。针对此点的政策方向为：尽量选择种植年限长的人担任香蕉产业组织负责人。②城市文化嵌入、认知嵌入正向调节年收入与香蕉产业组织灌溉技术选择的关系，而市场文化嵌入、结构嵌入负向调节后两者的关系。针对此点的政策方向为：加快城市化进程，尽量选择种植年限长的人担任香蕉产业组织负责人；加强市场文化的宣传，鼓励创业，培育市场，推进市场化进程。③政治嵌入、结构嵌入正向调节种植面积与香蕉产业组织灌溉技术选择的关系，而城市文化嵌入、认知嵌入负向调节后两者的关系。针对此点的政策方向为：提高人均财政支出水平；鼓励香蕉产业组织负责人担任村干部；推进以产业为基础的城市化进程，选择种植年限较短、学历较高的人担任香蕉产业组织负责人。④政治嵌入正向调节新技术偏好与香蕉产业组织灌溉技术选择的关系。针对此点的政策方向为：提高人均财政支出水平，精准投放财政支出。

综合①、②、③、④可得"两方面协调"的对策：加强市场文化的宣传，鼓励创业、培育市场、加快以产业为基础的市场化进程，鼓励香蕉产业组织负责人担任村干部，提高人均财政支出水平，精准投放财政支出。

第十一章 香蕉产业组织产量（产值）预测分析

本章研究选取第八章第一节第一部分搜集的数据。首先，依据式（3-8）和式（3-9）对数据进行累加整理；其次，运用嵌入视角的交互分类模型的香蕉产业组织产值（产量）预测理论模型、三层累加统计模型的香蕉产业组织产值（产量）预测理论模型，实证分析香蕉产业组织内部因素，以及社会嵌入性因素对产值（产量）的作用路径及影响程度，并以此对产值（产量）进行预测；最后，概括结论并依据实证的结果提出相应的建议。

第一节 基于二层累计交互分类模型的产量（产值）预测

一、变量的选择

依据嵌入性和香蕉产业组织产量（产值）影响因素理论，确定层一与层二变量：

层一变量：香蕉产业组织亩均产量（CL）或亩均产值（SR）为层一被解释变量；香蕉产业组织产量背景值（CLJ）或产值背景值（SLJ）、亩均人力资本（HR）、亩均化肥施用量（FU）、亩均有机肥施用量（OFU）、亩均技术培训（TT）为解释变量；并对变量进行累加处理。

层二变量：香蕉产业组织产量影响因素的认知嵌入分为经验认知嵌入（PY）与管理认知嵌入（MN），PY、MN 分别用属于同一地区各香蕉产业组织种植年限的平均值、管理人数的平均值表示；关系嵌入分为技术关系嵌入（PC）与资金关系嵌入（FIN），PC、FIN 分别用属于同一地区各香蕉产业组织与周边交流次数（小于等于3次＝0；4次及以上＝1）的平均值、资金筹措能力（不好筹钱＝0；筹钱问题不大＝1）的平均值表示；结构嵌入分为管理结构嵌入（VC）（由于管理位置产生的作用）、规模结构嵌入（PS）（由于规模大小产生的作用），VC、PA 分别用属于同一地区各香蕉产业组织负责人是否是村干部（不是＝0，是＝1）的平均值、种植规模表示；政治嵌入（BPE）、经济嵌入（BEE）分别用属于同一地区各农场所属县域的人均财政支出平均值（万元）、农村居民家庭人均纯收入平均值（万元）表示。文化嵌入分为城市文化嵌入（URB）与市场文化嵌入（MAR），URB、MAR 用属于同一地区各农场所属县域城市化率平均值、市场化率平均值表示。

层一行、列变量的描述性统计量见表 11-1~表 11-3。从中可以得知，目前香蕉产业组织产量、收入、规模、人力资本、化肥与有机肥施用量、技术培训、城市文化嵌入、市场文化嵌入、政治嵌入、经济嵌入、认知嵌入、结构嵌入、关系嵌入差异较大。由此可以初步判断，香蕉产业组织发展不平衡。

表 11-1 香蕉产业组织产量（产值）预测模型层一变量描述性统计

变量名	样本点数	均值	标准差	最小	最大
CL	444	2.67	0.44	1.50	3.80
CLJ	444	8.94	4.05	2.55	19.35
SR	444	0.65	0.38	0.03	2.79
SLJ	444	2.24	1.15	0.10	5.03
HR	444	1.30	0.76	0.03	4.41
FU	444	1.17	0.50	0.08	3.15
OFU	444	9.57	5.99	0.33	30.74
TT	444	0.28	0.56	0.01	6.40

表 11-2 行（地区）变量描述统计

变量名	地区数	均值	标准差	最小	最大
URB	10	33.92	12.86	16.66	55.13
MAR	10	31.71	14.32	10.81	51.80
BEE	10	0.64	0.22	0.37	1.16
BPE	10	0.40	0.19	0.11	0.68

表 11-3 列（组织）变量描述统计

变量名	组织数	均值	标准差	最小	最大
PS	8	4.97	1.39	2.79	7.00
PY	8	10.82	0.87	9.01	11.57
FIN	8	0.57	0.20	0.15	0.73
VC	8	0.25	0.22	0	0.55
PC	8	0.63	0.16	0.33	0.76
MN	8	2.29	1.65	1.04	6.07

二、香蕉产业组织产量预测

（一）一元二层累加交互分类随机截距模型结果分析

层一模型：$CL_{ijk} = \pi_{0jk} + \pi_{ijk}CLJ_{ijk} + e_{ijk}$；

层二模型：$\pi_{0jk} = \theta_0 + b_{00j} + c_{00k}$，$\pi_{1jk} = \theta_1$。

其中，CL_{ijk} 是合并后地区 j 和组织 k 的第 i 年的产值；π_{0jk} 是截距，π_{1jk} 是发展系数，表示 x_{1ijk} 与 y_{ijk} 的联系方向与强度；e_{ijk} 是层一的随机误差；$i = 1,\cdots,n_{jk}$，n_{jk} 表示在组 jk 中的观测值；$j = 1,\cdots,10$，j 表示地区的个数；$k = 1,\cdots,8$ 表示组织分类数；θ_l 是模型的截距，b_{lpj} 是地区 j 对 s_{lpk} 和 π_{ljk} 之间联系的随机效应；c_{lrk} 是组织 k 对 w_{lrj} 和 π_{ljk} 之间联系的随机效应。

由表 11-4 知，在 CLJ 等于平均值且其系数为固定系数时，香蕉产业组织的平均值为 2.661 2。发展系数为 0.006 2。

表 11-4　随机截距模型的固定效应结果

固定效应	回归系数	标准误	T 检验	自由度	P 值
截距 1，π_0					
截距 2，θ_0	2.661 2	0.114 7	23.185	426	<0.001
变量 CLJ 斜率，π_1					
截距 2，θ_1	0.006 2	0.003 3	1.865	426	0.063

由表 11-5 知，截距的行截距在不同地区之间存在显著差异。

表 11-5　随机截距模型的行随机效应结果

随机效应	标准误	方差成分	自由度	卡方值	P 值
截距 1/行截距，b_{00j}	0.330 6	0.109 3	9	681.853 1	<0.001
层一，e	0.265 1	0.070 2			

由表 11-6 知，列截距在不同组织之间存在显著差异。

表 11-6　随机截距模型的列随机效应结果

随机效应	标准误	方差成分	自由度	卡方值	P 值
截距 1/列截距，c_{00k}	0.128 6	0.016 5	7	114.122 7	<0.001

（二）一元二层累加交互分类随机斜率模型结果分析

层一模型：$CL_{ijk} = \pi_{0jk} + \pi_{ijk}CLJ_{ijk} + e_{ijk}$；

层二模型：$\pi_{0jk} = \theta_0 + b_{00j} + c_{00k}$，$\pi_{1jk} = \theta_1 + b_{10j} + c_{10k}$。

由表 11-7 知，在 CLJ 等于平均值且其系数为随机系数时，香蕉产业组织的平均值为 2.656 6，发展系数为 0.013 2。

表 11-7 随机斜率模型的固定效应结果

固定效应	回归系数	标准误	T 检验	自由度	P 值
截距 1，π_0					
截距 2，θ_0	2.656 6	0.116 1	22.873	408	<0.001
变量 CLJ 斜率，π_1					
截距 2，θ_1	0.013 2	0.008 5	1.554	408	0.121

由表 11-8 知，CLJ 的斜率、总截距的行截距在不同地区之间存在显著差异。嵌入性变量能在一定程度上解释地区之间的差异。

表 11-8 随机斜率模型的行随机效应结果

随机效应	标准误	方差成分	自由度	卡方值	P 值
截距 1/行截距，b_{00j}	0.334 7	0.112 0	9	758.315 9	<0.001
CLJ/行截距，b_{10j}	0.024 8	0.000 6	9	84.132 0	<0.001
层一，e	0.246 3	0.060 6			

由表 11-9 知，截距的列截距在不同组织之间存在显著差异，CLJ 的斜率的列截距在不同组织之间差异不大。嵌入性变量能在一定程度上解释组织之间的差异。

表 11-9 随机斜率模型的列随机效应结果

随机效应	标准误	方差成分	自由度	卡方值	P 值
截距 1/列截距，c_{00k}	0.130 6	0.017 0	7	132.138 6	<0.001
CLJ/列截距，c_{10k}	0.001 5	0.000 0	7	6.926 5	>0.500

（三）一元二层累加交互分类全模型的结果分析

将嵌入性变量引入层二模型中，得到变量达到统计显著的模型如下：

层一模型：$CL_{ijk} = \pi_{0jk} + \pi_{ijk}CLJ_{ijk} + e_{ijk}$；

层二模型：$\pi_{0jk} = \theta_0 + b_{00j} + c_{00k} + \gamma_{01}BPE_j + \beta_{01}PA_k + \beta_{02}FIN_k + \beta_{03}VC_k + \beta_{04}MN_k$

$\pi_{1jk} = \theta_1 + c_{10k} + \gamma_{11}MAR_j + \gamma_{12}BPE_j$。

其中，层二模型中的解释变量都是用组中心化后的数据计算的。

由表 11-10 知，在 CLJ、BPE、PA、FIN、VC、MN、MAR 等于平均值时，香蕉产业组织的平均值为 2.6626；其中，BPE、FIN、MN 对截距有正向影响，PA、VC 对截距有负向影响。发展系数的截距为 0.0134，MAR 对发展系数有正向影响，BPE 对发展系数有负向影响。

表 11-10 一元累加交互分类全模型的固定效应结果

固定效应	回归系数	标准误	T 检验	自由度	P 值
对于截距 1，π_0					
截距 2，θ_0	2.662 6	0.068 0	39.124	408	<0.001
BPE，γ_{01}	1.390 2	0.379 3	3.665	7	0.008
PA，β_{01}	-0.887 4	0.107 5	-8.255	5	<0.001
FIN，β_{02}	2.810 2	0.306 1	9.179	5	<0.001
VC，β_{03}	-2.787 9	0.356 6	-7.818	5	<0.001
MN，β_{04}	0.193 5	0.025 7	7.520	5	<0.001
对于变量 CLJ 斜率，π_1					
截距 2，θ_1	0.013 4	0.004 2	3.193	408	0.002
MAR，γ_{11}	0.000 6	0.000 3	2.053	7	0.079
BPE，γ_{12}	-0.111 2	0.022 6	-4.910	7	0.002

一元累加交互分类全模型行、列随机效应结果分别见表 11-11、表 11-12。

表 11-11 一元累加交互分类全模型行随机效应结果

随机效应	标准误	方差成分	自由度	卡方值	P 值
截距 1/行截距，b_{00j}	0.211 6	0.044 8	4	311.662 4	<0.001
CLJ/行截距，b_{10j}	0.008 3	0.000 07	7	16.487 8	0.021
层一，e	0.246 0	0.060 5			

表 11-12 一元累加交互分类全模型列随机效应结果

随机效应	标准误	方差成分	自由度	卡方值	P 值
截距 1/列截距，c_{00k}	0.001 80	0.000 00	2	6.749 40	0.033
CLJ/列截距，c_{10k}	0.000 39	0.000 00	5	6.681 31	0.244

由表 11-8、表 11-9，以及表 11-11、表 11-12 可算出，嵌入变量对截距和 CLJ

的斜率变异解释的程度,见表 11-13。

由表 11-13 可知,嵌入性变量对截距和 CLJ 的斜率变异有较好的解释,因此,全模型较为合理。

表 11-13　嵌入性变量解释的方差成分和程度

随机效应	加入嵌入性变量前	加入嵌入性变量后	解释程度/%
截距 1/行截距,b_{00j}	0.112 0	0.044 8	60.00
CLJ/ 行截距,b_{10j}	0.000 6	0.000 07	88.33
截距 1/列截距,c_{00k}	0.017 0	0.000 00	100

(四)基于一元二层累加交互分类模型的香蕉产业组织产量预测

基于全模型,由于层一、层二模型中的解释变量都是用组中心化后的数据计算的,因此需要总平均值与组平均值。课题组于 2015 年 10 月对云南省部分香蕉产业组织进行了二次调查,得到了 2014 年的相应数据。因此,选择云南省部分具有 2014 年实际数据的组织作为预测对象。云南省各产业组织平均值数据见表 11-14。

表 11-14　云南省组织均值

层次	组织(层二变量)						地区(层三变量)			
变量	PA	PY	FIN	VC	PC	MN	URB	MAR	BEE	BPE
均值	4.81	11.64	0.53	0.21	0.69	2.22	19.94	27.75	0.37	0.34

各地区总平均值数据见表 11-2 和表 11-3。

基于相应数据得到微分方程:

$$\frac{\mathrm{d}CL_{ij}^{(1)}(t)}{\mathrm{d}t} = 2.7555 + 0.0013\ CLJ_{ij}^{(1)}(t)。$$

运用微分方程,基于耿马县第 2 个组织 2008~2013 年的数据,得到预测值的平均误差为 4.76%;在化肥每亩为 0.28 吨、有机肥每亩 4.96 吨、其他变量与 2013 年相同的情形下,2014 年的预测值为每亩产量 2.793 吨,每亩产量实际 2.715 吨,误差为 2.87%。基于金平县的第 4 个组织 2010~2013 年的数据,得到预测值的平均误差为 2.37%;在化肥每亩为 0.29 吨、有机肥每亩 4.97 吨、其他变量与 2013 年相同的情形下,2014 年的预测值为每亩产量 2.771 吨,每亩产量实际 2.708 吨,误差为 2.33%。基于景洪市第 4 个组织 2009~2013 年的数据,得到预测值的平均误差为 3.84%;在化肥每亩为 0.28 吨、有机肥每亩 4.95 吨、其他变量与 2013 年相同的情形下,2014 年的预测值为每亩产量 2.775 吨,每亩产量实际 2.698 吨,误差为 2.85%。

（五）多元二层累加交互分类随机截距模型结果分析

层一模型：$CL_{ijk} = \pi_{0jk} + \pi_{1jk}CLJ_{ijk} + \pi_{2jk}HR_{ijk} + \pi_{3jk}FU_{ijk} + \pi_{4jk}OFU_{ijk} + e_{ijk}$；

层二模型：$\pi_{0jk} = \theta_0 + b_{00j} + c_{00k}$，$\pi_{pjk} = \theta_p, p = 1,2,\cdots,4$。

由表 11-15 知，在 CLJ、HR、FU、OFU 等于平均值且其系数为固定系数时，香蕉产业组织的平均值为 2.608 5。HR、FU 对产值有负向显著影响，OFU 对产值有正向显著影响。

表 11-15 多元随机截距模型的固定效应结果

固定效应	回归系数	标准误	T 检验	自由度	P 值
截距 1，π_0					
截距 2，θ_0	2.608 5	0.143 3	18.193	426	<0.001
变量 CLJ 斜率，π_1					
截距 2，θ_1	0.028 9	0.007 0	4.092	426	<0.001
变量 HR 斜率，π_2					
截距 2，θ_2	−0.156 8	0.026 9	−5.827	426	<0.001
对于变量 FU 斜率，π_3					
截距 2，θ_3	−0.349 1	0.040 5	−8.606	426	<0.001
对于变量 OFU 斜率，π_4					
截距 2，θ_4	0.035 5	0.004 1	8.585	426	<0.001

由表 11-16 知，多元随机截距模型的截距的行截距在不同地区之间存在显著差异。

表 11-16 多元随机截距模型的行随机效应结果

随机效应	标准误	方差成分	自由度	卡方值	P 值
截距 1/行截距，b_{00j}	0.381 6	0.145 6	9	1 211.068 5	<0.001
层一，e	0.223 2	0.049 8			

由表 11-17 知，多元随机截距模型的截距的列截距在不同组织之间存在显著差异。

表 11-17 多元随机截距模型的列随机效应结果

随机效应	标准误	方差成分	自由度	卡方值	P 值
截距/列截距，c_{00k}	0.216 2	0.046 7	7	372.218 0	<0.001

（六）多元累加二层交叉分类随机斜率模型结果分析

层一模型：$CL_{ijk} = \pi_{0jk} + \pi_{1jk}CLJ_{ijk} + \pi_{2jk}HR_{ijk} + \pi_{3jk}FU_{ijk} + \pi_{4jk}OFU_{ijk} + e_{ijk}$；

层二模型：$\pi_{qjk} = \theta_q + b_{q0j} + c_{q0k}$，$q=1,2,\cdots,4$。

由表 11-18 知，在 CLJ、HR、FU、OFU 等于平均值且其系数为随机系数时，香蕉产业组织产量的平均值为 2.6195。HR、FU、OFU 对产值有负向显著影响。

表 11-18　多元随机斜率模型的固定效应结果

固定效应	回归系数	标准误	T 检验	自由度	P 值
对于截距 1，π_0					
截距 2，θ_0	2.619 5	0.157 2	16.654	354	<0.001
对于变量 CLJ 斜率，π_1					
截距 2，θ_1	0.137 0	0.051 3	2.668	354	0.008
对于变量 HR 斜率，π_2					
截距 2，θ_2	-0.105 4	0.048 4	-2.175	354	0.030
对于变量 FU 斜率，π_3					
截距 2，θ_3	-0.797 3	0.241 9	-3.296	354	0.001
对于变量 OFU 斜率，π_4					
截距 2，θ_4	-0.008 2	0.019 5	-0.424	354	0.672

由表 11-19 知，CLJ、HR、FU、OFU 的斜率、总截距的行截距在不同地区之间存在显著差异。

表 11-19　多元随机斜率模型的行随机效应结果

随机效应	标准误	方差成分	自由度	卡方值	P 值
截距 1 / 行截距，b_{00j}	0.449 3	0.281 8	9	1 289.975 6	<0.001
CLJ / 行截距，b_{10j}	0.148 0	0.028 9	9	169.089 5	<0.001
HR / 行截距，b_{20j}	0.102 1	0.019 4	9	41.317 3	<0.001
FU / 行截距，b_{30j}	0.651 8	0.424 9	9	202.819 7	<0.001
OFU / 行截距，b_{40j}	0.052 1	0.006 7	9	64.275 1	<0.001
层一，e	0.150 2	0.022 5			

由表 11-20 知，LJ、HR、FU、OFU 的斜率、总截距的列截距在不同组织之间存在显著差异。

表 11-20　多元随机斜率模型的列随机效应结果

随机效应	标准误	方差成分	自由度	卡方值	P 值
截距 1 / 列截距，c_{00k}	0.187 2	0.035 0	7	94.917 8	<0.001
CLJ / 列截距，c_{10k}	0.012 8	0.000 8	7	26.593 7	<0.001
HR / 列截距，c_{20k}	0.069 0	0.008 7	7	37.900 0	<0.001

续表

随机效应	标准误	方差成分	自由度	卡方值	P 值
FU / 列截距,c_{30k}	0.215 1	0.046 2	7	90.997 4	<0.001
OFU / 列截距,c_{40k}	0.022 5	0.000 7	7	66.781 5	<0.001

（七）多元二层累加交互分类全模型结果分析

层一模型：$CL_{ijk} = \pi_{0jk} + \pi_{1jk}CLJ_{ijk} + \pi_{2jk}HR_{ijk} + \pi_{3jk}FU_{ijk} + \pi_{4jk}OFU_{ijk} + e_{ijk}$；

层二模型：$\pi_{0jk} = \theta_0 + b_{00j} + c_{00k} + \beta_{01}PS_k + \beta_{02}FIN_k + \beta_{03}VC_k + \beta_{04}PC_k + \beta_{05}MN_k$,

$\pi_{1jk} = \theta_1 + b_{10j} + c_{10k} + \gamma_{11}BPE_j$, $\pi_{2jk} = \theta_2 + b_{20j} + c_{20k} + \gamma_{21}MAR_J$,

$\pi_{3jk} = \theta_3 + b_{30j} + c_{30k} + \beta_{31}PS_k + \beta_{32}FIN_k + \beta_{33}VC_k + \beta_{34}PC_k + \beta_{35}MN_k$,

$\pi_{4jk} = \theta_4 + b_{40j} + c_{40k} + \beta_{41}PS_k + \beta_{42}FIN_k + \beta_{43}VC_k + \beta_{44}PC_k$。

由表 11-21 知，在 CLJ、HR、FU、OFU 及嵌入变量等于平均值时，香蕉产业组织的平均值为 2.6231；其中，FIN、MN 对截距、FU 的斜率有正向影响，PA、VC、PC 对截距、FU 的斜率有负向影响；发展系数的截距为 0.1316，BPE 对发展系数有负向影响；MAR 对 HR 的斜率有正向影响；PA、VC、PC 对 OFU 的斜率有正向影响，FIN 对 OFU 的斜率有负向影响。

表 11-21 多元累加交互分类全模型的固定效应结果

固定效应	回归系数	标准误	T 检验	自由度	P 值
截距 1，π_0					
截距 2，θ_0	2.621 3	0.142 7	18.364	354	<0.001
PA，β_{01}	-1.616 0	0.191 9	-8.417	2	0.014
FIN，β_{02}	5.593 1	0.617 6	9.055	2	0.012
VC，β_{03}	-5.183 6	0.659 7	-7.858	2	0.016
PC，β_{04}	-1.553 4	0.353 3	-4.396	2	0.048
MN，β_{05}	0.358 2	0.044 6	8.024	2	0.015
变量 CLJ 斜率，π_1					
截距 2，θ_1	0.131 6	0.054 9	2.397	354	0.017
BPE，γ_{11}	-0.041 3	0.024 1	-1.716	4	0.161
变量 HR 斜率，π_2					
截距 2，θ_2	-0.112 0	0.046 9	-2.386	354	0.018
MAR，γ_{21}	0.001 9	0.000 9	1.965	4	0.121
变量 FU 斜率，π_3					
截距 2，θ_3	-0.781 7	0.260 3	-3.003	354	0.003
PS，β_{31}	-1.224 8	0.242 5	-5.049	2	0.037

续表

固定效应	回归系数	标准误	T检验	自由度	P值
FIN,β_{32}	4.894 9	0.931 1	5.257	2	0.034
VC,β_{33}	-5.847 7	1.016 2	-5.754	2	0.029
PC,β_{34}	-5.206 9	0.787 8	-6.609	2	0.022
MN,β_{35}	0.184 8	0.046 3	3.985	2	0.058
变量OFU斜率,π_4					
截距2,θ_4	-0.009 2	0.017 8	-0.519	354	0.604
PS,β_{41}	0.057 2	0.013 5	4.219	2	0.052
FIN,β_{42}	-0.296 8	0.072 7	-4.082	2	0.055
VC,β_{43}	0.377 0	0.083 2	4.531	2	0.045
PC,β_{44}	0.501 9	0.086 8	5.778	2	0.029

多元累加交互分类全模型的行、列随机效应结果分别见表11-22、表11-23。

表11-22 多元累加交互分类全模型的行随机效应结果

随机效应	标准误	方差成分	自由度	卡方值	P值
截距1/行,b_{00j}	0.449 4	0.102 0	4	1208.206 7	<0.001
CLJ/行截距,b_{10j}	0.157 0	0.010 6	8	179.262 5	<0.001
HR/行截距,b_{20j}	0.095 4	0.012 1	8	53.477 2	<0.001
FU/行截距,b_{30j}	0.747 7	0.159 1	4	213.532 7	<0.001
OFU/行截距,b_{40j}	0.047 6	0.002 2	5	54.432 0	<0.001
层一,e	0.148 8	0.022 1			

表11-23 多元累加交互分类全模型的列随机效应结果

随机效应	标准误	方差成分	自由度	卡方值	P值
截距1/列截距,c_{00k}	0.009 3	0.000 09	2	13.495 2	0.002
CLJ/列截距,c_{10k}	0.012 7	0.000 1	6	17.315 0	0.008
HR/列截距,c_{20k}	0.065 8	0.003 3	6	52.810 6	<0.001
FU/列截距,c_{30k}	0.043 7	0.001 9	2	16.486 4	<0.001
OFU/列截距,c_{40k}	0.013 4	0.000 1	3	38.442 7	<0.001

由表11-19、表11-20,以及表11-22、表11-23可算出,嵌入变量对截距和LJ的斜率变异解释的程度,见表11-24。

由表11-24可知,虽然嵌入性变量对HR的斜率变异解释只有37.62%,但嵌入性变量对其他变异有较好的解释,因此,全模型较为合理。

表 11-24　嵌入性变量所解释的方差成分和程度

随机效应	加入嵌入性变量前	加入嵌入性变量后	解释程度/%
截距 1/行截距，b_{00j}	0.281 8	0.102 0	63.8
CLJ/ 行截距，b_{10j}	0.028 9	0.010 6	63.32
HR/ 行截距，b_{20j}	0.019 4	0.012 1	37.62
FU/ 行截距，b_{30j}	0.424 9	0.159 1	62.55
OFU/ 行截距，b_{40j}	0.006 7	0.002 2	67.16
截距 1/列截距，c_{00k}	0.035 0	0.000 09	99.74
CLJ/ 列截距，c_{10k}	0.000 8	0.000 1	87.50
HR/ 列截距，c_{20k}	0.008 7	0.003 3	62.07
FU/ 列截距，c_{30k}	0.046 2	0.001 9	95.88
OFU/ 列截距，c_{40k}	0.000 7	0.000 1	85.71

（八）基于多元二层累加交互分类模型的香蕉产业组织产量预测

基于多元二层累加交互分类全模型结果及表 11-2、表 11-3、表 11-13 数据，得到微分方程：

$$\frac{\mathrm{d}CL_{ij}^{(1)}(k)}{\mathrm{d}t} = 2.947 + 0.158 LJ_{ij}^{(1)}(k) - 0.106 HR_{ij}^{(1)}(k)$$
$$- 0.312 FU_{ij}^{(1)}(k) + 0.011 OFU_{ij}^{(1)}(k)。$$

运用微分方程，基于耿马县第 2 个组织，得到预测值的平均误差为 4.65%；2014 年的预测值为每亩产量 2.783 吨，误差为 2.51%。基于金平县的第 4 个组织，得到预测值的平均误差为 2.32%；2014 年的预测值为每亩产量 2.783 吨，误差为 2.69%。基于景洪市的第 4 个组织，得到预测值的平均误差为 3.47%；2014 年的预测值为每亩产量 2.758 吨，误差为 2.22%。

三、香蕉产业组织产值预测

（一）一元二层累加交互分类随机截距模型结果分析

层一模型：$SR_{ijk} = \pi_{0jk} + \pi_{jk} SLJ_{ijk} + e_{ijk}$；

层二模型：$\pi_{0jk} = \theta_0 + b_{00j} + c_{00k}$，$\pi_{1jk} = \theta_1$。

其中，SR_{ijk} 是合并后地区 j 和组织 k 的第 i 个样本点的产值；其他符号与本节二（一）中的解释相同。

由表 11-25 固定效应部分知，在 SLJ 等于平均值且其系数为固定系数时，香蕉产业组织产值的平均值为 0.65；发展系数为-0.022；由随机效应部分知，截距的行截距在不同地区之间存在显著性差异，截距的列截距在不同组织之存在显著性差异。

表 11-25 一元累加交互分类随机截距模型结果

固定效应	回归系数	标准误	T 检验	自由度	P 值
对于截距 1, π_0					
截距 2, θ_0	0.650 0	0.036 3	17.893	426	<0.001
对于变量 SLJ 斜率, π_1					
截距 2, θ_1	-0.022 0	0.015 0	-1.462	426	0.144
随机效应	标准误	方差成分	自由度	卡方值	P 值
截距 1/行截距, b_{00j}	0.067 43	0.004 5	9	24.961 0	0.003
层一, e	0.366 49	0.134 3			
截距 1/列截距, c_{00k}	0.065 96	0.004 3	7	22.630 7	0.002

（二）一元二层累加交互分类随机斜率模型结果分析

层一模型：$SR_{ijk} = \pi_{0jk} + \pi_{ijk} SLJ_{ijk} + e_{ijk}$；

层二模型：$\pi_{0jk} = \theta_0 + b_{00j} + c_{00k}$，$\pi_{1jk} = \theta_1 + b_{10j} + c_{10k}$。

由表 11-26 固定效应部分知，在 SLJ 等于平均值且其系数为随机系数时，香蕉产业组织产值的平均值为 0.6422；发展系数为-0.0207；由随机效应部分知，LJ 的斜率、截距的行截距在不同地区之间存在显著性差异，LJ 的斜率、截距的列截距在不同组织之存在显著性差异。

表 11-26 一元累加交互分类随机斜率模型结果

固定效应	回归系数	标准误	T 检验	自由度	P 值
截距 1, π_0					
截距 2, θ_0	0.642 2	0.060 8	10.554	408	<0.001
变量 SLJ 斜率, π_1					
截距 2, θ_1	-0.020 7	0.041 9	-0.496	408	0.620
随机效应	标准误	方差成分	自由度	卡方值	P 值
地区					
截距 1/行截距, b_{00j}	0.158 5	0.035 1	9	70.842 7	<0.001
LJ/行截距, b_{10j}	0.107 4	0.011 5	9	97.882 7	<0.001
层一, e	0.331 7	0.110 0			
组织类别					
截距 1/列截距, c_{00k}	0.082 5	0.006 8	7	32.954 4	<0.001
LJ/列截距, c_{10k}	0.054 8	0.007 5	7	25.312 9	<0.001

(三)一元二层累加交互分类全模型结果分析

将嵌入性变量引入到层二模型中,得到变量达到统计显著的模型如下:

层一模型:$SR_{ijk} = \pi_{0jk} + \pi_{ijk}SLJ_{ijk} + e_{ijk}$;

层二模型:$\pi_{0jk} = \theta_0 + b_{00j} + c_{00k} + \gamma_{01}BPE_j + \beta_{01}PS_k + \beta_{02}PY_k + \beta_{03}FIN_k$
$+ \beta_{04}VC_k + \beta_{05}MN_K$,
$\pi_{1jk} = \theta_1 + b_{10j} + c_{10k} + \gamma_{11}BPE_j$。

其中,层二模型中的解释变量都是用组中心化后的数据计算的。

一元累加交互分类全模型的结果见表 11-27。

表 11-27 一元累加交互分类全模型结果

固定效应	回归系数	标准误	T 检验	自由度	P 值
截距1,π_0					
截距2,θ_0	0.644 7	0.049 4	13.032	408	<0.001
BPE,γ_{01}	-0.462 9	0.261 5	-1.770	7	0.120
PS,β_{01}	-0.479 6	0.175 4	-2.735	5	0.041
PY,β_{02}	0.083 9	0.030 6	2.739	5	0.041
FIN,β_{03}	1.647 5	0.507 2	3.248	5	0.023
VC,β_{04}	-1.582 3	0.593 3	-2.667	5	0.045
MN,β_{05}	0.102 4	0.042 8	2.388	5	0.063
变量 SLJ 斜率,π_1					
截距2,θ_1	-0.025 5	0.033 7	-0.755	408	0.451
BPE,γ_{11}	0.374 0	0.150 2	2.490	7	0.042
随机效应	标准误	方差成分	自由度	卡方值	P 值
地区					
截距/行截距,b_{00j}	0.136 8	0.013 7	3	62.581 8	<0.001
SLJ/行截距,b_{10j}	0.074 0	0.004 4	8	50.570 0	<0.001
层一,e	0.331 2	0.109 7			
组织类别					
截距/列截距,c_{00k}	0.044 1	0.001 9	1	10.869 0	0.001
SLJ/列截距,c_{10k}	0.054 2	0.002 9	6	22.291 5	0.001

由表 11-26、表 11-27 的随机效应部分可算出,嵌入变量对截距和 SLJ 的斜率变异解释的程度,见表 11-28。

表 11-28 嵌入性变量所解释的方差成分和程度

随机效应	加入嵌入性变量前	加入嵌入性变量后	解释程度/%
截距1/行截距,b_{00j}	0.035 1	0.013 7	60.96

续表

随机效应	加入嵌入性变量前	加入嵌入性变量后	解释程度/%
SLJ / 行截距，b_{10j}	0.011 5	0.004 4	61.73
截距 1/列截距，c_{00k}	0.006 8	0.001 9	72.05
SLJ / 列截距，c_{10k}	0.007 5	0.002 9	61.33

由表 11-28 可知，嵌入性变量对对截距和 SLJ、HR、FU、OFU 的斜率变异有较好的解释，因此，全模型较为合理。

（四）基于一元二层累加交互分类模型的香蕉产业组织产值预测

基于一元二层累加交互分类全模型结果及表 11-2、表 11-3、表 11-14 数据，得到微分方程：

$$\frac{\mathrm{d}SR_{ij}^{(1)}(t)}{\mathrm{d}t} = 0.7897 - 0.09361 SLJ_{ij}^{(1)}(t)。$$

运用微分方程，基于耿马县第 2 个组织 2008~2013 年的数据，得到预测值的平均误差为 2.64%；在化肥每亩为 0.24 吨、有机肥每亩 3.67 吨、其他变量与 2013 年相同的情形下，2014 年的预测值为每亩产值 0.437 万元，每亩产值实际 0.451 万元，误差为 2.96%。基于金平县的第 4 个组织 2010~2013 年的数据，得到预测值的平均误差为 2.32%；在化肥每亩为 0.29 吨、有机肥每亩 4.97 吨、其他变量与 2013 年相同的情形下，2014 年的预测值为每亩产值 0.538 万元，每亩产值实际 0.552 万元，误差为 2.53%。基于景洪市的第 4 个组织 2009~2013 年的数据，得到预测值的平均误差为 2.12%；在化肥每亩为 0.28 吨、有机肥每亩 4.95 吨、其他变量与 2013 年相同的情形下，2014 年的预测值为每亩产值 0.684 万元，每亩产值实际 0.668 万元，误差为 2.44%。

（五）多元二层累加交互分类随机截距模型结果分析

层一模型：$SR_{ijk} = \pi_{0jk} + \pi_{1jk}SLJ_{ijk} + \pi_{2jk}FU_{ijk} + \pi_{3jk}TT_{ijk} + e_{ijk}$；

层二模型：$\pi_{0jk} = \theta_0 + b_{00j} + c_{00k}$，$\pi_{pjk} = \theta_p$，$p=1,2,\cdots,5$。

由表 11-29 知，在 SLJ、FU、TT 等于平均值且其系数为固定系数时，香蕉产业组织产值的平均值为 0.6383。FU 对产值有负向显著影响，TT 对产值有正向显著影响。

表 11-29　多元累加交互分类随机截距模型的固定效应结果

固定效应	回归系数	标准误	T 检验	自由度	P 值
截距 1, π_0					

固定效应	回归系数	标准误	T 检验	自由度	P 值
截距 2, θ_0	0.638 3	0.043 1	14.810	426	<0.001
SLJ 斜率, π_1					
截距 2, θ_1	0.033 4	0.020 0	1.671	426	0.095
FU 斜率, π_2					
截距 2, θ_2	-0.239 7	0.042 1	-5.690	426	<0.001
TT 斜率, π_3					
截距 2, θ_3	0.083 8	0.035 1	2.388	426	0.017

由表 11-30 知,多元随机截距模型的截距的行截距在不同地区之间存在显著差异。

表 11-30　多元累加交互分类随机截距模型的行随机效应结果

随机效应	标准误	方差成分	自由度	卡方值	P 值
截距 1/行截距, b_{00j}	0.118 91	0.014 14	9	63.555 96	<0.001
层一, e	0.351 01	0.123 21			

由表 11-31 知,多元随机截距模型的截距的列截距在不同地区之间存在显著差异。

表 11-31　多元累加交互分类随机截距模型的列随机效应结果

随机效应	标准误	方差成分	自由度	卡方值	P 值
截距 1/ 列截距, c_{00k}	0.033 85	0.001 15	7	12.171 27	0.094

(六) 多元二层累加交互分类随机斜率模型结果分析

层一模型: $SR_{ijk} = \pi_{0jk} + \pi_{1jk}SLJ_{ijk} + \pi_{2jk}FU_{ijk} + \pi_{3jk}TT_{ijk} + e_{ijk}$;

层二模型: $\pi_{qjk} = \theta_q + b_{q0j} + c_{q0k}$, $q = 1,2,\cdots,6$。

由表 11-32 知, 在 SLJ、FU、TT 等于平均值且其系数为随机系数时, 香蕉产业组织产值的平均值为 0.642 3。FU、TT 对产值有负向显著影响。

表 11-32　多元累加交互分类随机斜率模型的固定效应结果

固定效应	回归系数	标准误	T 检验	自由度	P 值
截距 1, π_0					
截距 2, θ_0	0.642 3	0.058 6	10.945	372	<0.001
SLJ 斜率, π_1					
截距 2, θ_1	0.046 4	0.032 6	1.421	372	0.156
FU 斜率, π_2					
截距 2, θ_2	-0.242 1	0.068 3	-3.542	372	<0.001

固定效应	回归系数	标准误	T检验	自由度	P值
TT斜率，π_3					
截距2，θ_3	-0.0500	0.0358	-1.398	372	0.163

由表11-33知，SLJ的斜率、总截距的行截距在不同地区之间存在显著差异，FU、TT的斜率的行截距在不同地区之间差异不大。

表11-33 多元累加交互分类随机斜率模型的行随机效应结果

随机效应	标准误	方差成分	自由度	卡方值	P值
截距1/行截距，b_{00j}	0.16367	0.02679	9	55.40725	<0.001
SLJ/行截距，b_{10j}	0.07102	0.00504	9	33.97040	<0.001
FU/行截距，b_{20j}	0.14740	0.02173	9	6.08404	>0.500
TT/行截距，b_{30j}	0.03383	0.00114	9	3.22079	>0.500
层一，e	0.31607	0.09990			

由表11-34知，截距的列截距在不同组织之间存在显著差异，SLJ、FU、TT的斜率的列截距在不同组织之间差异不大。

表11-34 多元累加交互分类随机斜率模型的列随机效应结果

随机效应	标准误	方差成分	自由度	卡方值	P值
截距1/列截距，c_{00k}	0.06006	0.00361	7	16.37381	0.022
SLJ/列截距，c_{10k}	0.04252	0.00181	7	6.19024	>0.500
FU/列截距，c_{20k}	0.08421	0.00709	7	9.11401	0.244
TT/列截距，c_{30k}	0.02748	0.00076	7	2.78412	>0.500

（七）多元二层累加交互分类全模型结果分析

层一模型：$SR_{ijk} = \pi_{0jk} + \pi_{1jk}SLJ_{ijk} + \pi_{2jk}FU_{ijk} + \pi_{3jk}TT_{ijk} + e_{ijk}$；

层二模型：$\pi_{0jk} = \theta_0 + b_{00j} + c_{00k} + \gamma_{01}BPE_j + \beta_{01}PS_k + \beta_{02}PY_k + \beta_{03}FIN_k$
$\qquad\qquad + \beta_{04}VC_k + \beta_{05}PC_k + \beta_{06}MN_k$，

$\pi_{1jk} = \theta_1 + b_{10j} + c_{10k} + \gamma_{11}URB_j + \gamma_{12}MAR_j + \gamma_{13}BPE_j$，

$\pi_{2jk} = \theta_2$，$\pi_{3jk} = \theta_3$。

其中，层一、层二模型中的解释变量都是用组中心化后的数据计算的。

多元累加交互分类全模型的固定效应结果见表11-35，行、列随机效应结果分别见表11-36、表11-37。

表 11-35　多元累加交互分类全模型固定效应结果

固定效应	回归系数	标准误	T 检验	自由度	P 值
对于截距 1, π_0					
截距 2, θ_0	0.634 2	0.048 1	13.169	408	<0.001
BPE, γ_{01}	−0.545 9	0.265 3	−2.057	7	0.079
PS, β_{01}	−0.906 3	0.396 5	−2.285	5	0.071
PY, β_{02}	0.110 5	0.053 3	2.072	5	0.093
FIN, β_{03}	3.375 9	1.572 1	2.147	5	0.085
VC, β_{04}	−3.596 5	1.781 9	−2.018	5	0.100
PC, β_{05}	−1.743 0	1.152 6	−1.512	5	0.191
MN, β_{06}	0.154 2	0.063 6	2.423	5	0.060
变量 SLJ 斜率, π_1					
截距 2, θ_1	0.056 4	0.033 6	1.678	408	0.094
URB, γ_{11}	−0.008 5	0.002 0	−4.100	7	0.005
MAR, γ_{12}	0.006 2	0.001 6	3.876	7	0.006
BPE, γ_{13}	0.509 0	0.129 4	3.934	7	0.006
变量 FU 斜率, π_2					
截距 2, θ_2	−0.246 4	0.042 0	−5.865	408	<0.001
变量 TT 斜率, π_3					
截距 2, θ_3	−0.031 1	0.038 2	−0.815	408	0.416

表 11-36　多元累加交互分类全模型的行随机效应结果

随机效应	标准误	方差成分	自由度	卡方值	P 值
截距 1 / 行截距, b_{00j}	0.139 4	0.019 4	2	71.866 7	<0.001
SLJ / 行截距, b_{10j}	0.051 8	0.001 6	6	22.842 2	0.001
层一, e	0.316 0	0.099 8			

表 11-37　多元累加交互分类全模型的列随机效应结果

随机效应	标准误	方差成分	自由度	卡方值	P 值
截距 1/列截距, c_{00k}	0.024 8	0.000 6	1	0.373 81	0.022

由表 11-33、表 11-34，以及表 11-36、表 11-37 可算出，嵌入变量对截距和 SLJ 的斜率变异解释的程度，见表 11-38。

表 11-38　嵌入性变量所解释的方差成分和程度

随机效应	加入嵌入性变量前	加入嵌入性变量后	解释程度/%
截距 1/行截距, b_{00j}	0.026 7	0.019 4	27.34
SLJ/行截距, b_{10j}	0.005 0	0.001 6	68.00
截距 1/列截距, c_{00k}	0.003 6	0.000 6	83.33

由表 11-38 可知,虽然嵌入性变量对截距 1 的行截距变异的解释只有 27.34%,但嵌入性变量对其他变异的解释还可以。总体看来,全模型具有一定的合理性。

(八)基于多元二层累加交互分类模型的香蕉产业组织产值预测

基于多元二层累加交互分类全模型结果及表 11-2、表 11-3、表 11-14 数据,得到微分方程:

$$\frac{\mathrm{d}SR_{ij}^{(1)}(k)}{\mathrm{d}t} = 0.726 + 0.132LJ_{ij}^{(1)}(k) - 0.46FU_{ij}^{(1)}(k) - 0.031TT_{ij}^{(1)}(k)。$$

运用微分方程,基于耿马县的第 2 个组织,得到预测值的平均误差为 3.92%;2014 年的预测值为每亩产值 0.434 万元,误差为 3.76%。基于金平县的第 4 个组织,得到预测值的平均误差为 3.32%;2014 年的预测值为每亩产值 0.539 万元,误差为 2.35%。基于景洪市的第 4 个组织,得到预测值的平均误差为 4.12%;2014 年的预测值为每亩产值 0.643 万元,误差为 3.74%。

第二节 基于三层累加统计模型的产量(产值)预测

香蕉产业组织三层累加统计模型应用的变量选择、数据来源与本章第一节相同。

一、产量预测

(一)一元三层累加随机截距模型结果分析

在多层次模型中,零模型是模型分析的前提,零模型能够提供对组内相关系数的分析,从而判断多层次模型是否有建立的必要性。

层一模型:$CL_{ijk} = \pi_{0jk} + \pi_{ijk}CLJ_{ijk} + e_{ijk}$;

层二模型:$\pi_{0jk} = \beta_{00k} + \gamma_{0jk}$,$\pi_{1jk} = \beta_{10k}$;

层三模型:$\beta_{00k} = \gamma_{000} + u_{00k}$,$\beta_{10k} = \gamma_{100}$。

其中,CL_{ijk} 是合并后地区 k 中组织 j 的第 i 年的观测值(产量);π_{0jk} 是地区 k 中组织 j 的平均产量;π_{1jk} 是发展系数;β_{00k} 是地区 k 的平均产量;γ_{000} 是总平均产量;β_{10k} 是所在组织效应 π_{1jk} 的模型中关于地区 k 的截距;γ_{100} 是地区 k 的平均产量的层三模型中的截距;e_{ijk} 表示层一模型随机误差;r_{0jk} 表示层二模型随机误差;u_{00k} 表示层三模型随机误差。

$i = 1,2,\cdots,n_{jk}$ 即地区 k 的组织 j 中的各样本点;$j = 1,2,\cdots,n_k$,n_k 表示地区 k 的各个组织;$k = 1,2,\cdots,10$ 即各地区。

由表 11-39 固定效应部分知,在 CLJ 等于平均值且其系数为固定系数时,香蕉产业组织产量的平均值为 2.6764；发展系数为 -0.029；由随机效应部分知，截距在不同组织之间存在显著性差异，截距的截距在不同地区之间存在显著性差异。

表 11-39　一元三层随机截距模型结果

固定效应	回归系数	标准误	T 检验	自由度	P 值
总平均收入，γ_{000}	2.676 4	0.101 3	26.404	9	<0.001
变量 CLJ 斜率，π_1					
平均发展系数，γ_{100}	-0.002 9	0.009 3	-0.313	336	0.755
随机效应	标准误	方差成分	自由度	卡方值	P 值
层一	0.166 6	0.027 7			
层二					
截距 1，r_0	0.252 5	0.063 8	87	995.459 8	<0.001
层三					
截距 1/截距 2，u_{00}	0.308 4	0.095 1	9	139.638 3	<0.001

（二）一元三层累加随机斜率模型结果分析

层一模型：$CL_{ijk} = \pi_{0jk} + \pi_{ijk}CLJ_{ijk} + e_{ijk}$；

层二模型：$\pi_{0jk} = \beta_{00k} + r_{0jk}$，$\pi_{1jk} = \beta_{10k} + r_{1jk}$；

层三模型：$\beta_{00k} = \gamma_{000} + u_{00k}$，$\beta_{10k} = \gamma_{100} + u_{10k}$。

由表 11-40 固定效应部分知，在 CLJ 等于平均值且其系数为随机系数时，香蕉产业组织产值的平均值为 2.6728；发展系数为 0.003；由随机效应部分知，截距、CLJ 的斜率在不同组织之间存在显著性差异，截距 1 的截距、CLJ 斜率的截距在不同地区之间存在显著性差异。

表 11-40　一元三层随机斜率模型结果

固定效应	回归系数	标准误	T 检验	自由度	P 值
总平均收入，γ_{000}	2.672 8	0.100 7	26.542	9	<0.001
CLJ 斜率，π_1					
平均发展系数，γ_{100}	0.003 0	0.008 6	0.352	9	0.733
随机效应	标准误	方差成分	自由度	卡方值	P 值
层一	0.117 4	0.013 8			
层二					
截距 1，r_0	0.258 8	0.066 9	87	2004.890 1	<0.001
CLJ 斜率，r_1	0.010 1	0.000 1	87	126.620 4	0.004
层三					
截距 1/截距 2，u_{00}	0.306 2	0.093 8	9	138.933 6	<0.001
CLJ 斜率/截距 2，u_{10}	0.026 5	0.000 7	9	233.439 0	<0.001

(三)一元三层累加全模型结果分析

层一模型：$CL_{ijk} = \pi_{0jk} + \pi_{ijk}CLJ_{ijk} + e_{ijk}$；

层二模型：$\pi_{0jk} = \beta_{00k} + \beta_{01k}VC_{jk} + \gamma_{0jk}, \pi_{1jk} = \beta_{10k} + \beta_{11k}MN_{jk} + \beta_{12k}PS_{jk} + r_{1jk}$；

层三模型：$\beta_{00k} = \gamma_{000} + \gamma_{001}BPE_k + u_{00k}, \beta_{01k} = \gamma_{010}$，

$\beta_{10k} = \gamma_{100} + \gamma_{101}URB_k + \gamma_{102}MAR_k + u_{10k}$，

$\beta_{11k} = \gamma_{110}, \beta_{12k} = \gamma_{120}$。

一元三层累加全模型的结果见表 11-41。

表 11-41 一元三层累加全模型结果

固定效应	回归系数	标准误	T 检验	自由度	P 值
截距 3, γ_{000}	2.671 3	0.072 8	36.677	8	<0.001
BPE, γ_{001}	1.960 5	0.265 7	7.376	8	<0.001
VC 斜率, β_{10}					
截距 3, γ_{010}	-0.204 5	0.068 5	-2.984	74	0.004
CLJ 斜率, π_1					
截距 3, γ_{100}	0.002 8	0.005 9	0.473	7	0.651
URB, γ_{101}	-0.001 3	0.000 3	-3.931	7	0.006
MAR, γ_{102}	0.001 9	0.000 1	10.300	7	<0.001
MN 斜率, β_{11}					
截距 3, γ_{110}	0.001 3	0.000 2	5.446	74	<0.001
PS 斜率, β_{12}					
截距 3, γ_{120}	0.002 3	0.001 0	2.351	74	0.021
随机效应	标准误	方差成分	自由度	卡方值	P 值
层一	0.117 4	0.013 7			
层二					
截距 1, r_0	0.248 2	0.061 6	86	1 855.822 3	<0.001
CLJ 斜率, r_1	0.006 8	0.000 05	85	105.767 3	0.063
层三					
截距 1/截距 2, u_{00}	0.210 2	0.044 2	8	78.702 9	<0.001
CLJ/截距 2, u_{10}	0.017 8	0.000 3	7	132.985 2	<0.001

由表 11-40、表 11-41 的随机效应部分可算出，嵌入变量对截距和 CLJ 的斜率变异解释的程度，见表 11-42。

表 11-42　嵌入性变量所解释的方差成分和程度

随机效应	加入嵌入性变量前	加入嵌入性变量后	解释程度/%
层二			
截距 1, r_0	0.066 9	0.061 6	7.90
CLJ 斜率, r_1	0.000 1	0.000 05	50.00
层三			
截距 1/截距 2, u_{00}	0.093 8	0.044 2	62.87
CLJ/截距 2, u_{10}	0.000 7	0.000 3	57.14

由表 11-42 可知，虽然嵌入性变量截距 1 变异的解释只有 7.9%，但嵌入性变量其他变异的解释还可以。因此，全模型具有一定的合理性。

（四）基于一元三层累加模型的香蕉产业组织产量预测

基于一元三层累加全模型结果及表 11-2、表 11-3、表 11-14 数据，得到微分方程：

$$\frac{\mathrm{d}CL_{ij}^{(1)}(t)}{\mathrm{d}t} = 2.5618 + 0.0132 CLJ_{ij}^{(1)}(t)。$$

运用微分方程，基于耿马县第 2 个组织，得到预测值的平均误差为 3.65%；2014 年的预测值为每亩产量 2.787 吨，误差为 2.58%。基于金平县的第 4 个组织，得到预测值的平均误差为 1.64%；2014 年的预测值为每亩产量 2.718 吨，误差为 0.36%。基于景洪市的第 4 个组织，得到预测值的平均误差为 3.47%；2014 年的预测值为每亩产量 2.752 吨，误差为 2.01%。

（五）多元三层累加随机截距模型

层一模型：$CL_{ijk} = \pi_{0jk} + \pi_{1jk} CLJ_{ijk} + \pi_{2jk} OFU_{ijk} + e_{ijk}$；

层二模型：$\pi_{0jk} = \beta_{00k} + \gamma_{0jk}$，$\pi_{pjk} = \beta_{p0k}$，$p=1,2$；

层三模型：$\beta_{00k} = \gamma_{000} + u_{00k}$，$\beta_{p0k} = \gamma_{p00}$，$p=1,2$。

由表 11-43 固定效应部分知，在 CLJ、OFU 等于平均值且其系数为固定系数时，香蕉产业组织产量的平均值为 2.6764。OFU 对产量有正向显著影响。由随机效应部分知，截距 1 在不同的组织之间存在显著差异；截距 1 的截距 2 在不同地区之间存在显著的差异。

表 11-43　多元三层随机截距模型结果

固定效应	回归系数	标准误	T 检验	自由度	P 值
截距 1, π_0					

续表

固定效应	回归系数	标准误	T检验	自由度	P值
截距2，β_{00}					
截距3，γ_{000}	2.676 4	0.101 31	26.419	9	<0.001
变量CLJ斜率，π_1					
截距2，β_{10}					
截距3，γ_{100}	-0.041 0	0.012 39	-3.314	335	0.001
变量OFU斜率，π_2					
截距2，β_{20}					
截距3，γ_{200}	0.041 0	0.008 16	5.028	335	<0.001
随机效应	标准误	方差成分	自由度	卡方值	P值
层一	0.136 5	0.018 6			
层二					
对于截距1，r_0	0.256 6	0.065 8	87	1 483.679 0	<0.001
层三					
截距1/截距2，u_{00}	0.308 2	0.095 0	9	139.307 1	<0.001

（六）多元三层累加随机斜率模型

层一模型：$CL_{ijk} = \pi_{0jk} + \pi_{1jk}CLJ_{ijk} + \pi_{2jk}OFU_{ijk} + e_{ijk}$；

层二模型：$\pi_{0jk} = \beta_{00k} + \gamma_{0jk}$，$\pi_{pjk} = \beta_{p0k} + \gamma_{pjk}$，$p = 1,2$；

层三模型：$\beta_{00k} = \gamma_{000} + u_{00k}$，$\beta_{p0k} = \gamma_{p00} + u_{p0k}$，$p = 1,2$。

由表11-44固定效应部分知，在CLJ、OFU等于平均值且其系数为随机系数时，香蕉产业组织产量的平均值为1.7481。OFU对产量有正向显著影响。由随机效应部分知，截距1在不同的组织之间存在显著差异；截距1的截距2在不同地区之间存在显著的差异。

表11-44　多元三层随机斜率模型结果

固定效应	回归系数	标准误	T检验	自由度	P值
截距1，π_0					
截距2，β_{00}					
截距3，γ_{000}	1.748 1	0.174 6	10.012	9	<0.001
变量CLJ斜率，π_1					
截距2，β_{10}					
截距3，γ_{100}	-1.109 0	0.105 5	-10.505	9	<0.001
变量OFU斜率，π_2					
截距2，β_{20}					
截距3，γ_{200}	2.596 6	1.111 9	2.335	9	0.044

续表

随机效应	标准误	方差成分	自由度	卡方值	P 值
层一	0.165 3	0.027 3			
层二					
截距 1, r_0	0.940 9	0.885 4	56	5282.669 8	<0.001
CLJ 斜率, r_1	0.603 2	0.363 9	56	67.379 7	0.142
OFU 斜率, r_2	0.301 4	0.090 8	56	63.517 8	0.229
层三					
截距 1/截距 2, u_{00}	0.465 2	0.216 4	9	32.071 5	<0.001
CLJ/截距 2, u_{10}	0.163 8	0.026 8	9	10.236 6	0.331
OFU/截距 2, u_{20}	0.964 4	0.930 1	9	52.424 3	0.231

(七) 多元三层累加全模型结果分析

层一模型：$CL_{ijk} = \pi_{0jk} + \pi_{1jk} CLJ_{ijk} + \pi_{2jk} OFU_{ijk} + e_{ijk}$；

层二模型：$\pi_{0jk} = \beta_{00k} + \beta_{01k} VC_{jk} + \gamma_{0jk}$，$\pi_{1jk} = \beta_{10k}$，$\pi_{2jk} = \beta_{20k}$；

层三模型：$\beta_{00k} = \gamma_{000} + \gamma_{001} BPE_k + u_{00k}$，$\beta_{01k} = \gamma_{010}$，$\beta_{10k} = \gamma_{100}$，$\beta_{20k} = \gamma_{200}$。

由表 11-45 知，嵌入性变量 BPE 对截距有正向影响，VC 对截距有负向影响。

表 11-45　多元三层全模型结果

固定效应	回归系数	标准误	T 检验	自由度	P 值
截距 1, π_0					
截距 2, β_{00}					
截距 3, γ_{000}	2.671 605	0.062 192	42.957	8	<0.001
BPE, γ_{001}	1.354 751	0.270 654	5.005	8	0.001
层二变 VC 斜率, β_{01}					
截距 3, γ_{010}	-0.201 873	0.072 190	-2.796	86	0.006
CLJ 斜率, π_1					
截距 2, β_{10}					
截距 3, γ_{100}	-0.041 075	0.012 393	-3.314	335	0.001
OFU 斜率, π_2					
截距 2, β_{20}					
截距 3, γ_{200}	0.041 075	0.008 169	5.028	335	<0.001
随机效应	标准误	方差成分	自由度	卡方值	P 值
层一	0.136 55	0.018 65			
层二					
截距 1, r_0	0.246 26	0.060 60	86	1372.207 97	<0.001
层三					
截距 1/截距 2, u_{00}	0.177 58	0.031 5	8	58.184 30	<0.001

由表 11-44、表 11-45 的随机效应部分可算出，嵌入变量对截距变异解释的程度，见表 11-46。

表 11-46　嵌入性变量所解释的方差成分和程度

随机效应	加入嵌入性变量前	加入嵌入性变量后	解释程度/%
层二			
截距 1，r_0	0.885 4	0.060 6	93.15
层三			
截距 1/截距 2，u_{00}	0.216 4	0.031 5	85.44

由表 11-46 可知，嵌入性变量对截距和 LJ 的斜率变异有较好的解释，因此，全模型较为合理。

（八）基于多元三层累加模型的香蕉产业组织产量预测

基于多元三层累加全模型结果及表 11-2、表 11-3、表 11-14 数据，得到微分方程：

$$\frac{\mathrm{d}CL_{ij}^{(1)}(k)}{\mathrm{d}t} = 2.598 - 0.041\,CLJ_{ij}^{(1)}(k) + 0.041\,OFU_{ij}^{(1)}(k)。$$

运用微分方程，基于耿马县的第 2 个组织，得到预测值的平均误差为 4.64%；2014 年的预测值为每亩产量 2.792 吨，误差为 2.84%。基于金平县的第 4 个组织，得到预测值的平均误差为 3.94%；2014 年的预测值为每亩产量 2.627 吨，误差为 2.99%。基于景洪市的第 4 个组织，得到预测值的平均误差为 3.87%；2014 年的预测值为每亩产量 2.612 吨，误差为 3.18%。

二、产值预测

（一）一元三层累加随机截距模型结果分析

在多层次模型中，零模型是模型分析的前提，零模型能够提供对组内相关系数的分析，从而判断多层次模型是否有建立的必要性。

层一模型：$SR_{ijk} = \pi_{0jk} + \pi_{ijk}SLJ_{ijk} + e_{ijk}$；

层二模型：$\pi_{0jk} = \beta_{00k} + r_{0jk}$，$\pi_{1jk} = \beta_{10k}$；

层三模型：$\beta_{00k} = \gamma_{000} + u_{00k}$，$\beta_{10k} = \gamma_{100}$。

其中，SR_{ijk} 是合并后地区 k 中组织 j 的第 i 年的观测值（产值）；其他符号与本节第一部分中的（一）解释相同。

由表 11-47 固定效应部分知，在 SLJ 等于平均值且其系数为固定系数时，香蕉产业组织产值的平均值为 0.6492；发展系数为 -0.1444；由随机效应部分知，截距 1

在不同组织之间存在显著性差异，截距1的截距2在不同地区之间存在显著性差异。

表 11-47　一元三层随机截距模型结果

固定效应	回归系数	标准误	T 检验	自由度	P 值
总平均收入，γ_{000}	0.649 2	0.027 4	23.663	9	<0.001
对于变量 SLJ 斜率，π_1					
平均发展系数，γ_{100}	-0.144 4	0.058 8	-2.455	336	0.015
随机效应	标准误	方差成分	自由度	卡方值	P 值
层一	0.344 3	0.118 5			
层二					
对于截距 1, r_0	0.070 6	0.005 0	87	100.542 2	0.152
层三					
截距 1/截距 2, u_{00}	0.065 1	0.004 2	9	23.198 9	0.006

（二）一元三层累加随机斜率模型结果分析

层一模型：$SR_{ijk} = \pi_{0jk} + \pi_{ijk}SLJ_{ijk} + e_{ijk}$;

层二模型：$\pi_{0jk} = \beta_{00k} + r_{0jk}$, $\pi_{1jk} = \beta_{10k} + r_{1jk}$;

层三模型：$\beta_{00k} = \gamma_{000} + u_{00k}$, $\beta_{10k} = \gamma_{100} + u_{10k}$。

由表 11-48 固定效应部分知，在 SLJ 等于平均值且其系数为随机系数时，香蕉产业组织产值的平均值为 0.6441；发展系数为-0.0563；由随机效应部分知，截距 1、LJ 斜率在不同组织之间存在显著性差异，截距 1 的截距 2、LJ 斜率的截距 2 在不同地区之间存在显著性差异。

表 11-48　一元三层随机斜率模型结果

固定效应	回归系数	标准误	T 检验	自由度	P 值
总平均收入，γ_{000}	0.644 1	0.028 2	22.819	9	<0.001
SLJ 斜率，π_1					
平均发展系数，γ_{100}	-0.056 3	0.062 9	-0.894	9	0.395
随机效应	标准误	方差成分	自由度	卡方值	P 值
层一	0.224 0	0.050 1			
层二					
截距 1, r_0	0.137 2	0.018 8	87	237.795 5	<0.001
SLJ 斜率, r_1	0.237 9	0.056 6	87	434.139 8	<0.001
层三					
截距 1/截距 2, u_{00}	0.071 1	0.005 0	9	23.832 3	0.005
SLJ/截距 2, u_{10}	0.177 6	0.031 5	9	47.634 7	<0.001

（三）一元三层累加全模型结果分析

层一模型：$SR_{ijk} = \pi_{0jk} + \pi_{ijk}SLJ_{ijk} + e_{ijk}$；

层二模型：$\pi_{0jk} = \beta_{00k} + \beta_{01k}PY_{jk} + \beta_{02k}PC_{jk} + \gamma_{0jk}$，

$\pi_{1jk} = \beta_{10k} + \beta_{11k}PY_{jk} + \beta_{12k}FIN_{jk} + \beta_{13k}VC_{jk} + r_{1jk}$；

层三模型：$\beta_{00k} = \gamma_{000} + u_{00k}$，$\beta_{01k} = \gamma_{010} + \gamma_{011}URB_k + \gamma_{012}BEE_k + u_{01k}$，

$\beta_{02k} = \gamma_{020} + u_{02k}$，$\beta_{10k} = \gamma_{100} + \gamma_{101}BPE_k + u_{10k}$，$\beta_{11k} = \gamma_{110} + u_{11k}$，

$\beta_{12k} = \gamma_{120} + \gamma_{121}BPE_k + u_{12k}$，$\beta_{13k} = \gamma_{130} + u_{13k}$。

一元三层累加全模型的结果见表 11-49。

表 11-49 一元三层累加全模型结果

固定效应	回归系数	标准误	T 检验	自由度	P 值
截距 1，π_0					
截距 2，β_{00}					
截距 3，γ_{000}	0.643 4	0.030 4	21.136	9	<0.001
PY，β_{01}					
截距 3，γ_{010}	0.016 9	0.005 5	3.038	7	0.019
URB，γ_{011}	0.002 5	0.000 5	4.271	7	0.004
BEE，γ_{012}	-0.075 3	0.036 5	-2.064	7	0.078
PC，β_{02}					
截距 3，γ_{020}	0.063 6	0.061 1	1.041	9	0.325
SLJ 斜率，π_1					
截距 2，β_{10}					
截距 3，γ_{100}	-0.108 0	0.053 7	-2.010	8	0.079
BPE，γ_{101}	0.328 0	0.132 9	2.468	8	0.039
PY，β_{11}					
截距 3，γ_{110}	-0.008 8	0.007 3	-1.200	9	0.261
FIN，β_{12}					
截距 3，γ_{120}	0.267 7	0.111 3	2.405	8	0.043
PCE，γ_{121}	-1.203 4	0.369 5	-3.257	8	0.012
VC，β_{13}					
截距 3，γ_{130}	-0.147 7	0.066 0	-2.235	9	0.052
随机效应	标准误	方差成分	自由度	卡方值	P 值
层一	0.244 5	0.059 8			
层二					
截距 1，r_0	0.037 2	0.008 8	57	37.795 5	0.011
SLJ 斜率，r_1	0.094 4	0.008 9	57	80.696 9	0.021

随机效应	标准误	方差成分	自由度	卡方值	P 值
层三					
截距 1/截距 2，u_{00}	0.098 1	0.000 9	9	13.833 1	0.009
SLJ/截距 2，u_{10}	0.200 0	0.004 0	8	34.128 5	0.003

由表 11-48、表 11-49 的随机效应部分可算出，嵌入变量对截距变异解释的程度，见表 11-50。

表 11-50　嵌入性变量所解释的方差成分和程度

随机效应	加入嵌入性变量前	加入嵌入性变量后	解释程度/%
层二			
截距 1，r_0	0.018 8	0.008 8	53.19
SLJ 斜率，r_1	0.056 6	0.008 9	84.27
层三			
截距 1/截距 2，u_{00}	0.005 0	0.000 9	88
SLJ/截距 2，u_{10}	0.031 5	0.004 0	87.3

由表 11-50 可知，嵌入性变量对截距和 SLJ 的斜率变异有较好的解释，因此，全模型较为合理。

（四）基于一元三层累加模型的香蕉产业组织产值预测

基于一元三层累加全模型结果及表 11-2、表 11-3、表 11-13 数据，得到微分方程：

$$\frac{dSR_{ij}^{(1)}(t)}{dt} = 0.6488 - 0.1359 SLJ_{ij}^{(1)}(t)。$$

运用微分方程，基于耿马县的第 2 个组织，得到预测值的平均误差为 4.64%；2014 年的预测值为每亩产值 0.473 万元，误差为 4.87%。基于金平县的第 4 个组织，得到预测值的平均误差为 3.94%；2014 年的预测值为每亩产值 0.538 万元，误差为 2.53%。基于景洪市的第 4 个组织，得到预测值的平均误差为 3.52%；2014 年的预测值为每亩产值 0.689 万元，误差为 3.14%。

（五）多元三层累加固定系数模型

层一模型：$SR_{ijk} = \pi_{0jk} + \pi_{1jk} SLJ_{ijk} + \pi_{2jk} HR_{ijk} + \pi_{3jk} OFU_{ijk} + \pi_{4jk} TT_{ijk} + e_{ijk}$；

层二模型：$\pi_{0jk} = \beta_{00k} + \gamma_{0jk}$，　$\pi_{pjk} = \beta_{p0k}$，$p = 1,2,3,4$；

层三模型：$\beta_{00k}=\gamma_{000}+u_{00k}$，$\beta_{p0k}=\gamma_{p00}$，$p=1,2,3,4$。

由表 11-51 固定效应部分知，在 SLJ、HR、OFU、TT 等于平均值且其系数为固定系数时，香蕉产业组织产值的平均值为 0.6485。HR、OFU、TT 对产值有正向显著影响。由随机效应部分知，截距 1 在不同的组织之间存在显著差异；截距 1 的截距 2 在不同地区之间存在显著的差异。

表 11-51　多元三层随机截距模型结果

固定效应	回归系数	标准误	T 检验	自由度	P 值
截距 1，π_0					
截距 2，β_{00}					
截距 3，γ_{000}	0.648 5	0.027 4	23.643	9	<0.001
SLJ 斜率，π_1					
截距 2，β_{10}					
截距 3，γ_{100}	−0.537 2	0.232 5	−2.310	333	0.021
HR 斜率，π_2					
截距 2，β_{20}					
截距 3，γ_{200}	0.286 4	0.124 6	2.298	333	0.022
OFU 斜率，π_3					
截距 2，β_{30}					
截距 3，γ_{300}	0.054 1	0.024 2	2.235	333	0.026
TT 斜率，π_4					
截距 2，β_{40}					
截距 3，γ_{400}	0.151 5	0.071 4	2.121	333	0.035
随机效应	标准误	方差成分	自由度	卡方值	P 值
层一	0.313 9	0.098 5			
层二					
截距 1，r_0	0.094 9	0.009 0	87	120.998 6	0.009
层三					
截距 1/截距 2，u_{00}	0.065 3	0.004 2	9	23.398 9	0.006

（六）多元三层累加随机斜率模型

层一模型：$SR_{ijk}=\pi_{0jk}+\pi_{1jk}SLJ_{ijk}+\pi_{2jk}HR_{ijk}+\pi_{3jk}OFU_{ijk}+\pi_{4jk}TT_{ijk}+e_{ijk}$；

层二模型：$\pi_{0jk}=\beta_{00k}+\gamma_{0jk}$，$\pi_{pjk}=\beta_{p0k}+\gamma_{pjk}$，$p=1,2,3,4$；

层三模型：$\beta_{00k}=\gamma_{000}+u_{00k}$，$\beta_{p0k}=\gamma_{p00}+u_{p0k}$，$p=1,2,3,4$。

由表 11-52 固定效应部分知，在 SLJ、HR、OFU、TT 等于平均值且其系数为随机系数时，香蕉产业组织产值的平均值为 0.6381。HR、OFU 对产量有正向显著影响，TT 对产量有负向显著影响。由随机效应部分知，截距1、SLJ 斜率、OFU 斜率、TT 斜率在不同的组织之间存在显著差异；截距1的截距2、HR 斜率的截距2、OFU 斜率的截距2、TT 斜率的截距2在不同地区之间存在显著的差异。

表11-52 多元三层随机斜率模型结果

固定效应	回归系数	标准误	T 检验	自由度	P 值
截距1，π_0					
截距2，β_{00}					
截距3，γ_{000}	0.638 1	0.026 6	23.906	9	<0.001
SLJ 斜率，π_1					
截距2，β_{10}					
截距3，γ_{100}	−0.489 8	0.160 3	−3.055	84	0.003
HR 斜率，π_2					
截距2，β_{20}					
截距3，γ_{200}	0.327 4	0.056 5	5.792	45	<0.001
OFU 斜率，π_3					
截距2，β_{30}					
截距3，γ_{300}	0.063 3	0.021 1	2.987	84	0.004
TT 斜率，π_4					
截距2，β_{40}					
截距3，γ_{400}	−0.236 2	0.042 5	−5.555	84	<0.001
随机效应	标准误	方差成分	自由度	卡方值	P 值
层一	0.100 4	0.010 0			
层二					
截距1，r_0	0.176 6	0.031 2	36	536.808 3	<0.001
SLJ 斜率，r_1	0.675 0	0.455 6	45	125.857 5	<0.001
HR 斜率，r_2	0.860 2	0.740 0	48	61.962 7	0.185
OFU 斜率，r_3	0.102 5	0.010 5	45	71.209 4	0.008
TT 斜率，r_4	0.564 6	0.318 8	45	91.299 9	<0.001
层三					
截距1/截距2，u_{00}	0.000 5	0.000 0	9	6.635 1	>0.500
HR/截距2，u_{20}	0.268 3	0.071 9	9	35.248 9	<0.001
OFU/截距2，u_{30}	0.056 6	0.003 2	9	57.549 4	<0.001
TT/截距2，u_{40}	0.657 6	0.432 4	9	27.539 6	0.001

（七）多元三层累加全模型结果分析

层一模型：$SR_{ijk} = \pi_{0jk} + \pi_{1jk}SLJ_{ijk} + \pi_{2jk}HR_{ijk} + \pi_{3jk}OFU_{ijk} + \pi_{4jk}TT_{ijk} + e_{ijk}$；

第十一章 香蕉产业组织产量（产值）预测分析

层二模型：$\pi_{0jk} = \beta_{00k} + \beta_{01k}PY_{jk} + \gamma_{0jk}, \pi_{1jk} = \beta_{10k} + \beta_{11k}PY_{jk} + r_{1jk},$
$\pi_{2jk} = \beta_{20k}, \pi_{3jk} = \beta_{30k} + \beta_{31k}PY_{jk} + \gamma_{3jk}, \pi_{4jk} = \beta_{40k} + \beta_{41k}MN_{jk} + \gamma_{4jk};$

层三模型：$\beta_{00k} = \gamma_{000}, \beta_{01k} = \gamma_{010} + u_{01k}, \beta_{10k} = \gamma_{100} + \gamma_{101}BPE_k + u_{10k},$
$\beta_{11k} = \gamma_{110},$
$\beta_{20k} = \gamma_{200} + \gamma_{201}MAR_k + \gamma_{202}BEE_k + \gamma_{203}BPE_k + u_{20k},$
$\beta_{30k} = \gamma_{300} + \gamma_{301}URB_k + u_{30k},$
$\beta_{31k} = \gamma_{310} + \gamma_{311}URB_k + \gamma_{312}BEE_k + u_{31k},$
$\beta_{40k} = \gamma_{400} + u_{40k}, \beta_{41k} = \gamma_{410}。$

由表 11-53 知，PY 对截距有正向影响；BPE 对 SLJ 的斜率有正向影响，PY 对 SLJ 的斜率有负向影响；BEE 对 HR 斜率有正向影响，MAR、BPE 对 HR 斜率有负向影响；URB 对 OFU 的斜率有负向影响；MN 对 TT 斜率有正向影响。

表 11-53 多元三层全模型结果

固定效应	回归系数	标准误	T 检验	自由度	P 值
截距 1，π_0					
截距 2，β_{00}					
截距 3，γ_{000}	0.644 2	0.016 9	38.046	44	<0.001
PY 斜率，β_{01}					
截距 3，γ_{010}	0.011 5	0.005 8	1.962	9	0.081
SLJ 斜率，π_1					
截距 2，β_{10}					
截距 3，γ_{100}	−0.735 3	0.117 4	−6.260	8	<0.001
BPE，γ_{101}	1.668 5	0.207 6	8.036	8	<0.001
PY，β_{11}					
截距 3，γ_{110}	−0.024 0	0.010 9	−2.191	44	0.034
HR 斜率，π_2					
截距 2，β_{20}					
截距 3，γ_{200}	0.402 8	0.072 3	5.564	6	0.001
MAR，γ_{201}	−0.011 0	0.002 6	−4.174	6	0.006
BEE，γ_{202}	0.712 5	0.178 4	3.992	6	0.007
BPE，γ_{203}	−0.957 4	0.224 1	−4.270	6	0.005
OFU 斜率，π_3					
截距 2，β_{30}					
截距 3，γ_{300}	0.122 0	0.019 3	6.319	8	<0.001
URB，γ_{301}	−0.000 6	0.000 31	−2.126	8	0.066
PY，β_{31}					

续表

固定效应	回归系数	标准误	T 检验	自由度	P 值
截距 3，γ_{310}	0.004 8	0.001 8	2.679	7	0.032
URB，γ_{311}	0.000 2	0.000 07	3.187	7	0.015
BEE，γ_{312}	-0.011 5	0.004 3	-2.668	7	0.032
TT 斜率，π_4					
截距 2，β_{40}					
截距 3，γ_{400}	-0.794 6	0.307 7	-2.582	9	0.030
MN，β_{41}					
截距 3，γ_{410}	0.017 6	0.058 0	0.305	44	0.762

随机效应	标准误	方差成分	自由度	卡方值	P 值
层一	0.095 4	0.009 1			
层二					
截距 1，r_0	0.150 0	0.022 5	35	483.477 5	<0.001
SLJ 斜率，r_1	0.362 6	0.131 5	35	67.582 0	0.001
OFU 斜率，r_3	0.049 2	0.002 4	26	83.034 8	<0.001
TT 斜率，r_4	0.336 9	0.113 5	35	96.311 3	<0.001
层三					
HR/截距 2，u_{20}	0.160 8	0.025 8	6	11.679 0	0.069
OFU/截距 2，u_{30}	0.053 4	0.002 8	8	39.983 0	<0.001
TT/截距 2，u_{40}	0.354 1	0.125 4	9	23.433 7	0.006

由表 11-52、表 11-53 的随机效应部分可算出，嵌入变量对截距、斜率变异解释的程度，见表 11-54。

由表 11-54 可知，虽然嵌入性变量对 OFU 的斜率解释只有 12.5%，但总体看，嵌入性变量对截距和斜率变异的解释还可以，因此，全模型较为合理。

表 11-54 嵌入性变量所解释的方差成分和程度

随机效应	加入嵌入性变量前	加入嵌入性变量后	解释程度/%
层二			
截距 1，r_0	0.031 2	0.022 5	27.88
SLJ 斜率，r_1	0.455 6	0.131 5	71.13
OFU 斜率，r_3	0.010 5	0.002 4	77.14
TT 斜率，r_4	0.318 8	0.113 5	64.39
层三			
HR/截距 2，u_{20}	0.071 9	0.025 8	64.12
OFU/截距 2，u_{30}	0.003 2	0.002 8	12.50
TT/截距 2，u_{40}	0.432 4	0.125 4	50.18

（八）基于多元三层累加模型的香蕉产业组织产值预测

基于多元三层累加全模型结果及表 11-2、表 11-3、表 11-13 数据，得到微分方程：

$$\frac{\mathrm{d}SR_{ij}^{(1)}(k)}{\mathrm{d}t} = 0.727 - 0.852SLJ_{ij}^{(1)}(k) + 0.311HR_{ij}^{(1)}(k) + 0.135OFU_{ij}^{(1)}(k) - 0.795TT_{ij}^{(1)}(k)。$$

运用微分方程，基于耿马县的第 2 个组织，得到预测值的平均误差为 2.34%；2014 年的预测值为每亩产值 0.439 万元，误差为 2.65%。基于金平县的第 4 个组织，得到预测值的平均误差为 2.94%；2014 年的预测值为每亩产值 0.537 万元，误差为 2.26%。基于景洪市的第 4 个组织，得到预测值的平均误差为 2.85%；2014 年的预测值为每亩产值 0.651 万元，误差为 2.54%。

第三节 结论与建议

一、结论

（一）二层累加交互分类统计模型应用结论

首次利用嵌入性视角单变量和多变量二层累加交互分类统计模型对香蕉产业组织的亩产值（产量）进行预测，预测值与实际值基本相符，从而可以看出此模型有较强的实用性。

产量应用模型中 LJ、HR、FU、OFU 的斜率、总截距的行截距在不同地区之间存在显著差异，列截距在不同组织之间存在显著差异；产值应用模型中 LJ 的斜率、总截距的行截距在不同地区之间存在显著差异，列截距在不同组织之间存在显著差异。

嵌入性变量对截距及斜率的变异有较好的解释。其中，资金关系嵌入、管理认知嵌入、市场文化嵌入、规模结构嵌入等对产量有正向影响；规模结构嵌入、资金关系嵌入等对产量有负向影响。政治嵌入、市场文化嵌入、管理认知嵌入、资金关系嵌入对产值有正向影响；管理结构嵌入、规模结构嵌入对产值有负向影响。

（二）三层累加统计模型的应用结论

首次利用嵌入性视角单变量和多变量三层累加统计模型对香蕉产业组织的亩产值（产量）进行预测，预测值与实际值基本相符，从而可以看出此模型有较强的实用性。

产量应用模型中截距 1 在不同的组织之间存在显著差异；截距 1 的截距 2 在不同地区之间存在显著的差异；产值应用模型中截距 1 的截距 2、HR 斜率的截距 2、OFU 斜率的截距 2、TT 斜率的截距 2 在不同地区之间存在显著的差异。

嵌入性变量对截距及斜率的变异有较好的解释。其中，政治嵌入对产量有正向影响；管理结构嵌入对产量有负向影响。经验认知嵌入、政治嵌入、经济嵌入、管理认知嵌入对产值有正向影响。

二、建议

以上关于嵌入视角下的香蕉产业组织产量（产值）预测的研究结论蕴含以下的启示：

合理预测香蕉产业组织产量（产值），既要考虑香蕉产业组织内部因素，也要考虑社会场景因素，即嵌入性因素。

嵌入性视角单变量和多变量二层累加交互分类、三层累加统计模型对于每个层二变量中一层样本都较少的情形预测无疑是一个较好的方法。

从香蕉产业组织内部看，应大力宣传多施有机肥的益处，增加有机肥的施用量，确定合理的培训次数。从香蕉产业组织所处的社会场景看，应增加人均财政支出、加快市场化进程；推进金融改革，降低资金筹措难度。

参 考 文 献

萨缪尔森 P A,2006. 经济分析基础(增补版)[M].何耀,等译. 大连:东北财经大学出版社.
贝克尔 G,1995. 人类行为的经济分析[M]. 王业宇,等译. 上海:上海三联书店.
毕鹏程,席酉民,王益谊,2005. 群体发展过程中的群体思维演变研究[J]. 预测,24(3):1-7.
蔡昉,2008. 中国农村改革三十年——制度经济学的分析[J]. 中国社会科学,(6):99-110.
陈江华,李道和,康小兰,等,2015. 农民专业合作社经营效率及其影响因素[J]. 华南农业大学学报(社会科学版),(4):37-47.
崔宝玉,2015. 农民专业合作社的治理逻辑[J].华南农业大学学报(社会科学版),14(2):9-19.
董春雨,2010-06-11. 复杂系统科学改变了我们的思维方式[N]. 人民日报,7.
杜欣,徐延辉,2003. 论经济社会学的社会人假设[J]. 沈阳师范大学学报(社会科学版),(4):88-90.
樊纲,王小鲁,2011. 中国市场化指数——各地区市场化相对进程报告(2011)[M]. 北京:经济科学出版社.
范里安,2006. 微观经济学现代观点[M]. 第6版. 费方域,等译. 上海:上海人民出版社.
扶玉枝,2012. 农业合作社效率研究——基于目标函数的静态与动态分析[D]. 杭州:浙江大学博士学位论文.
扶玉枝,黄祖辉,2012. 营销合作社分类型效率考察:理论框架与实证分析[J].中国农村观察,(5):21-31.
傅国华,2013. 分层次管理[M]. 北京:经济科学出版社.
苟露峰,高强,2016. 农户采用农业技术的行为选择与决定因素实证研究[J].中国农业资源与区划,37(1):65-72.
顾乃华,2011. 城市化与服务业发展:基于省市制度互动视角的研究[J]. 世界经济,(1):126-142.
郭志刚,2007. 对2000年人口普查出生性别比的分层模型分析[J]. 人口研究,(3):20-31.
韩国明,安杨芳,2010. 贫困地区农民专业合作社参与农业技术推广分析——基于农业技术扩散理论的视角[J]. 开发研究,(2):37-40.
韩鹏,梁彬,2015. 对理性人假设的思考——基于短期和长期视角的分析[J]. 财经理论研究,(4):14-20.
韩青,谭向勇,2004. 农户灌溉技术选择的影响因素分析[J]. 中国农村经济,(1):63-69.
韩一军,李雪,付文阁,2015. 麦农采用农业节水技术的影响因素分析——基于北方干旱缺水地区的调查[J]. 南京农业大学学报(社会科学版),15(4):62-69.
胡平波,2013. 合作社企业家能力与合作社绩效关系的实证分析——基于江西省的调查[J]. 华东经济管理,(9):38-43.

郇青鹤，过建春，柯佑鹏，2015. 广西香蕉产业肥水一体化技术采用影响因素分析——以285户小型种植户为例[J]. 中国南方果树，(4)：145-150.

黄少安，孙圣民，宫明波，2005. 中国土地产权制度对农业经济增长的影响——1949-1978年中国大陆农业生产效率的实证分析[J]. 中国社会科学，(3)：38-47.

黄胜忠，徐旭初，2008. 成员异质性与农民专业合作社的组织结构分析[J]. 南京农业大学学报(社会科学版)，(3)：1-7.

黄胜忠，林坚，徐旭初，2008. 农民专业合作社治理机制及其绩效实证分析[J]. 中国农村经济，(3)：65-73.

黄祖辉，扶玉枝，徐旭初，2011. 农民专业合作社的效率及其影响因素分析[J]. 中国农村经济，(7)：4-13.

黄祖辉，徐旭初，冯冠胜，2002. 农民专业合作组织发展的影响因素分析——对浙江省农民专业合作组织发展现状的探讨[J]. 中国农村经济，(3)：13-21.

霍奇逊 G M，2007. 演化与制度——论演化经济学和经济学的演化[M]. 任荣译. 北京：中国人民大学出版社.

姜明伦，李红，2015. 合作社成长绩效及其影响因素分析——基于宁波市农民专业合作社的调查[J]. 中国农民合作社，(6)：51-52.

姜英杰，钟涨宝，2007. 乡村文化对农业科技推广的影响路径及引导策略[J]. 农村经济，(9)：97-99.

康健，2015. 集群企业双从嵌入、动态能力及创新绩效关系研究[D]. 杭州：浙江工商大学博士学位论文.

兰建平，苗文斌，2009. 嵌入性理论研究综述[J]. 技术经济，(1)：104-108.

李婵娟，左停，2013. "嵌入性"视角下合作社制度生存空间的塑造——以宁夏盐池农民种养殖合作社为例[J]. 农业经济问题，(6)：30-36.

李俊利，张俊飚，2011. 农户采用节水灌溉技术的影响因素分析——来自河南省的实证调查[J]. 中国科技论坛，(8)：141-145.

李晓松，倪宗瓒，1999. 两水平方差成分模型与线性回归模型关系的探讨[J]. 中国卫生统计，(2)：14-16.

梁巧，吴闻等，卢海阳，2014. 社会资本对农民合作社社员参与行为及绩效的影响[J]. 农业经济问题，(11)：71-79.

林则田，2009. 欠发达地区农民专业合作社发展原因探析——对国家级贫困县封丘县青堆树莓合作社的调查及思考[J]. 农村经济，(12)：43-45.

刘殿国，2008. 我国香蕉产业组织模式绩效的实证分析——基于多变量随机系数累加多层统计模型[J]. 吉林工程技术师范学院学报，(3)：66-68.

刘殿国，2009. 累加多层统计模型的建立及其在经济上的应用研究[M]. 长春：吉林大学出版社.

刘殿国，陈守东，2009. 幂整体模式累加多层统计模型的建立及应用[J]. 统计与决策，(5)：25-27.

刘殿国，李长春，2009a. 单变量累加整体模式多层统计模型的建立及其应用研究[J]. 吉林农业大学学报，(3)：341-344.

刘殿国，李长春，2009b. 香蕉产业组织模式绩效的分析与预测——基于多变量随机系数累加多层统计模型[J]. 吉林农业大学学报，(1)：114-118.

刘殿国，许芳，2008. 幂随机系数累加多层统计模型的建立及其预测上的应用[J]. 系统工程，(11)：90-93.

刘殿国，徐兵，夏立显，2009. 多变量整体模式累加多层统计模型的建立及其在组织绩效上的应用研究[J]. 数理统计与管理，(5)：869-878.

刘红梅，王克强，黄智俊，2008. 影响中国农户采用节水灌溉技术行为的因素分析[J]. 中国农村经济，(4)：44-54.

刘洁，祁春节，陈新华，2016. 制度结构对农民专业合作社绩效的影响——基于江西省72家农民专业合作社的实证分析[J]. 经济经纬，(3)：36-41.

刘文超，2015. 新古典经济学"理性人"假设的逻辑——一个基于演化经济学视角的批判[J]. 北京社会科学，(7)：104-112.

刘晓敏，王慧军，2010. 黑龙港区农户采用农艺节水技术意愿影响因素的实证分析[J]. 农业技术经济，(9)：73-79.

刘亚克，王金霞，李玉敏，等，2011. 农业节水技术的采用及影响因素[J]. 自然资源学报，(6)：932-942.

刘宇，黄季焜，金霞，等，2009. 影响农业节水技术采用的决定因素[J]. 节水灌溉，10：1-5.

刘远，周祖城，2015. 员工感知的企业社会责任、情感承诺与组织公民行为的关系——承诺型人力资源实践的跨层调节作用[J]. 管理评论，27(10)：118-127.

刘泽云，2007. 农村儿童为何失学?基于多层模型的经验研究[J]. 北京师范大学学报(社会科学版)，(2)：73-80.

娄锋，程士国，樊启，2016. 农民专业合作社绩效评价及绩效影响因素[J]. 北京理工大学学报(社会科学版)，18(2)：79-87.

陆文聪，余安，2011. 浙江省农户采用节水灌溉技术意愿及其影响因素[J]. 中国科技论坛，(11)：136-141.

彭莹莹，苑鹏，2014. 合作社企业家能力与合作社绩效关系的实证研究[J]. 农村经济，(12)：110-115.

乔榛，焦方义，李楠，2006. 中国农村经济制度变迁与农业增长——对1978-2004年中国农业增长的实证分析[J]. 经济研究，(7)：73-82.

石磊，向其凤，陈飞，2013. 多水平模型及其在经济领域的应用[M]. 北京：科学出版社.

石磊，向其凤，张炯，2011. 物质资本、人力资本、就业结构与西部民族地区农户收入增长[J]. 数理统计与管理，(6)：1030-1038.

孙天雨，张素罗，2014. 农村劳动力转移对乡村文化转型的影响及对策[J]. 河北学刊，(4)：164-167.

孙彦玲，乔慧，孙伟，2015. 农村居民卫生服务利用及其影响因素分析[J]. 中国卫生统计，32(6)：981-983.

唐博文，罗小锋，秦军，2010. 农户采用不同属性技术的影响因素分析——基于9省(区)2110户农户的调查[J]. 中国农村经济, (6): 49-57.

王济川, 谢海义, 姜法宝, 2008. 多层统计分析模型——方法与应用[M]. 北京: 高等教育出版社.

王克林, 刘建平, 2011. 多阶模型在地区消费差异研究中的应用[J]. 统计研究, (1): 84-90.

王天夫, 崔晓雄, 2010. 行业是如何影响收入的——基于多层线性模型的分析[J]. 中国社会科学, (5): 165-180.

王印红, 吴金鹏, 2015. 对理性人假设批判的批判[J]. 重庆大学学报(社会科学版), (6): 193-199.

夏勇开, 刘殿国, 2011. 香蕉种植户技术需求行为及影响因素的实证分析——以广西香蕉种植户的调查为例[J]. 热带生物学报, (1): 67-71.

夏勇开, 刘殿国, 2015. 基于结构方程的香蕉枯萎病认知及防控技术行为分析[J]. 热带农业科学, (2): 51-56.

夏勇开, 刘殿国, 过建春, 等, 2008. 基于随机系数累加多层统计模型的香蕉产业组织模式绩效研究[J]. 热带农业科学, (1): 59-63.

向其凤, 石磊, 2012. 西部民族地区农村劳动力转移的影响因素分析——基于多水平Logistic模型的研究[J]. 数理统计与管理, 31(6): 965-975.

徐旭初, 2014. 中国农民合作社发展何以特殊[J]. 中国农民合作社, (5): 31.

徐旭初, 吴彬, 2010. 治理机制对农民专业合作社绩效的影响——基于浙江省526家农民专业合作社的实证分析[J]. 中国农村经济, (5), 43-55.

许驰, 张春霞, 2014. 基于因子分析的福建林业专业合作社理事长人力资本研究[J]. 林业经济, (12): 44-47.

许朗, 刘金金, 2013. 农户节水灌溉技术选择行为的影响因素分析——基于山东省蒙阴县的调查数据[J]. 中国农村观察, (6): 45-51.

杨建云, 张天栋, 朱东来, 等, 2013. 多水平模型在区域环境卷烟感官质量评价中的应用[J]. 西南农业学报, 26(6): 2514-2521.

杨菊华, 2006. 多层模型在社会科学领域的应用[J]. 中国人口科学, (3): 44-51.

杨鑫, 金占明, 2010. 战略群组的存在性及其对企业绩效的影响——基于中国上市公司的研究[J]. 中国软科学, (7): 112-124.

杨玉波, 李备友, 李守伟, 2014. 嵌入性理论研究综述: 基于普遍联系的视角[J]. 山东社会科学, (3): 172-176.

伊志宏, 曹淮扬, 刘轻舟, 2008. 地方经济发展与企业资本结构选择——来自上市公司的经验[J]. 经济管理, (13): 75-79.

应洪斌, 2010. 产业集群中关系嵌入性对企业创新绩效的影响机制研究: 基于关系内容的视角[D]. 杭州: 浙江大学博士学位论文.

游达明, 杨晓辉, 杨立, 等, 2011. 基于多层线性模型的就业影响因素研究[J]. 统计与决策, (3): 41-44.

岳书敬, 刘朝明, 2006. 人力资本与区域全要素生产率分析[J]. 经济研究, 2006(4): 90-96.

张闯, 夏春玉, 2005. 农产品流通渠道: 权力结构与组织体系的构建[J]. 农业经济问题, (7): 28-34.

张洪波, 刘殿国, 2009. 多变量整体模式的累加多层统计模型研究及应用[J]. 统计与信息论坛,

(12): 18-21.

张雷, 雷雳, 郭伯良, 2005. 多层线性模型应用[M]. 北京: 教育科学出版社.

张其仔, 1997. 社会资本论[M]. 北京: 社会科学文献出版社.

张其仔, 2001. 新经济社会学[M]. 北京: 中国社会科学出版社.

张淑辉, 陈建成, 张立中, 等, 2012. 农业经济增长及其影响因素的典型相关分析——以山西为例[J]. 经济问题, (5): 85-92.

张艳玲, 韩学军, 潘永波, 等, 2015. 加快海南香蕉产业升级的对策研究[J]. 中国热带农业, (3): 22-25.

周立群, 曹利群, 2001. 农村经济组织形态的演变与创新——山东省莱阳市农业产业化调查报告[J]. 经济研究, (1): 69-83.

周少甫, 王伟, 董登新, 2013. 人力资本与产业结构转化对经济增长的效应分析——来自中国省级面板数据的经验证据[J]. 数量经济技术经济研究, (8): 65-77.

周兴, 张鹏, 2014. 市场化进程对技术进步与创新的影响——基于中国省级面板数据的实证分析[J]. 上海经济研究, (2): 71-81.

周雪光, 2003. 组织社会学十讲[M]. 北京: 社会科学文献出版社.

周阳敏, 宋利真, 2012. 中国农业包容性增长的理论与实证研究[J]. 农业技术经济, (2): 20-27.

周玉玺, 周霞, 宋欣, 2014. 影响农户农业节水技术采用水平差异的因素分析——基于山东省17市333个农户的问卷调查[J]. 干旱区资源与环境, (3): 37-43.

朱富强, 2009. 主流经济学中的"经济人": 内涵演变及其缺陷审视[J]. 财经研究, (4): 72-83.

AGRESTI A J G, BOOTH J P H, CAFFO B, 2000. Random-efffects modeling of categorical response data[J]. Sociological Methodology, (30): 27-80.

AITKIN M, ANDERSON D, HINDE J, 1981. Statistical modelling of data on teaching styles[J]. Journal of the Royal Statistical Society(Series A), (144): 148-161.

ANDERSEN P, PETERSEN N C, 1993. A procedure for ranking efficient units in data envelopment analysis[J]. Management Science, 39(10): 1261-1264.

ANDERSSON U, FORSGREN M, HOLM U, 2002. The strategic impact of external networks: Subsidiary performance and competence development in the multinational corporation[J]. Strategic Management Journal, 23(11): 979-996.

AREAS N, RUIZ S, 2003. Marketing and performance of fruit and vegetable cooperatives[J]. Journal of Cooperative Studies, 36(1): 22-44.

ARIAL D, DAN Y, 1992. Adoption and abandonment of irrigation technologies[J]. Agricultural Economics, (6): 315-332.

ARIYARATNE C B, FEATHERSTONE A M, LANGEMEIER M R, et al., 1997. An analysis of efficiency of midwestern agricultural cooperatives[J]. Submitted for Consideration as a WAEA Selected Paper, 4(20): 1-13.

ARIYARATNE C B, FEATHERSTONE A M, LANGEMEIER M R, et al., 2000. Measuring x-efficiency and scale efficiency for a sample of agricultural cooperatives[J]. Agricultural Resource

Economics Review, 29(2): 198-207.

BANKER R D, CHARNES A, COOPER W W, 1984. Some models for estimating technical and scale inefficiencies in data envelopment analysis[J]. Management Science, 30(10): 1078-1092.

BARBER B, 1995. All economies are embedded: The career of a concept and beyond[J]. Social Research, 62(2): 387-413.

BARCIKOWSKI R S, 1981. Statistical power with group mean as the unit of analysis[J]. Journal of Educational Statistics, (6): 267-285.

BIDWELL M, FERNANDEZ M I, 2010. Relationship duration and returns to brokerage in the staffing sector[J]. Organization Science, 21(6): 1141-1158.

BOYLE G E, 2004. The Economic efficiency of Irish dairy marketing cooperatives[J]. Agribusiness, 20(2): 143-153.

BURT R S, 1992. Structural Holes: The Social Structure of Competition[M]. Cambridge: Harvard University Press.

CAREY J M, ZILBERMAN D, 2002. A model of investment under uncertainty: Modern irrigation technology and emerging markets in water[J]. American Journal of Agricultural Economics, 84(2): 171-183.

CARPENTER J M, GOLDSTEIN H, Rasbash J, 2003. A novel bootstrap procedure for assessing the relationship between class size and achievement[J]. Applied Statistics, (52): 431-443.

CASWELL M F, ZILBERMAN D, 1985. The choice of irrigation technologies in California[J]. American Journal of Agricultural Economics, 67(5): 223-234.

CHARNES A, COOPEr W W, RHODES E, 1978. Measuring the efficiency of decision making units[J]. European Journal of Operational Research, (2): 429-444.

CONSUL P C, FAMOYE F, 1992. Generalized poisson regression model[J]. Communications in Statistics Theory and Methods, (21): 89-109.

DACIN T, VENTRESCA M, BEAL B, 1999. The embeddedness of organizations: Dialogue and directions[J]. Journal of Management, 25(3): 317-356.

DEMPSTER A P, LAIRD N M, RUBIN D B, 1977. Maximum likelihood from incomplete data via the EM algorithm[J]. Journal of the Royal Statistical Society(Series B), 39(1): 1-38.

DENNIS W, 1961. The oversocialized conception of man in modern sociology[J]. American Sociological Review, 26 (2): 183-193.

DIL C Z, KAREN B R, 2011. Multilevel latent class models with dirichlet mixing distribution[J]. Biometrics, (67): 86-96.

DIMAGGIO P, 1997. Culture and cognition[J]. Annual Review of Sociology, 23: 263-289.

DIMAGGIO P, POWELL W, 1983. The iron cage revisited: Institutional isomorphism and collective rationality in organizational field[J]. American Sociological Review, 48(2): 147-160.

FEDER G, SLADE R, 1985. The role of public policy in the diffusion of improved agricultural technology[J]. American Journal of Agricultural Economics, (5): 423-428.

GALDEANO-GÓMEZ E, 2008. Productivity effects of environmental performance: Evidence from TFP analysis on marketing cooperatives[J]. Applied Economics, 40(14): 1873-1888.

GALDEANO-GÓMEZ E, CÉSPEDES-LORENTE J, RODRÍGUEZ-RODRÍGUEZ M, 2006. Productivity and environmental performance in marketing cooperatives: An analysis of the Spanish horticultural sector[J]. Journal of Agricultural Economics, 57 (3): 479-500.

GILSING V A, DUYSTERS G M, 2008. Understanding novelty creation in exploration networks-structural and relational embeddedness jointly considered[J]. Technovation, 28(10): 693-708.

GOLDSTEIN H, 1986. Multilevel mixed linear model analysis using iterative generalized least squares[J]. Biometrika, (73): 43-56.

GOLDSTEIN H, 1991. Nonlinear multilevel models with an application to discrete response data[J]. Biometrika, (78): 45-51.

GOLDSTEIN H, 2011. Multilevel Statistical Model[M]. Sydney: Edward Arnold.

GRANOVETTER M, 1973. The strength of weak ties[J]. American Journal of Sociology, 78(6): 1360-1380.

GRANOVETTER M, 1985. Economic action and social structure: The problem of embeddedness[J]. American of Sociology, 91(3): 481-510.

GRANOVETTER M, 1992. Economic institutions as social constructions: A framework for analysis[J]. Acta Sociologica (Taylor &Francis Ltd), (1): 3-11.

GUILLERMO V, ELLIÁN T H, JOSÉ C N, et al., 2014. Performance evaluation of recent information criteria for selecting multilevel models in behavioral and social sciences[J]. International Journal of Clinical and Health Psychology, (14): 48-57.

GULATI R, 1998. Alliances and networks[J]. Strategic Management Journal, 19(4): 293-317.

GULATI R, SYTCH M, 2007. Dependence asymmetry and joint dependence in interorganizational relationships: Effects of embeddedness on a manufacturer performance in procurement relationships[J]. Administrative Science Quarterly, 52(1): 32-69.

GUZMÁN I, ARCAS N, 2008. The usefulness of accounting information in the measurement of technical efficiency in agricultural cooperatives[J]. Annals of Public & Cooperative Economics, 79(1): 107–131.

HAGEDOORN J, 2006. Understanding the cross-lever embeddedness of interfirm partnership formation[J]. Academy of Management Review, 31(3): 670-680.

HAILU G, GODDARD E W, JEFFREY S R, 2005. Measuring efficiency in fruit and vegetable marketing cooperatives with heterogeneous technologies in Canada rhode island[J]. American Agricultural Economics Association Annual Meeting, (7): 211-224.

HAILU G, JEFFREY S R, GODDARD E W, 2007. Efficiency, economic performance and financial leverage of agribusiness marketing co-operatives in Canada, cooperative firms in global markets, incidence, viability and economic performance[J]. Advances in the Economic Analysis of

Participatory and Labor-Managed Firms, (10): 47-103.

HENEHAN B A, ANDERSON B L, 1999. Evaluating the performance of agricultural cooperative boards of directors[R]. Kansas City: A paper presented at the NCR194 Committee meeting: 12-55.

HIRSCHMAN A, 1982. Rival Interpretations of Market Society: Civilizing, Destructive, or Feeble[J]? Journal of Economic Literature, 20(4): 1463-1484.

HITE J M, 2003. Patterns of multidimensionality among embedded network ties: A typology of relational embeddedness in emerging entrepreneurial firms[J]. Strategic Organization, 1(1): 9-49.

HUBER J D, GEORGIA K, EDUARDO L L, 2005. Institutional context, cognitive resources and party attachments across democracies. Political Analysis, 13(4): 365-386.

IBRAHIM J G, ZHU H, GARCIA R, 2011. Fixed and random effects selection in mixed effects models[J]. Biometrics, (67): 495-503.

JAMS M C, DAVID Z, 2002. A model of investment under uncertainty: Modern irrigation technology and emerging markets in water[J]. American Journal of Agricultural Economics, (2): 171-183.

JESSOP B, 2001. Regulationist and autopoieticist reflections on Polanyi's account of market economics and the market society[J]. New Political Economy, 6(2): 213-232.

KAUERMANN G, KRIVOBOKOVA T, FAHRMEIR L, 2009. Some asymptotic results on generalized penalized spline smoothing[J]. Journal of the Royal Statistical Society(Series B), (71): 487-503.

KEBEDE E, SCHREINER D F, 1996. Economies of scale in dairy marketing cooperatives in Kenya[J]. Agribusiness, 12(4): 395-402.

KNEIP A, SIMAR L, WILSON P W, 2003. Asymptotics for DEA Estimators in Nonparametric Frontier Models[J]. Institutde Statistique, Universite Catholiquede Louvain, Louvain-la-Neuve, Belgium.

KRASACHAT W, CHIMKUL K, 2009. Performance Measurement of Agricultural Cooperatives in Thailand: An Accounting-Based Data Envelopment Analysis[J]. Productivity, Efficiency, and Economic Growth in the Asia-Pacific Region: 255-266.

LAIRD N M, WARE H, 1982. Random-effects models for longitudinal data[J]. Biometrics, (38): 963-974.

LERMAN Z, PARLIAMENT C, 1989. Industry and size effects in agricultural cooperatives[R]. University of Minnesota Institute of Agriculture, Forestry and Home Economics Staff Paper: 10-16.

LINDLEY D V, SMITH A F M, 1972. Bays estimation for the linear model[J]. Journal of the Royal Statistical Society(Series B), (34): 1-41.

MARGRIET F C, David Z, 1985. The choices of irrigation technologies in California[J]. American Journal of Agricultural Economics, (5): 223-234.

MUTHEN B, 1994. Multilevel covariance structure analysis[J]. Sociological Methods & Research, (22): 376-389.

NIE L, CHU H, FENG S, 2009. Estimating variance parameters from multivariate normal variables subject to limit of detection: MLE, REML, or Bayesian approaches[J]? Statistics in Medicine, (28): 2605-2616.

OECD, 2001. Innovative Clusters: Drivers of National Innovation System[M]. Paris: OECD Publishing.

ORIT K, PHILLIPS W S, 2005. Introduction to the special issue of multilevel analysis in comparative political studies[J]. Political Analysis, 13: 297-300.

PAN J, HUANG C, 2014. Random effects selection in generalized linear mixed models via shrinkage penalty function[J]. Statistics and Computing, 24(5): 725-738.

PETRESCU P M, BATALOVA J, 2004. Sharing social space: Social and cultural embeddedness of economic actions[R]. Annual Meeting of the American Sociological Association.

POLANYI K, 1944. The Great Transformation: The Political and Economic Origins of Our Time[M]. Boston: Beacon Press.

RAUDENBUSH S W, 1993. A crossed random effects model for unbalanced data with applications in cross sectional and longitudinal research[J]. Journal of Educational Statistics, (18): 321-349.

RAUDENBUSH S W, BRAYK A S, 2002. Hierarchical linear models: Application and data analysis methods[M]. Thousand Oaks, CA: Sage: 23-35.

RAUDENBUSH S W, ROWAN B, KANG S J, 1991. A multilevel multivariate model for studying school climate with estimation via the EM algorithm and application to US high school data[J]. Journal of Educational Statistics, 16(4): 295-330.

ROWLEY T, BEHRENS D, KRACKHARDT D R, 2000. Redundant governance structures: Analysis of structural and relational embeddedne in the steel and semiconductor industries[J]. Strategic Management Journal, (1): 569-586.

SAHA A, LOVE H, ALAN R S, 1994. Adoption of emerging technologies under output uncertainty[J]. American Journal of Agricultural Economics, (11): 836-846.

SCHUCK E C, FRASIER W M, Webb R S, et al., 2005. Adoption of more technically efficient irrigation system as a drought response[J]. Water Resource Developmemt, (12): 651-662.

SHI L, CHEN G, 2008. Case deletion diagnostics in multilevel models[J]. Journal of Multivariate Analysis, 99(9): 1860-1877.

SIMAR L, WILSON P W, 1998. Sensitivity analysis of efficiency scores: How to bootstrap in nonparametric frontier models[J]. Management Science, 44(1): 49-61.

SIMAR L, WILSON P W, 2000. A general methodology for bootstrapping in non-parametric frontier models[J]. Journal of Applied Statistics, 27(6): 779-802.

SINGH S, FLEMING E, COELLI T, 2000. Efficiency and productivity analysis of cooperative dairy plants in Haryana and Punjab states of India[R]. Working Paper Series in Agricultural and Resource Economics.

SINGHAVARA M, LEERATTANAKORN N, CHEUMOUNGPAN A, et al., 2012. An analysis of efficiency in operation and optimal development for agricultural cooperative in Chiang Mai province[J]. Business and Information，(7)：87-93.

SINHA S K, RAO J N K, 2009. Robust small area estimation[J]. Canadian Journal of Statistics, (37)：381-399.

SMITH A F M，1973. A general Bayesian linear model[J]. Journal of the Royal Statistical Society (Series B)，(35)：61-75.

STEPHANE G，NICOLAS G，JONATHAN D，et al.，2014. Multilevel model of the 3D virtual environment for crowd simulation in buildings[J]. Procedia Computer Science，(32)：822-827.

STRENIO J L F, WEISBERG H I, BRYK A S, 1983. Empirical Bayes estimation of individual growth curve parameter and their relationship to covariates[J]. Biometrics，(39)：71-86.

UZZI B，1996. The source and consequences of embeddedness for the economic performance of organizations：The network effect[J]. American Sociological Review，61(4)：674-698.

UZZI B，1997. Social structure and competition in interfirm networks：the paradox of embeddedness[J]. Administrative Science Quarterly，42(1)：35-67.

WILSON P W，2008. FEAR：A software package for frontier efficiency analysis with R[J]. Socio-Economic Planning Sciences，42(2)：247-254.

ZHOU S，HERZFELD T，GLAUBEN T，et al.，2008. Factors affecting Chinese farmers'decisions to adopt a water-saving technology[J]. Canadian Journal of Agricultural Economics，56(1)：51-61.

ZUKIN S，DIMAGGIO P，1990. Structures of Capital：The Social Organization of Economy[M]. Cambridge：Cambridge University Press.